JN029453

TOKYOレトロ探訪

～後世に残したい昭和の情景～

朝日新聞出版

はじめに

消えゆく街の社交場、昭和の風景を後世に

「昭和は遠くなりにけり」。時代が平成から令和に変わり、昭和はますます私たちの記憶の彼方になりつつあります。対話型人工知能（ＡＩ）「チャットＧＰＴ」の登場などにより、ＩＴＣ（情報通信技術）が急速に進化を遂げる中、ネット社会に象徴されるように人々の繋がりは希薄になっていく一方です。

スマートフォンもＳＮＳ（ネット交流サービス）もない時代、人々は銭湯や純喫茶で語らい、子供たちは駄菓子屋に集まりました。今やそんな光景はほとんど見られなくなりました。百貨店は閉店が相次ぎ、屋上遊園地、昔ながらの洋食屋なども年々姿を消しつつあります。また、Ｚ世代を中心とした若い人たちは、車や旅行、飲み会などにも興味を示さなくなっています。

このような時代だからこそ、私たちは昭和の古き良き文化、生活、習慣、風景、モノなどを後世に残したいと考えています。そんな人の温もりを感じさせる昭和の情報を発信していきたいと思っております。

先人の知恵から学び、令和を生きるヒントに

時代は常に変ぼうを遂げています。一方で、変わらずにいてほしいものもあります。先人たちが積み重ねてきた知恵や技術の上に今日の暮らしがあるからです。特にそれは、昭和の日本人気質や戦後に生まれたプロダクトにはっきりと表れています。例えば、地域のコミュニティー、旧車やフィルムカメラ、ヴィンテージ・オーディオを直して大切に使うことなどです。

昨今、ＳＤＧｓ（持続可能な開発目標）という言葉がちまたに流布しています。我々はこの「モノを大切にする」という概念を念頭に、昭和の先達や古き良き生活から学び、令和を生きるヒントを見つけて、それを未来に伝えていきたいと考えています。

さあ、古き良き昭和の時代への時間旅行に出発しましょう！

レトロイズム編集部

※本書はウェブマガジン「レトロイズム ～visiting old, learn new」～(https://retroism/jp)の記事をベースに加筆修正をしたうえで、新たなコンテンツを加えて構成されています。

TOKYOレトロ探訪

contents

【ご注意】

表示価格は原則として取材時点(2019年11月〜23年9月)での税率をもとにした消費税込みの金額を記載しています。別途サービス料がかかる場合もあります。本書発行後、金額が改定される場合もあります。また、写真や肩書などは取材当時のままで掲載しているものもあります。本書に掲載された内容による損害等は弊社では補償しかねますので、あらかじめご了承ください。

阪田マリン
さかたまりん

2000年大阪府生まれ。「ネオ昭和」をコンセプトに、カルチャーを発信するインフルエンサー。X(旧Twitter)フォロワー数21.4万人、Instagramフォロワー数8.8万人。ネオ昭和歌謡プロジェクト「ザ・ブラックキャンディーズ」で歌手活動も行う。

活気に満ちた時代
昭和好きを増やしたい

阪田マリン インフルエンサー・歌手

昭和に対する関心は、若い世代にも広がっている。彼ら彼女らにとって、当時の世界観や存在していたモノは、どうやら、「古い」のではなく「新しい」ようだ。なぜそう感じるのか。そんな疑問をインフルエンサーの阪田マリンさんにぶつけてみた。

多くの人が何かを夢見ていた

20代前半の私たち平成生まれからみると、昭和という時代は今より活気があったような気がします。多くの人たちが何かを夢見て生きていた時代でした。人も社会も不安定だったからこそ、そこからなんとか抜け出そうと、一人一人が頑張っていました。だからこそ活気にあふれていたのだと思います。それは、映画を見ても、当時の雑誌や書籍からも、祖母の話を聞いていても感じることです。逆に、今の人たちが求めているのは、「安定」です。時は移ったということになりますね。

時代としての昭和も、いろいろと聞いたり調べたりすると、完全体じゃなかった。今は、恋人がいれば、スマートフォンを使ってSNS（ネット交流サービス）などで連絡を取れるし、ビデオ通話で顔を見ながら話すことも可能です。

それって味気ないと私は感じてしまいます。私たちの年代は感情がどちらかというとフラットです。うれしいとか悲しいとかの、振れ幅も狭いんです。でも昭和の人って、一喜一憂の差は大きかったはずです。小さなことですが、スマホなんかなかったから、好きな人の家に電話をかけて、本人が出たら喜びが今よりもずっと大きいと想像できます。逆に出なかったらすごく悲しくなります。そんな大きな幅が生活の中に存在していました。

（ここで、阪田さんが頼んだクリームソーダが運ばれてきた）「わー可愛い！」（と少し飲んでから）すごくおいしいです。そういえば、子供の頃にはクリームソーダの存在は知りませんでした。最初に飲んだ時には、別においしいとは思わなかった。でも今では、飲んでるだけで昭和の気分になれて楽しいんです。飲んでる自分に酔いしれるために注文する部分もあります。でも、こちらのはすごくおいしいですよ。

純喫茶ジンガロで、テーブル型のテレビゲームに夢中になる阪田さん。彼女の好奇心の強さや行動力の源は、昭和好きの心と結びついている

祖母の家でレコードに感激

昭和に興味を持ったのは、おばあちゃんの家でレコードを聴いたのがきっかけでした。曲はチェッカーズの「Song for U.S.A」でした。私がそれまで聴いていた、ダウンロードされたデジタルの音とレコードのそれは全く違っていて、「これがア

ナログの音なんだ」と驚きました。
仕掛けもまるで違ってました。レコードに針を落として、すぐに音楽が始まるんじゃなくて、ちょっとプチプチッと鳴って、音楽が始まるまで時間がかかりました。一瞬、感情が止まる瞬間です。まだかなーと思っていると、音楽が流れ出しました。その間が良くて、鳥肌が立ちました。「ある意味特殊な短い間」に感情が揺さぶられるようでした。

その後は昭和に制作されたり、その頃を描いた映画を見るようになります。多くは角川映画でした。父に「昭和にハマったのなら、角川映画を見ろ」と言われたからです。

今の恋愛映画にはあるパターンがあって、「視聴者も一緒に考えよう」っていうストーリーが多いように思うんです。

昔の恋愛映画って、交差点ですれ違って、そこから恋が始まるというようなベタな展開のパターンが主流でした。その「ベタ」がいいんです。

どこか生々しさがスクリーンからにじんでくるのも気に入りました。

さらに、心を惹かれたのは、映像から見えてくる、商品の数々です。

音楽から入ったので、インテリアとか詳しくなかったんですけど、映画を見ていたら、当時の人たちが使っていた「不思議なモノ」たちが登場します。炊飯器に花柄がついていたり、扇風機の羽が青かったりとか、いろんな発見がありました。家には、ジャラジャラしたすだれみたいなもの(たまのれん)があって、昭和の

無駄な豪華さに気づくようになってきたんです。喫茶店も無駄に豪華だったり。今は実用性を求めてシャープで洗練されているものが世にあふれていますが、昔の映画に出てくるあまり意味を感じない豪華さがたまらなく面白いなと思いました。

私はまだ22歳(インタビュー当時)ですから、懐かしさはないけど、魅力は十分です。逆に新しささえ感じました。家庭用の黒電話とか、ピンクの公衆電話がとても新鮮に映りました。

ヤンキーに憧れて、彼らの格好をまねした時期もありました。全然洗練されてない、泥臭さみたいなものに惹かれたんです。

「ビー・バップ・ハイスクール」とか、ヤンキー漫画にハマって、気がつくと登場人物を本当に好きになって恋をしていた自分がいました。彼らと付き合いたいとさえ思っていましたが、それはかないませんでした。

社会全体もおおらかで、特に女性は、強さまで持っていました。今だったら、不倫は絶対に許されませんよね。でも、長渕剛さんの不倫が報じられた時、「それでいい楽曲を作れるんです」みたいなことを奥さんの志穂美悦子さんが言ったというのを聞いて興味深いなぁーって。不倫なんかで騒がない、強い部分があったのかなって、ますますそんな時代にのめり込んでいく自分がいました。

あと、私がいいなぁって思うのが、こだわりが強くて、ものを捨てない人が多かったところです。

2000年生まれの若きインフルエンサーだが、日頃からの情報収集を怠らず、昭和に関する知識と見識に驚かされる

黒電話、旧車、レコード 全てが魅力的で新鮮

昭和を意識した三つ編みがよく似合っている。カラフルな店内に溶け込めるのは、若さゆえの特権だ

新しいタイプの純喫茶ジンガロ。派手な内装と重厚感が入り交じる店内は、いるだけで楽しくなる。「ネオ昭和」を提唱する阪田さんにもマッチしている

ハチマルミーティング（旧車オーナーの交流イベント）に行ったことがあるのですが、見たこともないような車がたくさん並んでいました。人気のある車ってみなさん乗り続けるんです。並んだ旧車を眺めながら、メチャ格好いいと実感しました。カクカクした形がたまらなく好き。映画「シャコタン・ブキ」を見てますます好きに。車の中に電話がついていたり、ベルベットで覆われたシートもたまらないですね。

私が好きなのは、ソアラ、スカイライン、マークⅡあたりですかね。当然昔のですよ。実際に欲しいと思っているのは、Y30セドリック、ソアラの10系、マツダの初代ロードスターあたりですね。

あとは、フィルムカメラにも興味があります。壊れたら修理屋さんに持っていくという概念が、現代人には希薄な感じがします。でも、カメラ自体高いものだし、捨てちゃうのはもったいないと思っています。もっといえば、昔使っていたカメラが壊れて、修理屋さんで直してもらえば、使っていた当時の思い出までよみがえるはずです。直るものなら直して使いたい。できれば、部品でさえも新しくするのではなく、当時の部品をどこかから探してもらってそれで修理してほしいぐらいですね。

「ネオ昭和」という考え方

私は今、「ネオ昭和」という言葉をキーワードにして、活動をしています。私より後の世代や自分の周りにも広めたい。この言葉は、私のオリジナルと自負していますが、元になっているのは、マンガ「AKIRA」に出てくる、「ネオ東京」です。

その中で提唱しているのは、「令和と昭和の融合体。はやってるものと昭和のものを合わせたもの」です。言い換えると、自分が一番可愛い状態でいられるのがネオ昭和ということになります。

例えば、服装は昭和だけど、化粧は、今どきの化粧品を使ったりとか、前髪もバブル期のトサカじゃなくてハイレイヤー、スカートははやってたブランドのもの、というコーデがネオ昭和のファッションです。可愛いでしょう？この格好が、自分自身もしっくりくるんです。

ネオ昭和という言葉をキーワードにしながら、昔ながらの店が潰れちゃったり、喫茶店がなくなったりすることが減るように、もっと昭和好きな若い世代を増やすことによって、店を継いでくれる人が出てきたりという流れを作りたいと思っています。

私は、できれば「昭和に生きたい」と思っています。実は、映画を見て落ち込むことがあります。「なんでこの時代に生まれなかったのか」って。でも、私がネオ昭和を発信している限りは、続いていくと信じて活動を続けていきます。そこから「正」の連鎖が生まれていけば最高です。

おばあちゃんからもらったブラウス。キュロットはかつて人気を博したエンリコ・コベリ

純喫茶ジンガロ

東京都中野区中野5-52-15 中野ブロードウェイ2F
☎03-5942-8382　営業時間：午後12時〜7時
営業日：火、水、不定休

chapter 1

Retro Cafe

レトロカフェでまったり

昼下がりのひと時をおしゃれなカフェで優雅に過ごすのも悪くないが、時には昭和の匂いのする古き良き喫茶店でまったりしてはいかがだろう。本を片手に挽き立てのコーヒーを味わいながら、しばし昭和にタイムスリップしてみよう！

レトロカフェでまったり

01

Retro Cafe

落語界のレジェンドが愛した純喫茶

喫茶 楽屋［東京・新宿］

寄席と噺家に関わる錚々たるビッグネームが登場する「喫茶楽屋」創業の物語は、近現代落語界の一大絵巻といった様相を呈する。

もともとは芸人たちの楽屋

まず、隣接する新宿末廣亭は、1897（明治30）年に「堀江亭」として創業した。末廣亭になったのは、1910（同43）年、名古屋の浪曲師・末広亭清風がこの場所を買い取ったことで、「末広」の名が使われるようになってからのことである。何回か焼失と再建を繰り返したが、第二次世界大戦大戦で再度焼失した。建築士で宮大工の棟梁だった北村銀太郎氏が46（昭和21）年、新宿末廣亭として再建し、現在に至っている。彼は、8代目桂文楽の師匠である名人5代目柳亭左楽師匠と親しかった。「楽屋」の3代目石川敬子さんが、ハキハキと解説する。

「北村銀太郎は、左楽の一人娘だった私の祖母と結婚したので、祖父に当たります。この建物を作り、末廣亭の初代席亭に就任したのが銀太郎でした」

今、喫茶 楽屋がある部分の土地

入り口の大きな提灯（ちょうちん）が目印。階段を上がると店内

が空いていたため同時に購入し、芸人たちの楽屋として使っていた。

「2階に祖父母と私の母親が住んでいました。母親は箱入り娘で、会社勤めをさせてもらえず、この2階の空いているスペースを使って、喫茶店をすることになります。昭和33年のことでした。それが喫茶 楽屋の始まりです。母は料理が好きだったので、本当は料理教室をやりたかったみたいです。でも、新宿のど真ん中で、生徒も来ないだろうということになり、喫茶店にしたそうです」

元々芸人たちの楽屋だったから

寄席を思わせる下地に書かれた口上からも、普通の喫茶店とは違う香りがほのめく

（上）カップをカウンターに置く石川さんの仕草にも品がある　（下）グリーンの椅子は硬さがちょうど良く、座り心地抜群だ

「楽屋」でいいんじゃないの、とその名がついた。

「母は最初、その名前も嫌がったみたいですね。今となってはよかったねって言ってます。芸人さんたちは、楽屋だから入りやすい。何よりここには、楽屋や寄席の匂いがします。だから芸人さんたちが気楽に来てくれるんです」

実際に、寄席で噺をする落語家たちが頻繁に訪れた。若かりし頃の8代目橘屋円蔵師匠や、四角い顔でペヤングソース焼きそばのCMでも人気だった桂文楽師匠は、大師匠がコーヒーを飲んでいるのを立って待っていた時代もあった。

「当時、柳亭左楽の孫がやってるお店なんだから、お前たちなんかが入れるところじゃないんだぞ、というような厳しい師弟関係があったらしいですね」

戦後の落語界で繰り広げられた人間模様を見られる場所でもあった。

(右)カラフルだが少し古くなっているのが、右近師匠の作。そして比較的新しくきれいなのは弟子の左近師匠の作だ。(左)メニューには、そばやいそべもちなどの変わったメニューも。特にそばとうどんは本格派でファンも多い

橘右近・左近の直筆メニュー

ビッグネームが関わるものが、この店にはもう一つ存在する。壁に貼られたメニューの作者である。

「メニューは、寄席文字の創始者とも言われる橘右近師匠とその弟子の左近師匠の直筆です。ファンの人がわざわざ写真を撮りに来るほどですが、あげるわけにもいかないし、売るわけにもいきませんからね」

そのメニューに書かれるラインアップも、餅やそば、うどんと個性的だが、確かにかつての喫茶店には、こういうメニューが存在していたように思う。コーヒーも飲める、日本茶も飲める、甘いものや軽食は、日本風が多かったのだ。

手の込んだ料理と飲み物

喫茶楽屋で供される飲み物や料理は、出来合いのものはほとんどない。きちんと手がかかっているからどれもうまい。だから、舌の肥えた芸人や噺家にも支持されているのだ。コーヒーは、注文が入ってから豆を挽き一杯ずつハンドドリップで落とす。豆は創業当時から全く変わらない大手メーカーの最高級ブレンドだ。石川さんは言う。

「60年間一度も変わってません。味が母や私の口に合ってるし、変える理由もありませんから」

アイスコーヒー用のガムシロップは手作り。そばやうどんの出汁も宗田鰹と鯖節でとり、かえしも店の奥で作られる。今時、喫茶店でそこまで手をかけてる店は少ない。まさに、昔ながらの店なのだ。

噺家たちが作る独特な雰囲気

そして、なんと言ってもこの店の特徴は、噺家と芸人たちが来ることによって作られる、どこにもまねのできない雰囲気にある。「昔で言えば円蔵師匠や（柳家）小さん師匠、

元気に話す3代目の石川さん。母親の前に短期間だけ店に入っていたので3代目。ドリンクは、コーヒーから日本茶まで

今なら、ナイツの塙(はなわ)くん、(三遊亭)小遊三師匠、(春風亭)昇太師匠、(林家)木久扇師匠もいらっしゃいますよ。数え上げたらきりがありません。彼らは高座の間に休みに来て、バカっ話でくつろぎ、気分をリセットしているみたいです。長居はしません」

石川さんは一息ついた。

「芸人さんは来ないんですか、なんて聞くお客さんがいますが、会える確率は少ないですよ。そもそも、噺家さんも芸人さんも暇な人はいませんからね」

あるのは笑いだけ

そんな場所ならば、悲喜こもごもがあるのだろうと思いきや、答えはノーだった。楽屋には、涙や憎しみは存在しない、と石川さんは言う。あるのは笑いだけなのだ。

「けんかなんか誰もしません。だって、席亭である大旦那さんの孫がやってる店ですよ。そんなことしたら一発で出入り禁止です。また、芸人さんも噺家さんも泣いてる暇なんてありません。あるのは笑いだけ。ただ、一度だけ、(古今亭)志ん朝師匠が亡くなった時に、(林家)こん平師匠と木久扇師匠かな、大酒飲んで泣いてたことがあります。その時、酔っ払ったこん平さんが何度もお金を払おうとしたんです。もらっちゃおうかなって思いましたけどね」

末廣亭がいつも笑いが絶えない場所であるとするなら、喫茶楽屋は、昭和の落語界で名を馳(は)せた噺家たちが心と体を休める場所だった。と同時に、落語や漫才の知られざるもう一つの舞台なのだ。

レジスターは60年で1度だけ買い換えた。「電気じかけじゃないから壊れないんです」。下のボタンを押すと、希望の金額が素早く出てくる

階段の壁に貼ってある深夜寄席のお知らせ。若手の研究会、勉強会も兼ねているが、まもなく真打になるベテランも出演。入場料は1000円

DATA

東京都新宿区新宿3-6-4 2F
☎03-3351-4924
営業時間:午前10時～午後8時
定休日:月3回不定休

レトロカフェでまったり
02
Retro Cafe

大都会の片隅で
至極の抹茶と昔日の風景を味わう

古桑庵［東京・自由が丘］

土地に根を張り、歳月を重ねるごとに輝き続ける建物がある。自由が丘の街が途切れる辺り。歴史を湛えた民家が忽然と現れる。そこで営まれる茶房「古桑庵」が放つのは、昨今造られた建造物には持ち得ない、奥深いきらめきである。上品な語り口が印象的な、店主の中山勢都子さんが言う。

「この家があるから、店をやっている意味があると考えています」

緑多き庭を抜け懐旧の店内へ

みずみずしい緑がふんだんに茂る庭を横切り、靴を脱いで店内に入ると、誰もが懐旧の念を禁じえないだろう。かつての日本家屋に当たり前にあった畳があり襖があるからだ。

客は一様に「あぁ、畳だ」と目を輝かせるという。混雑時には、玄関に多くの靴が並ぶ。

「若い人たちは、『田舎のおばあちゃんの家に帰ったみたい』とか、『お正月や法事みたいだね』と思われるみたいですよ」

古桑庵が、現在もかつてのたたずまいをとどめているのは、きちんとメンテナンスがなされているからだ。その中心にいるのはベテランの大工である。

「彼は80歳を過ぎていますが、家のことで何かあればすぐに飛んできてくれます。家具や建具はもちろん水道、電気などに不具合が生じた場合でも、原因と直し方をちゃんと分かっているのが頼もしいんです」

それは、長い年月と共に家の歴史に寄り添ってきた、大工という職業の人間にしか対応できないことである。彼が中山さんに対して放った言葉は、ある意味で至言だ。

「『木造の家は直せばいつまでも住める。そのつもりでいろよな』って、大工さんに言われています」

庭も、中山さんが子供の頃からお願いしている植木屋(現在は2代目)が手入れを引き受けている。

始まりは母の人形作品展示

茶房でありギャラリーでもある古桑庵が誕生したのは、1999(平成11)年。人形作家だった中山さんの母親が、自分の作品を「お披露目する場」から始まった。

(右)竹で作ったふたが被された古井戸が庭に残っていた。家の歴史を物語る景色の一つ(左)畳と外光と影のコントラストが美しい凛とした風情を作り出す

店内には庭の木々の枝の間を通ってくる木漏れ日が降り注ぐ。恋人同士が、より一層仲むつまじく見える

「最初は年に1度、作った人形を見てもらうために自宅にお客様を呼んで、お菓子やお茶などを出していました」

この催しは10年ぐらい続き、その延長線上で、母親が茶房を始める。

古桑庵とは祖父の渡辺彦さんが1954（昭和29）年に作った茶室の名前だ。茶室の腰板や飾り部分に、桑の木の古材が使われていたことが店名の由来になっている。命名したのは、小説家・松岡譲である。松岡は夏目漱石の長女・筆子の婿であり、渡辺さんのテニス仲間だった。

「子供の頃には、松岡さんがどういう方かも私は知りませんでした。ただ、しょっちゅう家にいらっしゃって、泊まっていかれることもたびたびあったので、祖父の仲のいい友達という認識でした」

やがて、母親が亡くなった後、店の手伝いをしていた中山さんが同店を引き継いだ。供する飲み物の原点は抹茶である。

「茶道の師範でもあった母の希望でした。抹茶を主体にして、次第にコーヒーや紅茶を出すようになり、食べ物もあった方が楽しいだろうとい

（右）かつて家の玄関はだいたいこんな感じだった。奥には茶室に付随した水屋。風流だ　（左）抹茶からは、甘露な香りが立ちのぼる。北海道十勝産の小豆を使った最中は、供する直前にあんを詰めるので皮はパリパリだ

うことで、あんみつなどもメニューに並ぶようになったのです」

自分が食べておいしいものを

自らも茶道をたしなむ中山さんには、メニューに対しての確固たるポリシーがある。

「自分たちが食べたいもの、食べておいしいと思ったものしか提供しません」

さらに中山さんは続ける。

「なんと言っても、人と接したり話をしたりするのは、何ものにも代えがたい喜びです。若い人たちからもいろんな知識やパワーをもらえて励

古民家の畳の上に座って食すフルーツたっぷりの手作りあんみつの味は、他の甘味屋でのそれとは一味も二味も違う

人形作家である中山さんの母親の作品。温かい人柄が表情ににじみでている

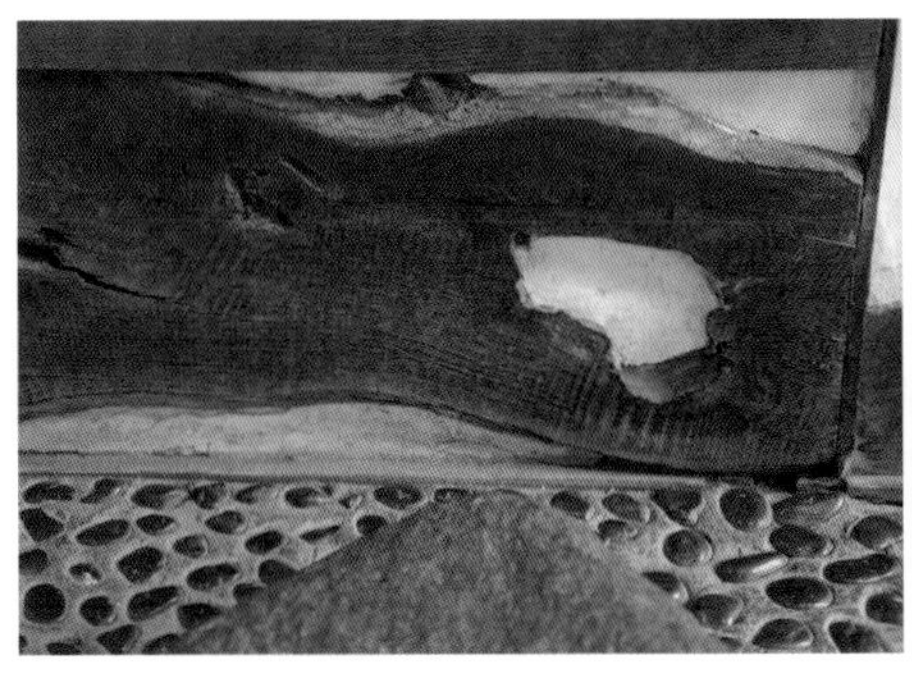

（右）表通りから庭、その奥に玄関を望む。頭で考えれば異空間のはずなのに、目にはごく自然に入ってくる風景。歴史のなせる業か　（左）茶室として建てられた古桑庵には、その由来である桑の木の古材が随所に使われ、気品を感じさせる

みになる。スタッフと、どうしようこうしようって試行錯誤しながら、『今回は失敗しちゃったね』ってことの繰り返しなんですけど、それ自体が楽しい作業なんですよ」

　中山さんに覇気があるのは、仕事のおかげらしい。

　茶室で祖父が茶をたてていた記憶はほとんどないと中山さんは言う。

「でも、お茶の道具はいろいろと残っています。いいものか悪いものかは分かりませんけどね。柱に飾る一輪挿しや茶わん、茶杓や香合がいろいろなところから出てくるんです。やっぱり祖父もお茶が好きだったんだと思いますよ。でなければ集めないですよね」

　それ以外にも、家財道具を含めてさまざまなものが古桑庵に眠る。それらがあるのは幸せなこと、と中山さんは視線を店内へ向けた。

時空を超えた調度品

「『ここに飾る何かすてきなものないかしら』って言うと、どこからかすぐに出てくるんですよ。『すごいねぇ。なんでもあるのね。いいわね勢都子さんは』ってスタッフにもよく言われます」

　それは、母親のおかげだと中山さんがほほ笑む。

「何かが壊れると予備をすぐに用意する、母がそういう人だったんです」

　歴史ある建物をはじめ、部屋のしつらえや茶道にまつわる道具、母親が茶道の師範——それら全てがそろった上で店が成り立っている。それが、そこはかとない空気を作り出す。きちんと時を経たものでなければ絶対に出せない、時空を超えたたまものなのだ。

　古桑庵の畳に座り窓から庭を眺める。こういう場所が残っている意味は、かつてあった風景を、今に伝えることだとつくづく思う。日本に脈々と流れ続けてきた「習慣」や「文化」をとどめる掛け替えのない場所は、あってしかるべきである。

　都会の片隅で、失われつつある風景を堪能する幸せをゆっくりと味わってほしい。

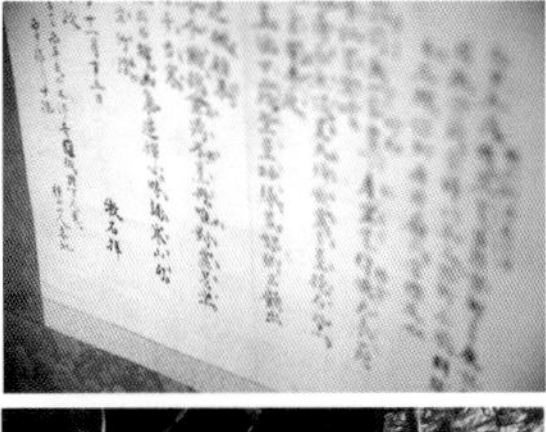

（上）夏目漱石から届いた書簡。達筆さがうかがえる　（下）美しく手入れされた庭を通って店内へと向かう

DATA

東京都目黒区自由が丘1-24-23
☎03-3718-4203
営業時間：正午〜午後6時半（平日）
午前11時〜午後6時半（土、日、祝）
定休日：水

レトロカフェでまったり
03
Retro Cafe

贅の極みを尽くした「欧州の古城」で昭和に浸る

古城［東京・上野］

憧れを形にする。そんなロマンチックな発想で作り上げられたのが、東京・上野にある「古城」という名の喫茶店である。

オーナーの松井京子さんは、父親（松井省三さん）が作った店を見回しながら話し始めた。

「父は、昔からヨーロッパに憧れがありました。そこで、欧州の古い城や寺院をイメージした内装の喫茶店を資料に基づいて、自分のイマジネーションで作り上げたのです」

建材には全て本物、上質な素材が集められている。例えば、太い柱や壁は大理石、または、大理石の皮石が使われた。

「古城だから大理石を使わないと雰囲気が出ないでしょう?」

ビジュー（宝石）で飾られた個性的な形のシャンデリアが淡い光で店内を照らす。所々に備えられた楕円形の照明も雰囲気を盛り上げる。籐で縁取られたソファは、客に思う存分くつろいでもらうためだ。

「全てが本物じゃなくちゃダメなんです。父はそういう人でした」

一番奥に描かれた大きなステンドグラスのモチーフは、世界遺産であ

1直線と曲線で構成されたシャンデリア。形もユニークだ　2柔らかな照明の光が店内を照らす　3籐のソファが優しく体を受け止める。椅子から立ち上がって店を出るのをついつい先送りしてしまいたくなる

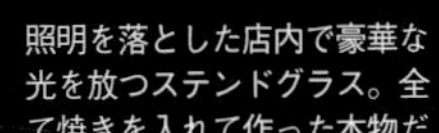

照明を落とした店内で豪華な光を放つステンドグラス。全て焼きを入れて作った本物だ

るロシアのエルミタージュ美術館にある大使の階段だ。感心するのは、全てが古城のオリジナルである点である。省三さんの美意識と想像力のたまものだ。京子さんがちょっと愚痴をこぼす。

「でもね、掃除が大変なんですよ。電球も一つひとつ外して年に1度磨き上げます。面倒だなと思うこともありますが、父が心血を注いで作り上げたものですから、粗末にはできないし、したこともありません」

目から鱗（うろこ）のクリームソーダ

喫茶店の顔であるコーヒーも質は高い。今は、1杯ずつ淹れるのが良しとされる風潮があり、それはそれで流儀ではあるが、かつては、客の入りを見込んで、ある程度の人数分を作るのが普通だった。実際に、多めに作ったコーヒーの方が実はうまいという主義の喫茶店経営者も少なからずいて、古城も昔ながらのまとめて淹れる方法をとっている。コーヒーのお供に薦めたいのがサンドイッチである。特に塩味の卵焼きを挟んだものは個性的だ。昔懐かしい喫茶店の定番と言えるクリームソーダ

も、濃いめのメロンソーダにバニラアイスクリームが絶妙に絡み合う。「こんなにうまいものだったのか」と目から鱗がポロポロと落ちるほど忘れられない味だ。

同じような経験をした人たちが、かつてたくさんいた。上野駅は、北へ向かう人、東京を訪れる人の玄関口だったし、今でもそれは同じである。現在もターミナル駅として多くの人でにぎわっているが、1950～60年代には、それぞれの人生の出発点でもあった。特に集団就職で地方から集まった人たちにとっては、当時の流行歌『あゝ上野駅』の歌詞にあるように、「心の駅」だった。迎えにきた企業の人間が「金の卵」を連れてこの古城を利用したという。

友達に手伝ってもらうことも

60年近く経った今でも通ってくる客がいて、「この味、この味」と懐かしがることも少なくない。

「あの頃は、父が当時は珍しかったレストランもやっていました。おいしかったと評判でしたよ。だから結構忙しく、私もよく手伝いをさせられていました」と京子さんは、笑みを浮かべた。

「台東区役所のそばだったので、役所への出前もたくさんありました。プラチナ萬年筆の工場や、旅館へも配達に行きましたね。中学生の頃も制服を着たまま、銀のお盆の上に、ケーキとグラタンとコーンポタージュをのせて配達していました」

懐かしそうに京子さんが振り返る。

「一つとか二つではなくて、50個とかの時もあって大変だったけど、それが当たり前だと思ってやっていましたね」

友達が遊びに来ても、おしゃべりしながらナプキンを畳むのを手伝ってもらいながら、ということもよくあった。

「家が商売をやっているとそういうことになるんです。でも、今となってはいい思い出ですね」

細い階段を下りると店内。正面には渋い色合いのステンドグラスが目に飛び込んでくる

創業時から変わらぬ内装

内装の豪華さから、接待にもよく使われた。

「この辺りは長屋が多くて、お客さんが来ても接待するスペースはありませんでした。だから、うちに来てごちそうするなんてこともしていただきました」

グランドピアノがあり、夜は、上野学園の音楽科の学生に演奏してもらった。どこまでも優雅である店の備品は、ゆったりできる贅沢なソファはもちろん、創業当時からほとんど変わってない。

「店に主張があるから、変えようがないんです」

60年代は内装に凝って、少し照明を落とす喫茶店は少なくなかった。

「初めはこれで良かったんですけど、明るい系の喫茶店が出てきて、時代の流れに押し流されそうになったこともありました。でも、豪華な喫茶店を残したいという意味で頑張って続けてきました」

省三さんが他界し、京子さんが継いだのは30年ほど前のことだった。

「父がこだわって作ったものを、私が続けたいと思いました。父の意志を継いでいるつもりです」

上野は気取らずに来られる場所

飲食が好きなのかという質問に、京子さんは、継ぐのは当然という表情で答えた。

「子供の頃から手伝っていたので、そういうもんだって自然に思っていました。だから何の抵抗もありませんでしたね」

昭和はおおらかだった。誰もがそう言う。京子さんも同じ意見だ。

「だから昭和がそのまま残っている当店なんかは、癒やされると思うんです。何事に対しても『まあいいか』みたいな気持ちがみんなの心の中にあったと思います。冗談好きも多かったしね」

上野で商うのも正解だったと京子さんはうなずく。

「当時から、上野には気取りがないから、来るのにファッションに気を使う必要はありませんでした。お客さまも服や靴を買いに来るというよりも、飲むか食べるかが多かったんです。だからたくさんお金を使ってくれましたね」

上野駅はずいぶん近代的になった。しかし、上野かいわいに漂ういい意味での気取りのなさは、まだまだ健在のようだ。

クリームソーダとホットケーキ

高校生ぐらいになると、友人とのおしゃべりや恋人とのデートの始まりは、喫茶店だった。男子は格好をつけてコーヒーを頼み、女子はクリームソーダが定番だ。可愛い子にはソーダ水のグリーンが不思議と似合っていて、ストローや長いスプーンで、バニラアイスを溶かす仕草に心惹かれた。10代は、いつも腹が減っている。飲み物のお供は、しっかりと焼かれたホットケーキだった。厚みがあってボリューミー。運ばれて来ると、甘い香りが漂った。ガラス製の小さなポットに入ったシロップをたっぷりかけて、4等分に切って食べた。一切れの形は、底辺がアールを描いた三角形。時に2人で分け合ったあの優しい味は、いつまでも忘れない。

(右)濃厚なクリームソーダ。昔ながらという表現を思い出させる味だ　(左)ホットケーキと上品に添えられたクリーム、チョコレートとの相性も抜群だ

客層は、女性男性半々ぐらい。何気ないおしゃべりや、打ち合わせと思われるビジネスマンの姿もちらほら

DATA

東京都台東区東上野3-39-10 光和ビルB1
☎03-3832-5675
営業時間：午前9時～午後8時　定休日：日、祝

吹き抜けになっている階段の細いスペースは個室みたいで、落ち着ける

レトロカフェでまったり
04
Retro Cafe

「煎りたて 挽きたて 淹れたて」にこだわり65年

神田珈琲園 神田北口店 ［東京・神田］

コーヒーの香りが人々を魅了するのはなぜだろうか。煎りたてならばなおさらだ。思わず鼻で深呼吸をしてしまう。

東京・神田駅のガード下に静かにたたずむ「神田珈琲園」。1958（昭和33）年の創業から、「煎りたて、挽きたて、淹れたて」の3タテを頑なに守り続けている老舗だ。

入り口を入ってすぐ左手で、存在感を放っているのが、自慢の焙煎機である。3代目店主の八戸建さんは弾むような声で語り始めた。

始まりは新橋のジャズ喫茶

「元々は祖父（雅宏さん）が新橋で始めたジャズ喫茶が始まりです。戦後、珈琲のおいしさとそれにまつわる文化を広めたいと跡を継いだ母（敬子さん）は、店を始める時に、『煎りたてでなければ本当の味を出すことはできない』と考えたようです」

六本木で鈴木利昭さんという屋台に小型の焙煎機を積んで商売をしている人を見つけ、「珈琲のことを教えてくれませんか」と直談判した。元々ケーキ職人だった鈴木さんは、それに合う飲み物として珈琲とセットで販売していた。鈴木さんは、焙煎の仕方はもちろん、淹れ方もていねいに教えてくれた。そんな経緯から「珈琲園（創業当時の屋号）」は開業したのである。

政府が56（同31）年の経済白書で、「もはや戦後ではない」と発表したその後、さまざまな物資が街にあふれるようになっていく。

「喫茶店も雨後のタケノコのように、ものすごい勢いで増えていた時代でした。母は他の店との差別化を図るために自分の店を『美人喫茶』と呼び、モデルや女優の卵たちを給仕として雇いました。それがちょっとしたブームにもなりました」

店内には大きな水槽が飾られ、スタイル抜群で美貌の女性が珈琲などを提供していた。世界には「ウーマンリブ」の風が吹き始めていた頃だ。このスタイルは、これからの日本を象徴しているようにも見えたに違いない。

都庁が有楽町にあった頃（平成3年に新宿に移転）は、職員たちが、築地あたりからも足を延ばして、うまい珈琲で一息ついた。1日1000人ほどの客が来店することも珍し

らせん階段になっているからなのか、
不思議と店全体に開放感がある

（右）年季の入った木製の椅子。座り心地はちょっと硬めだが、居心地の良さについ長居してしまう　（左）ストレートの豆が、雑然と並んでいる。「ティンカン」もいい雰囲気だ

くなく、店は繁盛した。

「当時はメニューも少なく、ほとんどの人が珈琲を注文するので、オーダーを聞く前に珈琲を持っていっちゃったこともありました」

珈琲園の人気は、その味に支えられていたと八戸さんは目を細める。

「目の前で生豆を焼き、挽いて、ネルドリップで提供していました。その味をお客様が分かってくれたと自負しています」

中央線を3度止めたことも

元々、屋台の直火焙煎に惚れ込んだことから始まっているので、当然直火にこだわっている。そのため、煎る人のクセが出やすい。（豆の）焼き手の力量が出やすい機械をずっと使っていたが、それは今でも変わらない。ただ、何度か大きな失敗もある。豆を焼く部分とそれを冷ます部分、後は煙突しかないかなり年代物の焙煎機を使っていた頃だ。「アイスコーヒー用の豆は、普通に焼く時よりも多く煙が出ます。それで、真上に走っているJR中央線を3度ほど止めたことがありました」と苦笑いする。

ただ、3年前に新たに導入した機械は、煙突もしっかりしているし、デジタルで数字を表示したりできて、ちょっと近代的に変わった。

「今は、全自動で焼き上げる焙煎機が多いのですが、当店は人の手で作

耐震工事のため、外観は新しくなっているが、店内の空気や従業員たちの温かさは、古い神田をほうふつとさせるのだ

ったものをお客様に提供したいので、基本的には、全自動は使いません。毎日少しずつ焼くんですよ。少量ずつ焼けるので、よりおいしく出せるかなと」

八戸さんは少し遠い目をした。

「今の方が楽になりましたけど、昔は、プチプチと焼ける豆の声を聞いて、調整していたんですけどね」

そんな珈琲だから、うまいに決まっている。焼き加減、ハンドドリップなら、蒸らし方や注ぐお湯のスピードなどによって、出来上がりの味は全く違うものになる。均一の味を出すのは至難の業だが、そこはプロにしかできない、特殊技術である。

八戸さんは高校を卒業した後、4年間、さまざまな経験を積みたいとの思いで、あらゆる場所で働いた。牧場で牛の世話をしたり、漁師に弟子入りしたりもした。カメラスタジオに勤めたこともある。

「いろんな経験の中で、私に一番合っているのは、商売人なのかなって気がつきました。祖母に子供の頃にそう言われたことがありました。それを思い出したんです」

そして、地道に続いていた今の店で、腰を据えて珈琲店のオヤジとして生きていく決心をした。89(平成元)年のことだ。

「父母の時代には、コーヒー文化を広めて行きたいというのが大きなテーマだったので、3タテをあらためてメインにやっていこうと思っています」

珈琲1杯で全ての人を笑顔に

八戸さんは場所にもこだわった。

「じいちゃんが(店を開くならここでと)決めた土地ですから」。少しだけ照れくさそうに言う。

「お客様との思い出があるから、この場所を動くわけにはいかないということもあります」

多くの客がここを気に入っていることを八戸さんは肌で感じている。

その恩を返さなくてはならないと、八戸さんは、少し真剣なまなざしをこちらに向けた。

「おいしいのは当たり前。この店の珈琲1杯で、全ての人を笑顔にするというのが、昔からの私たちの夢だったし、今でもそれは変わりません」

それともう一つ、八戸さんは自分が育った神田という街を愛しているのも、店を続けていく理由の一つだ。新型コロナで亡くなったり店を閉める人が多い中で、昔の神田を知っている人がどんどん減っていってることも事実だ。

「一つの時代が終わったのかなと思ったこともあります」。八戸さんは少しだけ寂しそうな表情を見せたが、気を取り直したように続けた。「そこではたと気がついた。先輩たちもだんだん少なくなっていきます。だから、これからの喫茶店文化は、私が娘(4代目・星莉南さん)世代につなげていかなくてはいけないんじゃないかなと思っています」。客の中には、「今日で僕は定年退職。ここ

天井が斜めになっているのは、上がホームに上がる階段になっているため、それに沿って作られたから、一瞬だまし絵に引っかかったような錯覚に襲われる

1生豆を機械に入れたところ。ここから焙煎が始まる　2豆の焼け具合を確認する窓がついている　3こん棒状のもので、目視して焼け具合を確認　4攪拌(かくはん)して、焼いた豆を冷ます　5焼けた豆の状態を手に取って確認する。「出来は最高です！」とご満悦の八戸さん。この作業を1日に何回か繰り返すとおいしいコーヒ豆が完成する

タングステンの優しい光が落ち着いた店内を照らしている

の店のおかげで頑張ってこられた」と言ってくれた人もいた。

「そういう話をしてくださると、この場所の空気や時間に思いがあるのが伝わってきます。歴史が培ってきたここにしかない時間、匂いは、その人たちが持っている大切な宝物なんです。まだまだやめられないですよね」

神田駅を降りるとホッとするという八戸さん。「景色は変わったけれど、安心できる場所なんです。僕の親の世代は神田生まれの神田育ち。神田の祭りが同窓会なんです。昔の話ができる店が減ってきている。街には独特の文化や匂いがある。それを守ってほしいという部分でもお客様からエールを贈られていると思っています」

しばらく時間をおいて、感慨深げに店内を見渡し、「いろんな人がいまだに来てくださるってことは、祖父母や父母が考えていた、『珈琲文化を広めていく』ことに成功したんだなと信じています」。八戸さんは誇らしげな表情で言った。

供された珈琲の香りと苦味に年月の重さを感じた。

DATA

東京都千代田区鍛冶町2-13-12
☎03-3252-7608
営業時間：平日午前7時～午後10時
（L.O.同9時45分）
土曜日午前8時～午後6時、
日・祝日午前9時～午後6時

レトロカフェでまったり

05

Retro Cafe

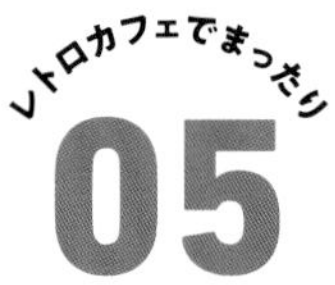

レトロな空間で 極上のコーヒーとマジックに耽る

世田谷邪宗門 ［東京・下北沢］

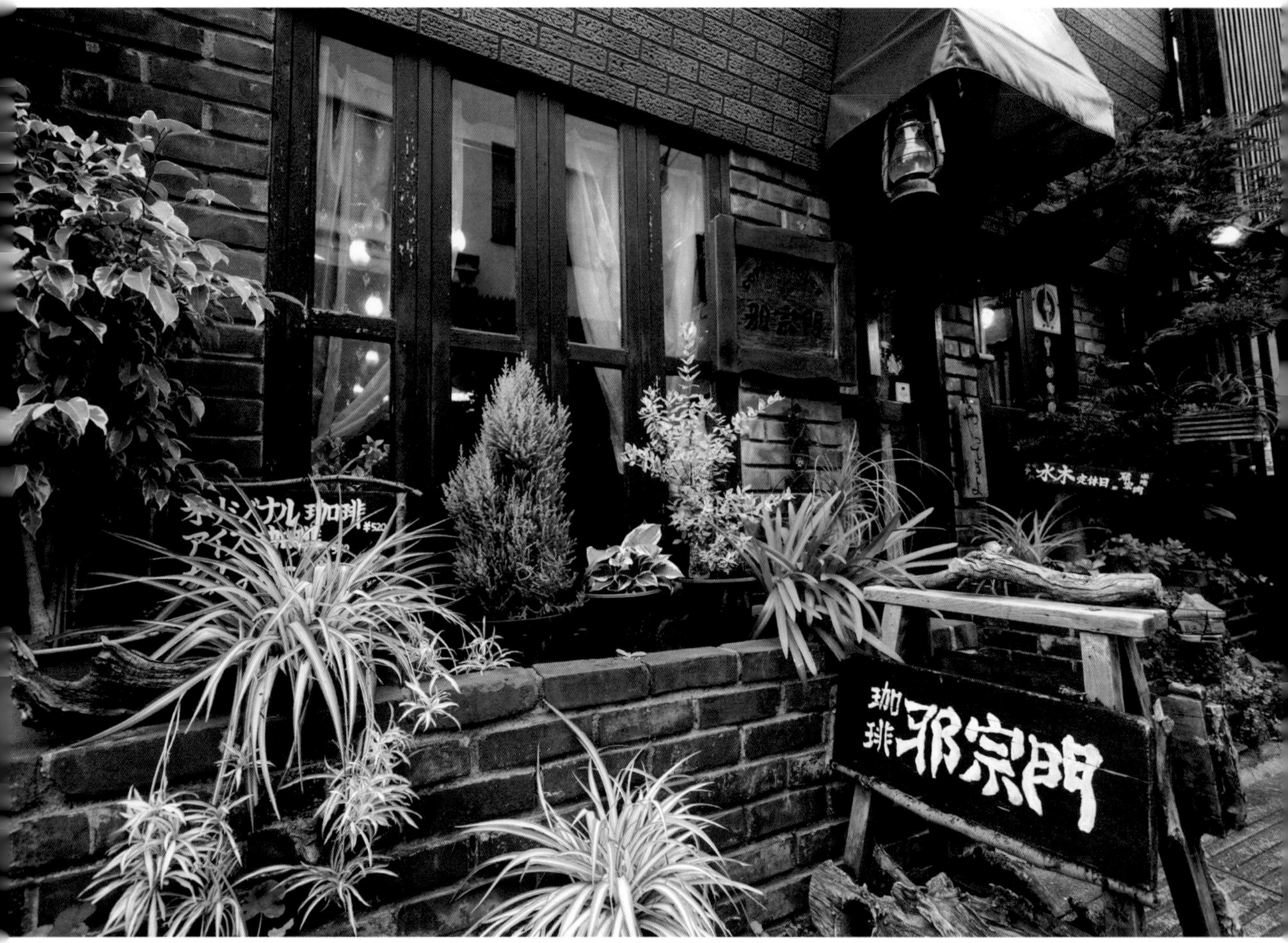

下北沢または代田からのんびり歩き、住宅街の中にたたずむ店の扉を開ければ、想像を超える景色が広がる

人生は何が起きるか、どこで転ぶか分からない。だからこそ面白い。

閑静な住宅が建ち並ぶ一画に忽然と姿を現す喫茶店「世田谷邪宗門」の門主（オーナー）・作道明さんが店を始めたのは、デパートの手品道具売り場で、実演販売の前を通ったことがきっかけだった。

サラリーマンからの転身

当時、作道さんはごく普通のサラリーマンだった。

「見た瞬間に面白そうだなって思いました。そこで実演販売をしていたのが引田天功（初代）さんでした」

何回か通っているうちに、自分でもやってみたくなり、道具を買うようになる。当然のことながら、買ったからといってすぐにうまくなれるわけではない。売り場を通る度に、やり方を教わって少しずつできるようになっていき、手品の面白さにはまり込んでいった。

「だから、僕は、天功さんの一番弟子だ、って勝手に言ってます」と作道さんは楽しそうに笑う。

やがて、邪宗門の創業者である名

（右）特製の寒天のおいしさに驚き、蜜の代わりにかけるコーヒーとあんことアイスクリームの相性にさらに驚く　（左）店内には美空ひばりファン垂涎（すいぜん）の写真やしおり、ブロマイドなどが飾られている

和孝年氏と出会う。マジシャンでもあった彼は、ファンだった北原白秋の代表作「邪宗門」を屋号に喫茶店を開いていた。店には、マジック好きやマジシャンが集まっていた。そこで名和氏が手品を披露しているのを目を凝らして見ていたのが作道さんだった。

「テレビも普及していない時代でしたから、こういう場所でしかマジックを見ることはできませんでした。コーヒー屋のはずなのに、マジックが好きな人でいっぱいでね」

足繁く通うようになった作道さんは、その度に魅了され、名和氏は憧れの対象となった。名和氏の後を追うように、喫茶店を開店しマジックを披露する人が少なからず出てきた。その一人が作道さんだった。

作道さんは自宅を改造。れんが造りの喫茶店に骨董（こっとう）品を飾った。もともと船乗りで船にまつわるアンティークで店を飾っていた名和氏をお手本にした。当然のように、マジックも披露した。

「名和さんに対する強い憧れが私にこの道を選ばせたと言っても過言ではありません。本当にいろいろなことを教えてもらいました」

当初は、勤め人だったこともあり、家族からの反対にもあった。

「でも、名和さんのように、おいしいコーヒーとマジックでお客様を驚かせたいという気持ちを抑えることはできませんでした」

真顔でそう言った後、「どちらかと言えば、手品を見せたいのが先でコーヒーは後でしたけどね」と作道さんは人懐っこい笑みを浮かべた。

客を驚かせることが快感に

その頃になると、手品にどっぷりとのめり込んでいた。魅力を尋ねると、「お客様をびっくりさせるのがたまらなく快感でした。つい見せたくなるんです。コーヒーを出すの忘れて、マジックばかりを見せてしまうなんてこともありました」。

子供から大人まで、見る方としては楽しいのがマジックだ。

「たまに、天功さんもお客様を連れて顔を出してくれて、『ちょっとやってみてよ』って言われて、得意になってやったこともありましたね」。

ハト出しなどほとんどの芸を習得していたが、得意なのは、鉄の輪を

(右)さまざまな形のランプシェードは、時代を感じさせるレアなものばかり。こんな空間で時には物思いにふけるのも悪くない
(左)地域の歴史や文化を調べてパンフレットを作っている。調査にあたるのは手前に座る米澤邦頼さん

使ったチャイナリングである。

アンティークが客を迎える

世田谷邪宗門は、長い年月を思い起こさせる純喫茶である。れんが造りのエントランス、一歩中に入ると、アンティークや古道具が客を迎える。加えて「私は店を手伝いません。掃除ぐらいはしてあげますけどね」と言う、作道さんの妻である貴久枝さんが制作した見事な七宝焼や押し花などが花を添える。作道さん家族の存在が随所に透けて見えるアットホームなところも魅力だ。コーヒーを淹れるのは、作道さん本人の場合もあるし、子息の裕明さんやその妻の敬子さんの場合もある。

「特にお嫁さんがよくやってくれるんですよ。感謝してます」と貴久枝さんが目を細める。家族が助け合って切り盛りしているのが、どうにもこうにもすてきなのだ。

先に、純喫茶とあえて書いたのには理由(わけ)がある。作道さんが張りのある声で力説する。

「本来、コーヒーだけをお出しする場所をそう呼んでいました。だから、僕のところも、基本はコーヒーのみを楽しんでもらう場所です」

ストレートコーヒーも一通り置くが、ぜひ頼みたいのがオリジナルブレンド。モカをベースに知り合いの豆屋に頼んでブレンドしたものを、注文を受けてから挽き、ペーパードリップで淹れる。ほのかな酸味に爽やかな風味を感じる、心に染みる味だ。食べ物は、トーストのみ。最初は店をやることに反対したという貴久枝さんが言う。

「コーヒーだけじゃ商売にならないから、カレーなんかもやったらって言ったこともあるんですが、結局はやりませんでした」

コーヒーの香りを消したくないからと作道さんは、頑なに拒否した。

「ただ、こっそり、あんみつをやってますがね」

このあんみつも只者(ただもの)ではない。黒蜜の代わりに、濃いめの甘いコーヒーをかけて食べるタイプで、これがまた癖になるうまさなのだ。

夫婦の戦前の話に酔いしれる

ご夫婦ともに戦前生まれ。二人の戦時中の話も、彼らが元気でいてくれるから知ることができる。歴史あ

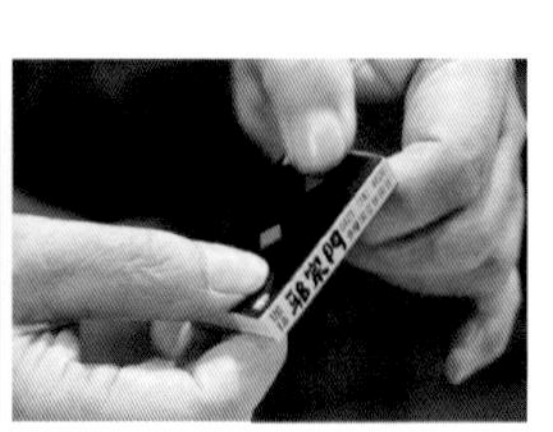

(右)店のマッチがマジック用にもなっている。ひっくり返すとマークが消える (左)蓄音機やジュークボックスから流れる音楽と美味しいコーヒーを味わえる唯一無二の空間だ

(右)門主の作道明さんと妻の貴久枝さん。心優しい二人が、店のおだやかな空気を作り上げている　(左)蓄音機に慎重に針を乗せる作道さん。その奥にはジュークボックス。入っているのは、全て美空ひばりの曲。貴久枝さんが大ファンだからだ

る喫茶店の意味は、そんなところにもあったことを知らされるのだ。

「代田のこの辺りだけは戦争で燃えなかったんですけど、渋谷や三軒茶屋、環七の内側は火の海でした。四方が全部燃えてる感じでしたね」

貴久枝さんは、昔を思い出すように、首（こうべ）をめぐらせた。

「私が子供だった戦争前から60年の間に、いろんなものが変わりましたね。例えば音階。戦前は『ドレミファソラシド』だったのに戦争が始まると『いろはにほへと』。野球の用語も、太平洋戦争中には、変な日本語が使われていましたよね」

一瞬の間の後、貴久枝さんが続けた。「戦時中も戦後も大変だったけど、私は、いい人生だったと思っています。カボチャやトウモロコシを買い出しに行ったことも懐かしい思い出。今となっては、なんでも食べられる幸せがあります。それも苦しい時代があったからこそ感謝できるんじゃないでしょうか」

貴久枝さんの表情は穏やかだった。

「良いお客様に支えられて、今までやってこられた」と作道さんは言う。自身も客が大好きだし、客も店と作道さん家族を愛しているのが伝わってくる。

昔の常連客も訪れるのが喜び

「昔、この辺に下宿してた人が、『まだ(世田谷)邪宗門はあるかなと思って来てみたらまだありましたね』って。うれしいよね」お金さえあれば大抵のものが買える。いや、買えると勘違いしている世の中になった。

作道さんは、笑顔でこう言った。

「ウチに来店されるお客様はみんな良い方ばかりです。そんなお客様はお金では絶対に買えないんです」

時間の流れを止めることは誰にもできない。国立や鎌倉(のちに小田原に移転)、聖蹟桜ケ丘にあった邪宗門(現在は全国に5店舗)は、門主・名和氏の他界に伴って閉店した。

ありがたいことに世田谷邪宗門はご夫婦とも健在だ。これからも楽しい話とおいしいコーヒーで、我々を楽しませてくれることを心から願ってやまない。

DATA

東京都世田谷区代田1-31-1
☎03-3410-7858
営業時間:午前9時〜午後6時(早じまいする場合あり)
定休日:水、木、不定休

1懐かしいモノでいっぱいの2階。奥の部屋には、家電や炊飯器、洗濯機なども飾られている　2兄の部屋をイメージした2階には、家族が見てはいけないものが　3ポップな1階には懐かしいポスターも。クリームソーダを飲んでいた20代風のカップルに店の感想を聞くと「新しい」と答えてくれた

レトロカフェでまったり 06 Retro Cafe

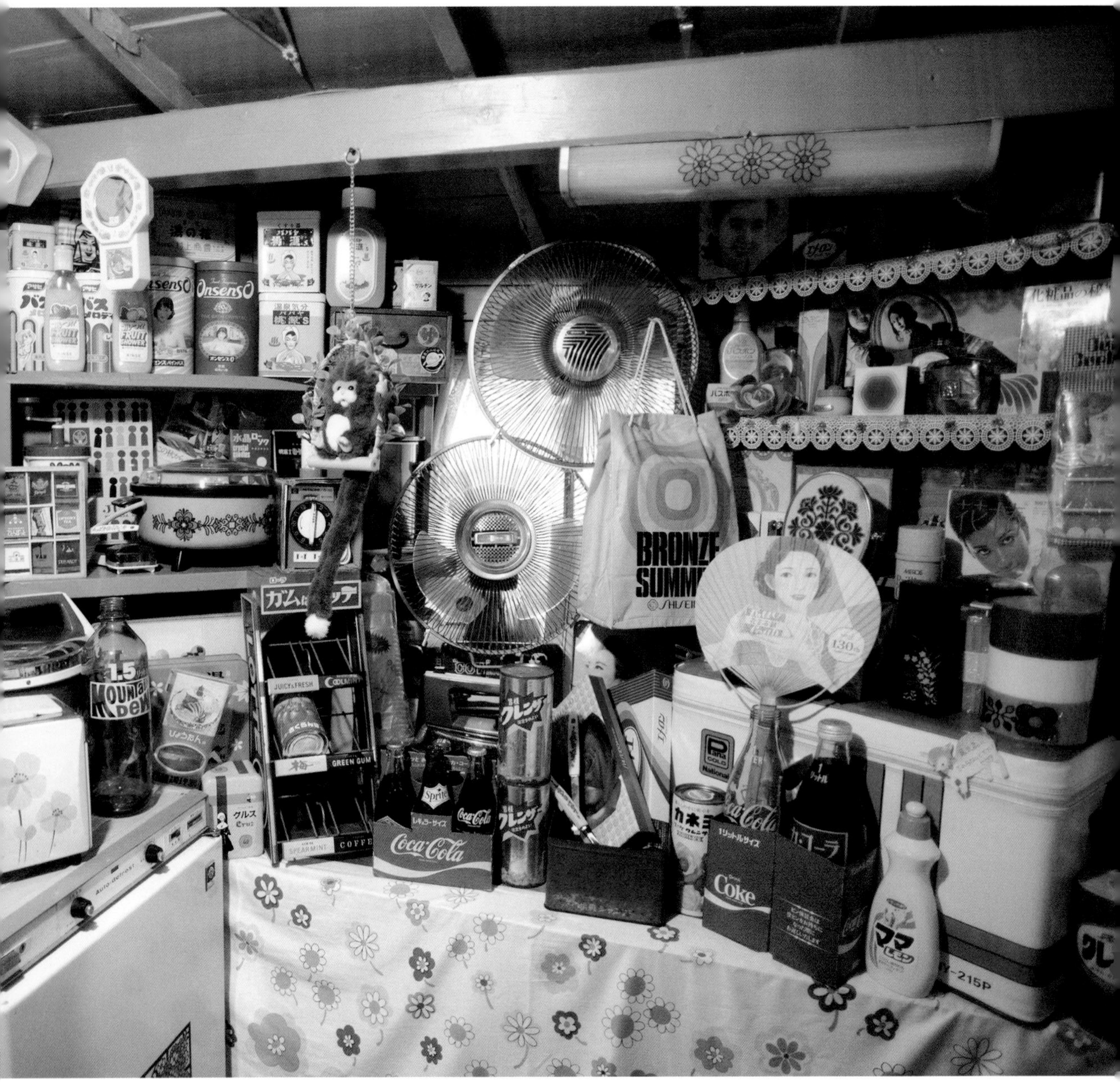

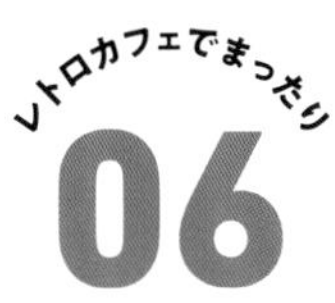

ココロ躍る憧れの昭和を体感できる喫茶店

昭和レトロ 喫茶セピア［東京・柴又］

「レトロは楽しいですよ。懐かしさに胸がキュンとなります。子供の頃の思い出と一緒にあるからですかね」

東京・柴又の中心街から、ほんの

2

3

1

少しだけそれた場所にある「昭和レトロ 喫茶セピア」。入り口に立つと、かつての少女マンガに出てきそうな店内にココロが躍る。前店主の長谷沢貴世子さんが遠い目で語り始めた。

「あの頃のことを思うと、また頑張ろうって思えるんですよね。なぜなんですかねえ」

昭和30〜40年代は、あらゆるモノや事柄に、パワーがあふれている時代だった。ファッションにしても、音楽にしても、またマンガなどのサブカルチャーや風俗の中にも、勢いがあった。長谷沢さんの言葉は、その頃の状況を端的に言い表していた。

「ここに来ると5歳ぐらい若返るってお客さんに言っていただきますね」

漫画に登場する喫茶店に憧れ

喫茶店を開きたいという思いは、随分前から温めていた夢だった、と長谷沢さんは目を輝かせる。

「女の子の間では『りぼん』と『なかよし』が人気ありました。物語の中に登場する、洋服を含めたライフスタイルまで、乙女チックな可愛いものが登場するのも楽しかったのですが、必ず喫茶店が描かれていたん

（右）マネキンが首から下げていたのは客が置いていったオリンパスOM-2。店内に飾られている懐かしいモノは客から提供されるものも少なくない　（左）メニューには可愛いロゴがあしらわれている

です。そんな喫茶店をやってみたいというのが夢でした」

その計画が具体的になったのは、2012（平成24）年。ただの喫茶店では面白くないと考えた長谷沢さんは、自分の「好きなモノ」と店を結びつけることを考えた。

「可愛い喫茶店が心の中にありました。パーラーのようなね。自分の好きなモノを店内に飾ったら、楽しいんじゃないかって思いました」

長谷沢さんの好きなモノ。つまり、懐かしい古いものだった。

もう一つ好きなモノがあった。

「昭和のハワイです。1960年代のエルビス・プレスリーがリリースした『ブルー・ハワイ』とか。ハワイのお土産も集めていましたが、日系人の暮らしが垣間見えて、昭和のいい感じが残っているんですよね」

集めた古いものを店内に飾る

さらに、日本の古いものも集めだし、結果、それらを自分の店に飾ることになる。

「喫茶店を始めると決めた時、自分の持っているものを置いちゃおうと思いました」

当時のどんな家庭の中にもあった道具や小物、インテリアなどなど、さまざまなものが長谷沢さんの手元に自然と集まっていた。

「旅行も熱海などレトロを感じられる場所に行くことが多くて、現地では、土産屋と金物屋、リサイクルショップには必ず寄りますよ」

長谷沢さんの叔母さんの存在もかなり大きかった。

「物持ちの良い叔母がいて、彼女からもらったものも結構あるんです。女性自身や『anan』、『non-no』などの雑誌彼女が残していて、店でも読めるようにしました。物持ちがいい人が多かったのも昭和の特徴ですかね」

長谷沢さんのコレクションのすごさは、大きなものから細部にわたっていることだ。大物では、冷蔵庫や洗濯機は件（くだん）の叔母さんの家にあったもの。ソファや食器棚なども昭和の香りがする。

懐かしグッズのオンパレード

感心させられるのが小物だ。例えば、居間の隅に置いてあったカラフルなマガジンラック、回転式チャンネルのブラウン管テレビ、食器棚の下の棚には麹町の老舗洋菓子店「泉屋」のティン缶（ブリキ缶）の箱がさりげなく置いてある。母親が領収書などを入れていた記憶がある人も多いだろう。

それらが見られるのは、狭くて急な木造の階段を上がった2階だ。40代や50代なら、「これ家にあった！あった！」と叫びたくなる品々のオンパレードだ。

「子供の頃って、憧れがいっぱいあったと思うんですよ。私の場合には、明治チェリーチョコレート。奥村チヨさんのCMとか見たら、欲しくなったけど買ってもらえませんでした。子供にとっては禁断のお菓子。のぞいてみたい大人の世界でした」

昔の風景を思い出すように視線を上に向けた長谷沢さんは、最後に説得力のあるせりふを、こともなげに口にした。

「大人になった今が昭和だったら、楽しいだろうなって思うことがよくありますね」

長谷沢さんの話とセピアの店内は、昭和が「輝いていた時代であった」ことを再発見させてくれる空間だ。

(右)チャンネルを回すタイプではなくなった頃のテレビ。テレビの下には、一時期はやったミニボトルが並ぶ。回転式チャンネルのテレビも別の部屋にある
(左)昔ながらのクリームソーダ(メロン味)。グラスは昭和時代のデッドストックだ。他にタコさんウインナーがのるスパゲティ・ナポリタンやオムライスも人気だ

(右)いまでは滅多に見ることができなくなった牛乳受け箱やアンティークドールなども飾られている
(左)年配の人向けの洋服などを売る店の後を借りた。木造トタン張りの昭和住宅がそのまま使われる

DATA

東京都葛飾区柴又7-4-11
☎03-6657-8620
営業時間:正午〜午後5時
定休日:不定休
※文章・写真は取材時のものです。

「ライブラリーカフェ。レコード図書館という意味合いで命名しました」

東京・雑司が谷にある「ビブリオ.クラシック 珈琲と紅茶」店主の新倉裕之さんが説明する。ビブリオ（ビブリオティック）は、フランス語で図書館を意味する言葉だ。図書館というだけあって、所蔵するクラシックのレコードは1万2000枚以上である。

レコードの最大の特徴は、肌に染み込んでくるような心地よい音を奏でるところにある。香り高いコーヒーと共に味わえば、密度の高い上質な時間に包まれる。ビブリオ.クラシックには、そんな充実の空間が用意されていた。

こぢんまりした店内が不思議と居心地がいい。

「ここにあるピアノと椅子以外、ステレオラック、キャビネット、スピーカーボックス、さらにアンプも、キットを買ってきて自分で組み上げたものです。つまり店内のオーディオ系は、全部僕のハンドメイド。統一感があるのは、きっとそのせいだと思います」

レトロカフェでまったり 07 Retro Cafe

クラシックを気軽に楽しめるレコード図書館

ビブリオ.クラシック 珈琲と紅茶 [東京・雑司が谷]

車のエンジン開発から店主に

新倉さんは、某自動車会社でエンジン開発の仕事をしていたが定年で退職し、同店を開いた。2016（平成28）年のことだった。

「オーディオは、自宅で使っていたものです。自作の機材を使って聴き始めたのは、35歳ぐらいで、ずっと同じものを使っています。土日は、音楽会に行ったり、帰りにレコード屋に寄ってアナログ盤を買ったりしていました。美術館にもよく行きました。手に入れた図録を見ながら、音楽に浸ることが多かったですね」

レコードを聴き始めたのは、小学生の時だった。

「音楽鑑賞の時間に、先生がかけてくれたのが、チャイコフスキーの弦楽四重奏曲第1番第2楽章『アンダンテ・カンタービレ』でした」

一発で魅了され、早速同じレコードを個人的に入手する。

「B面がシューベルトの弦楽四重奏第14番『死と乙女』で、そっちの方が気に入っちゃって、そこからクラシックにハマっていきました」

衝撃的な出合いだった。その時の新倉少年の胸に、経験したことのない何かが刺さったのだ。

「バイオリンを始め、弦楽器の音、旋律から物語が感じられるような気がしたのを鮮明に覚えています」

当時を思い出すように、新倉さんは遠い目をした。B面だったというのも面白い。

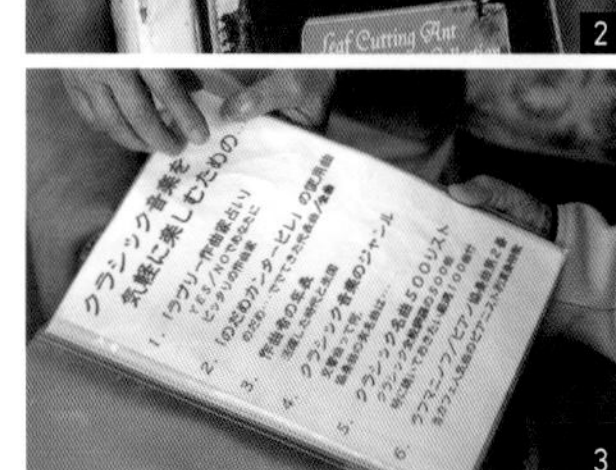

1「ありがたいことに、いいお客様がたくさん来てくださいます。女性の割合が多いかな」と新倉さん 2完璧に整理された、曲名のリスト。聴きたい曲を探しやすい工夫がなされている 3初心者にも分かりやすく、興味を引くように分類されている

棚は新倉さんの手作り。レコードが並んだ姿は不思議な美しさがある

新倉さんの趣味で選んだ店内の家具が、クラシック音楽にぴったりとマッチしている

こだわりの糸ドライブ・ターンテーブル。ケースはかなり大きめに作られていて重厚感がある

生音だからこそレコードで

クラシックを聴くなら「アナログレコード」に限ると、新倉さんは強調する。クラシックの音自体が他の音楽と違うからだ。

「なぜなら全てが生音だからです。他の音楽では、必ずマイクを使っています。小さいライブハウスなどで聴くジャズにしろロックにしろ、マイクやアンプ、PA（PUBLIC ADRESS＝音響機器）を通して観客に伝わります。一方、クラシックは、どんなに大きなホールでも、人の声や楽器は、マイクやアンプを通しません。だから、『音』のクオリティーが非常に高い。そんなものがデジタルで再生できるわけがない」と新倉さんは力説する。

「そのクオリティーは、デジタルでは出ないと思っています」

CD（デジタル音源）が出る前、レコードとカセットテープが両立していた時代があった。

「CDがカセットテープの代わりになると思っていました。でも、CDがレコードの代わりになった。僕はデジタル音源が主流になっていくのが不思議でなりませんでした」

新倉さんは、ほんの少しだけ表情を曇らせる。

クラシックこそアナログで聴くべきだと信じて疑わないのである。

「レコードの音を聴きたいという気持ちは、別に懐かしさを求めているわけではありません。これが最高だと思っているからです。だって、音楽に求めるのは深い感動ですからね」

その「深い感動」は平成、令和の時代になってから薄れてきている気がしてならない。だからこそ、ビブリオ・クラシックのような店に真の価値があると言えるのだ。

「誰でもウエルカム」

店を始めてまだ日は浅いが、新倉さんにとって、ベストな選択だったと思っている。

「みなさん感動してくれるんです。その姿を見るとやって良かったって、改めて思います」

もちろん、今後も続けていくが、そこにも理由がある。

「クラシックって、ハードルが高いと思われちゃっているところがある。『ここに入ってくるのに勇気がい

供するスペシャルティ・コーヒーはハンドドリップで淹れられ、コク深い。たっぷり2杯分入るポットがうれしい

る』ってお客様に言われることもあります」

　しかし、「誰でもウエルカム」だと新倉さんは優しい笑みを見せた。

「元々クラシックに対して興味はすごくあるんだけど、実を言うとよく知らないんですっていうお客様が常連になってくださるケースも少なくないんですよね」

　そんな初心者のために、あらゆる工夫を重ねてきた。

「クラシック名曲５００」「特に聴いておきたい厳選１００曲」などの分かりやすいリストを作ってその中から選んでもらう。客の話を聞き、持っている知識を総動員して、推薦することもある。

「年表やジャンルで分けた、初心者でもわかるし、楽しめるリストです。ピアニスト別演奏の特徴なども作って、聴いてもらっています」

　新倉さんは言う。

「僕はクラシックの楽しさをもっと多くの人に知ってもらいたいんです。『ハードルが高い』などと言わずに、気軽に聴いてみたらどうですか？と言いたい」

　自分が真から愛するものを、オールドファンはもちろん、若い人たちにも聴いてほしい。そしてその楽しさを分かち合いたい、それが新倉さんの切実な願いである。

(上)こちらも手作りのレコード針の収納ボード。なんだか真空管アンプっぽい
(下)鮮やかなグリーンの扉が目印。店のイメージカラーでもある

DATA

東京都豊島区雑司が谷3-7-2 サンライズビル3F
☎03-6915-2204
営業時間：午後1時〜10時（L.O.午後9時）
定休日：火、水
https://www.biblioclassic.com/blank-1

レトロカフェでまったり

08

Retro Cafe

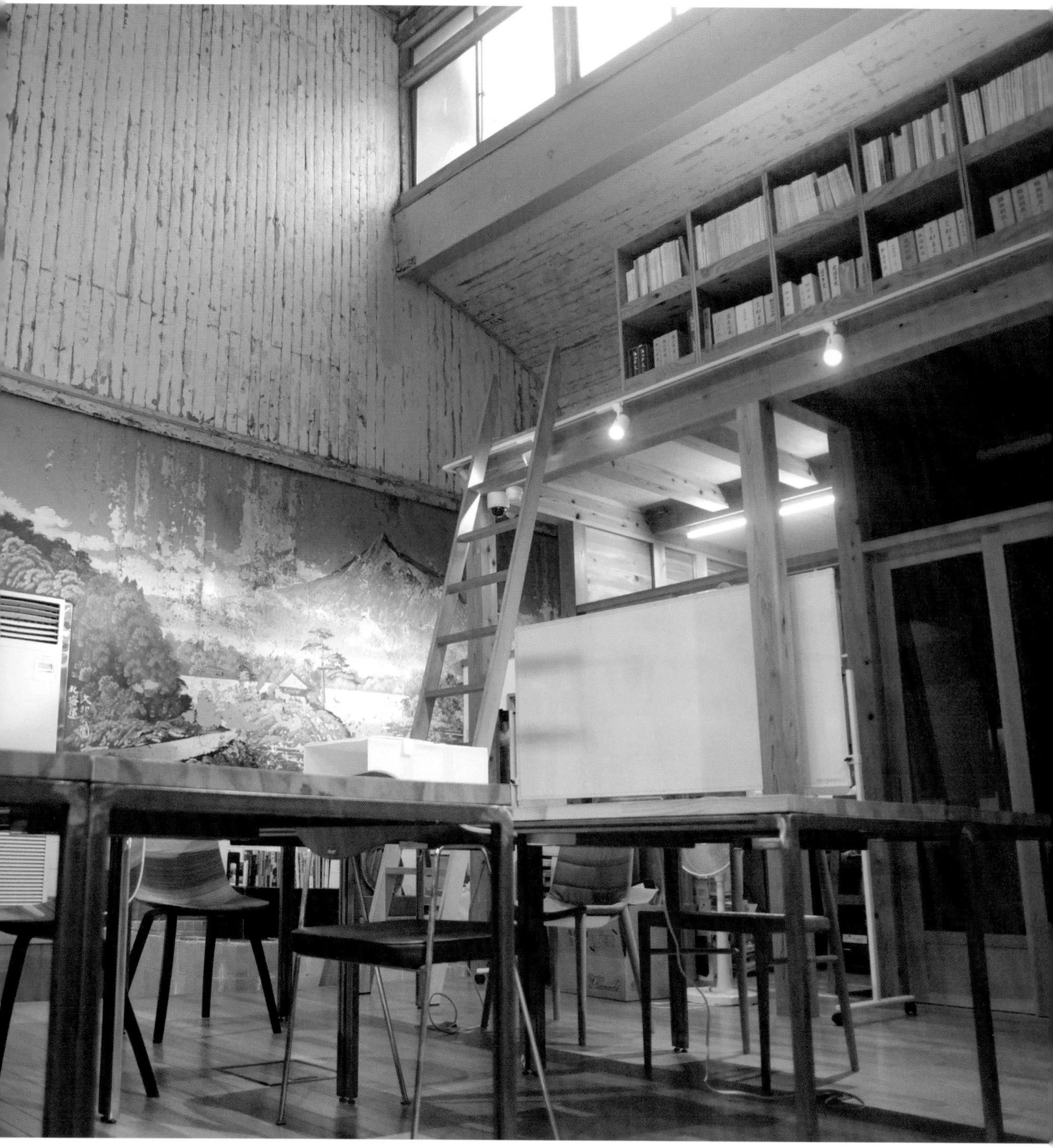

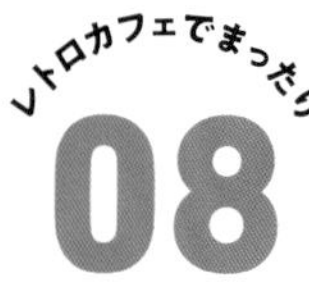

昔ながらの銭湯を再生「記憶をつなぐカフェ」に

レボン快哉湯［東京・入谷］

昔ながらの銭湯がレトロモダンなカフェに！

昭和の時代には一つの街に必ず何軒かあった銭湯。象徴は宮造りの外観だった。立派なたたずまいの内部では、温かい湯が体の汚れと疲れを気持ちよく流してくれた。

東京・入谷にあった「快哉湯（かいさいゆ）」も、90年を超える歳月、人々の体と心を癒やしてきた。しかし、最後のオーナーが2016（平成28）年に引退し、銭湯そのものは、歴史に幕を下ろした。ただ、オーナーは「この建物を未来に残したい」と強く思ったのである。NPO法人「たいとう歴史都市研究会」に手紙を送り、思いを伝え、快哉湯の再活用プロジェクトへとつながった。

銭湯の常連客だった建築設計会社社員が参加し、リノベーションが始まった。木札の靴箱、番台、格天井など、富士山のペンキ絵、番台、格天井など、極力原型をとどめる形で作業は続けられ、19（同31）年にオフィスとして再生。元オーナーの願いはかなったのである。

偶然から面白い空間を創出

後にカフェとして再生した「レボン快哉湯」を運営する株式会社ベステイトのスタッフが、鶯谷でビジネ

年季の入った風呂場の天井や富士山のペンキ絵がしっかりと残っている店内

アンディ・ウォーホルが描いたマリリン・モンローのポスターも郷愁を誘う

（右）奥にあるオフィスの一番奥には、小さい湯船がちょこんと鎮座
（左）だいぶはがれてしまった銭湯のペンキ絵も「味」である

スホテルをオープンするため、付近をあいさつ回りをしていたとき、偶然見つけて立ち寄ったのが快哉湯だった。そこで、すでに洗い場と湯船をオフィスとして活用していた建築設計会社のスタッフに、銭湯の歴史や保存・再生に携わった人たちの熱い思いを聞くことになる。

残された古い銭湯の建物を未来に残す意義は計り知れない。ベステイトの面々は、快哉湯を多くの人でにぎわう場所へともう一度戻したいと考えた。もともとホテル業を生業にしていたので、その経験をフルに活かして、ソフトやサービス面などで協力できないか話し合いが重ねられていった。

誰もが気楽に利用できるカフェという形で快哉湯の再生ができないか、これまでイベントスペースとしていた脱衣所側のスペースをさらに有効活用するのはどうかなど、さまざまな意見が出されたという。

「『カフェならば、大人から子供まで、銭湯時代と同じように老若男女が使えるよね』ということになったようです」

マネージャーの多田（おおた）真理さんがハキハキとした口調で説明した。

そこからは話は膨らんでいくことになった。

「極力内装は変えない方向で改装が行われました。変更したのは、脱衣場にキッチンを設置したのと脱衣ロッカーを撤去したこと。女湯の方には本棚が作られたぐらいです。あとはほぼ手を入れてません。また、一部をレンタルスペースや展示スペースとして活用しています」

古いものと新しいものの融合

いくつもの縁（えにし）が繋がり誕生したレボン快哉湯は、「記憶をつなぐカフェ」というコンセプトのもと、再出発を果たすことになった。屋号は「Ｒｅｂｏｎ（再生）＋快哉湯」という意味でネーミングされた。

「古いものと新しいものの融合。建築に関してはそういうことになると思います」と多田さんは力強くうなずく。

「記憶を繋ぐというのがコンセプトなので、歴史あるものを大事にしながら新しい未来へと向かっていく。古いコーヒー豆の焙煎（ばいせん）機も開店当時、知り合いから譲り受けたものです」

多田さんは一息ついた後、こう続けた。

「新しいものだけがいいとは限らないと思います。昔の方が良かったことだってある。古いものも大事にして、新しいことを生み出したい。古い記憶と新しい記憶を繋げるために」

レボン快哉湯の生い立ちを聞いていると、全てが人と人との繋がりによって成り立っていることが見えてくる。「ご縁ですよね」と多田さんがほほえんだ。記憶を繋いで過去から未来へ紡いでいく。

「銭湯文化、日本の文化をこれからも繋ぎながら、若い人、新しい人たちにもいらっしゃってほしいです」

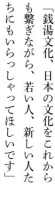

番台も昔のまま。中は掘りごたつのようになっていて座るのも楽だ

カフェのカウンター。下の部分のタイルは、日差しの角度によって色が変わる

「コーヒー×アイス」もお薦め

供するものは新しい。バリスタが淹れるコーヒーと契約農家直送の果実で作るアイスクリームのマリアージュだ。「グアテマラとキウイのアイスクリームはよく合います。今の季節柄、マロンもやってます」

カフェなので、おいしいドリンクを提供することは基本だ。ただレボン快哉湯ではもう一つ見逃せないものがある。90年生きてきた建物の生き様、そして銭湯に通っていた人たちの息遣いや暮らしぶりだ。

加えて現状を受け継ぎながら未来に向かって変化を遂げることも大切だ。多田さんは言う。

「今まで銭湯として使ってくれていたけれど、カフェになっても来てくだされば、なおうれしいですね。銭湯をリノベーションした場所というのも珍しいので、それを見にきたという人もいますよ」

過去の記憶を現在、そして未来へと、レボン快哉湯を媒介にして繋いでいく。古い文化をしっかりと残しながら、新しい空間が生き生きと再生するのである。

DATA

東京都台東区下谷2-17-11
☎03-5808-9044
営業時間：午前10時半～午後6時
定休日：不定休

宮造りの外観が見られるのは、神社仏閣と銭湯くらいなものだ

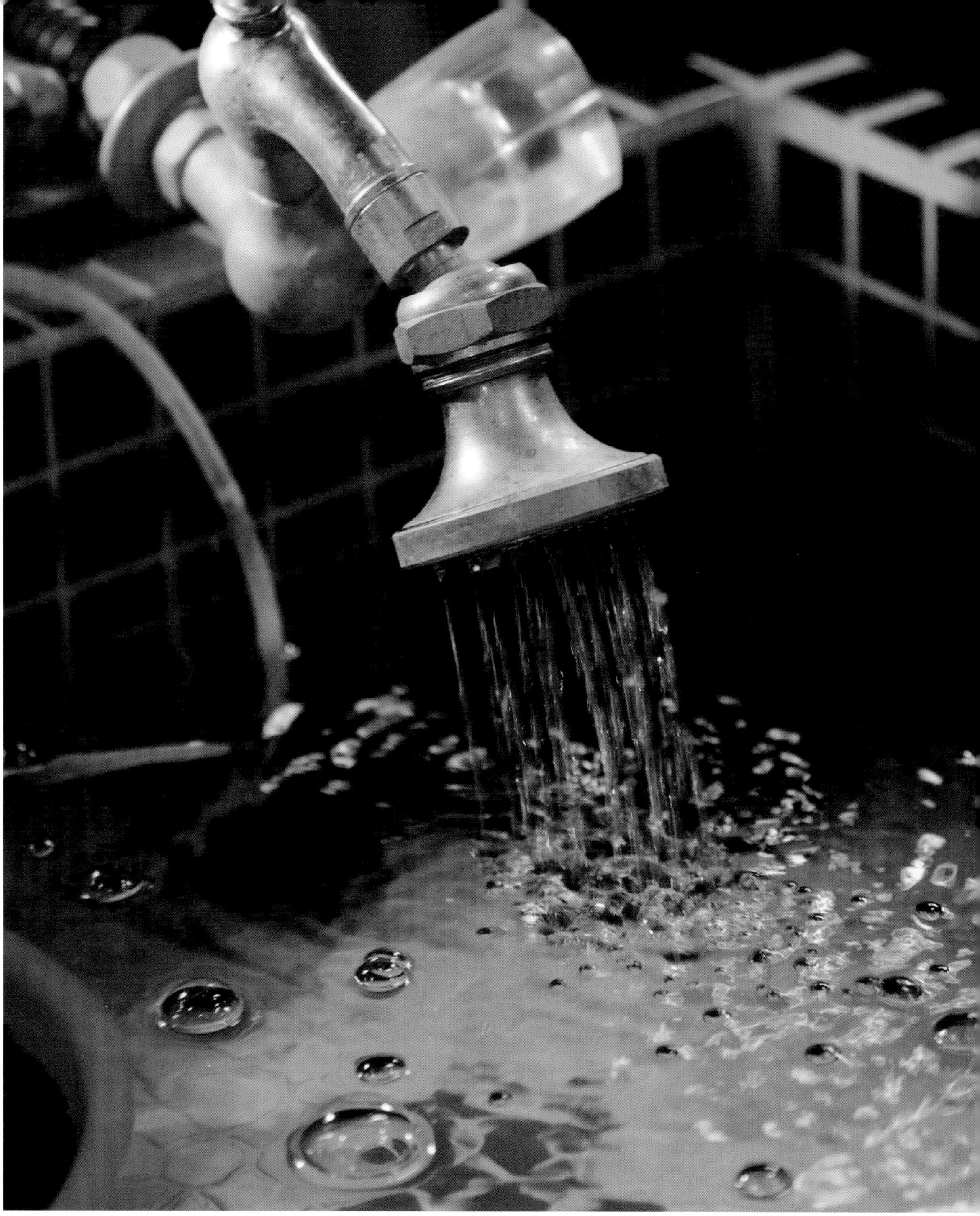

タイルで作られた水場が、銭湯をほうふつとさせる

レトロカフェでまったり

09

Retro Cafe

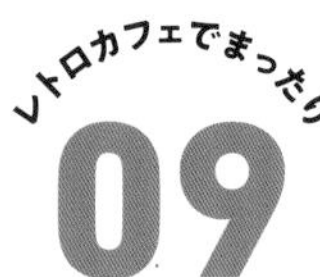

あふれる銭湯愛をカフェで具現化 レトログッズも

Sd Coffee北千住［東京・北千住］

（右）店全体がある種のパロディーで、極め付きはこのペナント。北千住のシンボル・お化け煙突、タコ公園、銭湯絵、千住葱（ねぎ）などが描かれている　（左）ホットドッグは7種類あるが、どれもおいしそうなので選べない人は、ガチャガチャで出てきたキーホルダー（7種類のいずれかが入っている）を頼りに、という遊び心も

「ペナントだらけのあなたの部屋に〜♪」と歌われたのは、1982（昭和57）年にリリースされた河合奈保子の「Invitation」だった。

当時、修学旅行のお土産の定番であり、部屋の壁上部や天井には、必ずと言っていいほど飾られていた時代があった。そんなペナントを新たに作り、売っているのが東京・足立区にあるにカフェ「Ｓｄ Ｃｏｆｆｅｅ北千住（以下Ｓｄ Ｃｏｆｆｅｅ）」だ。店内には、思わず買いたくなる面白グッズが所狭しと並んでいる。

店主の鈴木保幸さんが説明する。

「下町の雰囲気が色濃い北千住って、今は外国のお客様もたくさんいらっしゃるし、観光地的な匂いがするんですよ。観光地にはお土産がつきものだと思いついて、いろいろなグッズを作るようになったんです」

銭湯絡みのグッズが豊富

作り上げたグッズは、「THE NORTH SENJYU」などと書かれた帽子や木製の升、迫力あるホットドッグが描かれたキーホルダーであり、ペナントである。

「ペナントは、現在作っている工場が日本にはありませんでした。海外で作るのはなにか違うと思い、なんとか国産でやりたいと思いました」

鈴木さんならではの麗しいこだわりである。

「作ってくれるところを探していたら、お相撲さんの化粧まわしを作っているところに行き着いたんです。さらに運動会などに使う旗を製造している場所にもお願いしました」

最初、今の若者には、これが何なのかすらわかってもらえなかった。

「実際に、『面白いから買いたいけど、どう扱えばいいんですか？』って言われました」

鈴木さんが説明すると「なんだか分からないけれど、まぁいいやって買ってくれる人も多いんですよ」

鈴木さんが笑う。

「今、ペナントを入れる三角の額縁を作っています。居間に飾ったら格好いいですよ」

父親の電器店を残したい

Ｓｄ Ｃｏｆｆｅｅがオープンしたのは2017年である。「Ｓｄ」には二つの意味がある。一つは静岡の実家で父親が営んでいた電器店「鈴木電気」、もう一つは「銭湯大好き」をそれぞれローマ字表記した頭文字だ。

「街の電器屋を継ぐことは今の時代厳しいと感じていました。ただ、どこかのタイミングで、のれんは継がせてほしいって話を父親としていて、最終的にそれを守った形です」

形や内容が違ったとしても、父親の血脈をきちんと受け継いだ鈴木さんの男気はあっぱれだ。もともと、商売をしたい気持ちはあったと鈴木さんは言う。

「商売人の家庭で育っているので、お客様と接したりするのは好きでしたからね」

「銭湯大好き」という気持ちは、若い頃の苦労が原点だ。実家を離れ、東京で自活を始めた頃、アパートには風呂がなかった。近くには夜中の1時まで開いていた銭湯があったが、終電で帰ると閉店時間を過ぎていることも少なくなかった。

「でもね、銭湯の方が、僕の状況をわかってくれて、こっそり入れてくれたりと、とてもお世話になったんですよ。本当にうれしかった。人の情を強く感じましたね」

やがて結婚し子供ができてから、懐かしさから銭湯に通うようになる。

「気がつくと、銭湯が教育の場になってました」

優しい目をした鈴木さんが、銭湯の魅力を語る。

下町に残る昔気質の雷おやじ

「下町っていまだに、雷おやじみたいな人がいて、桶の置き方や湯船にはそっと入るものだとか、洗い場でも、隣の人にお湯が飛ばないように静かに洗うことや、水も大切な資源だから遠慮して使えとか——。さまざまなことを教えてくれるんです。身内以外の人に注意してもらえたり、しかられるのは貴重な体験です。そんな文化が銭湯には残っている。特に千住あたりはそれが強いと思います。人生の縮図ですよね」


世の中が、他人に対する思いやりや環境に対する配慮などで成り立っていて、そこで学んだマナーは、社会生活の中にも応用が可能だと鈴木さんは力を込める。

「子供たちを育てていく中で、そんな意味でも銭湯って大切だなって思っています」

若者に銭湯を知ってほしい

銭湯をコンセプトにした理由がさらにもう一つある。自分が大好きな銭湯という空間を知らない若い人たちに、ぜひとも知ってもらいたかったと言うのだ。

「ちょっと変わったカフェに行ってみたら、銭湯グッズや銭湯絵があって、なんだか面白そうだと感じてもらえたらうれしい。そして今度は、銭湯を体験してみようかなって思ってもらえたら最高ですね」


銭湯を知らない世代にも、ましてや銭湯好きなら一度は足を運んでみる価値ありだ。


店内には、古くて懐かしいものがあふれている。「おもちゃ箱」であり「宝箱」だ。開店当初は、もう少しおとなしい内装で、おいしいコーヒーを出す店としてオープンした。もともとあった、「鈴木電気」と「銭湯大好き」というコンセプトに従い、手探りで店を作ってきた。電器屋と銭湯を軸にして、店の内装または飲み物やフードを提供すれば、面白いものができると考えた。

「洋風と和風、新しいものと古いも

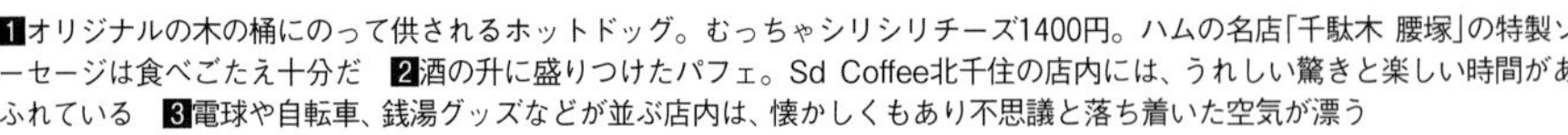
1オリジナルの木の桶にのって供されるホットドッグ。むっちゃシリシリチーズ1400円。ハムの名店「千駄木 腰塚」の特製ソーセージは食べごたえ十分だ　2酒の升に盛りつけたパフェ。Sd Coffee北千住の店内には、うれしい驚きと楽しい時間があふれている　3電球や自転車、銭湯グッズなどが並ぶ店内は、懐かしくもあり不思議と落ち着いた空気が漂う

のなど、さまざまな文化をかきまぜて新しい文化にしてしまうところが、日本人の得意とすることだし、いいところですよね」

歴史あるモノに対する思い

店を彩るグッズは、自らコツコツ集めたものも多い。鈴木さんは歴史あるモノに対する思いが強いのだ。

「日本メイドの全てがいいものだとは言いませんが、電化製品でも、日本で作られた商品や部品は、すごく良くできているんです。もともと電器屋なのでそのあたりはよく分かります。長く使い続けることで、作った人の思いや工夫が見えてくるところも楽しい。だから、デザインも含めて昔のものっていいなって思うんですよ」

置いてあるモノも凝っていて面白い。ケロリンなどの銭湯グッズ、珍しい古着と家具などや、スロバキアの映画館やスウェーデンの小学校で使われていた椅子、懐かしのテレビゲーム台などがセンスよく店内に並ぶ。

食べ物や飲み物にもこだわる

飲み物の基本となるコーヒーがおいしいのは、手間暇を惜しまないからだ。4種類の豆を自家焙煎（ばいせん）してブレンド、ハンドドリップで落としている。

「ほぼ毎日焙煎します。ただ、ひきたての方がいい場合と、少し寝かせた方がおいしくなるものもあるので、豆によってその都度調整します」

焙煎した豆は、産地によって寝かせ方を変えて、それぞれ別に焙煎した後にブレンドする念の入れようだ。味に関しても全てテイスティングして確認する。

「どうせなら、ちゃんとやりたいですから」

鈴木さんは、自信に満ちた表情でうなずいた。

昭和を「楽しめる」場所

思わず笑ってしまうようなネーミングとビジュアル的に迫力あるホットドッグ、パフェなどのフードは、スタッフと意見を出し合いながら作り上げたものだ。

「昭和感、銭湯感、電器屋感が出るように、さらにちょっとおふざけ感も入れながら、若い人たちに、どうアジャストしていくかを考えます。お客様の年齢層は、高校生からお年寄りまで幅広いですよ。お孫さんに連れられて来店してくださるおじいちゃんやおばあちゃんたちには『懐かしいね』とか、『昔あったよね』とか言いながら楽しんでいただいているようです」

話を聞けば聞くほど、鈴木保幸という男が、只者（ただもの）ではないと思わせる。彼の発想力や物事を進めていく推進力に感心させられることしきりなのだ。店の面白さ、魅力、楽しさは、経営する人間のそれにガッツリと比例していた。

のれんの向こうに昭和の古き良き時代が舞い降りた。

1 フードをおかもちで運ぶ店主の鈴木さん。人間性豊かで温かな人柄に触れた客は、自ずとリピーターになるという　2 壁に描かれた銭湯絵は、日本最高齢絵師である丸山清人氏（89）の作。本物を好む鈴木さんの強い意志が表れている　3 入り口に置かれたコカ・コーラの広告入りのベンチが思わず目に留まる

DATA

東京都足立区千住4-19-11
☎03-6806-1013
営業時間：午前9時〜午後6時
定休日：火

Column

令和に訪れたい昭和の文化漂う 胸キュン喫茶店

入り口の扉を開けて一歩店内に足を踏み入れた途端、空気が一変する。喫茶店は本来そういう場所だった。外の世界とは全く違う時間が流れていることを実感させてくれるのは、まずコーヒーの香りだ。同時に存在していたのが独自の文化であり、喫茶店はその発信基地でもあった。コーヒーの香りで満たされた空間から文化が生まれ、大衆へと広まっていった。

喫茶店を構成する重要な要素の一つが音楽だ。かつて東京・渋谷の東急ハンズの脇に、「ヘッドパワー」という喫茶店があった。夜は酒も飲める店だった。靴を脱いで上がる広い店で、片隅に設けられたステージでは主に生ギター1本での生演奏が繰り広げられていた。コーヒーが特別うまいわけではなかったが、多くの若者が友達や恋人と連れ立ってコーヒーを飲み演奏を聴いた。その頃まだ無名だった南佳孝がステージに上がることもあって、音楽という文化で満たされた空間である。

レコードも、喫茶店文化の一つと言っていいだろう。横浜にその名を轟かせた「ちぐさ」(2022年閉店)は、ジャズ喫茶の先駆けであり、渡辺貞夫をはじめ、多くのミュージシャンが通ったことでも有名だ。少しばかり懐かしい呼び名である名曲喫茶の「ライオン」(渋谷)も健在だ。深みのある音で流れるクラシック音楽がファンを惹きつけてやまない。

こだわる店ではほぼ100%レコードだった。店のオヤジが一枚ずつターンテーブルにレコードを乗せるのが当たり前。時代の流れにどうこういうつもりはないが、いまだに本当にいい音を求めてターンテーブルでレコードを流している店も少なからず残っているのもまた事実だ。その一つが神奈川・鎌倉にある「レスポアール」。主人の飯島光男さんはにこやかに言った。「手間をかけてコーヒーを淹れ、わざわざターンテーブルにレコードを置いて音楽を流す。その手間が僕の仕事なんですよ」

一方で、東京・新宿末廣亭に寄り添うようにある「喫茶 楽屋」の店内の隅々に漂うのは、寄席の香りだ。店主・石川敬子さんがハキハキと言う。「寄席の香りがあるから、芸人さんたちがくつろいでくださると思うんです。とてもありがたいことです」

芸人のオアシスとして機能しながら、彼らを支えてきた喫茶店である。「この空間には笑いしかありません。愚痴や泣き言を言うほど、芸人さんは暇じゃありませんからね」。芸人の真の姿を知っている者にしか発することができない、すてきな言葉である。

そして忘れられないのが、腹を満たしてくれた、喫茶店ならではのフードだ。その最たるものがナポリタンだろう。埼玉・秩父にある「パーラーコイズミ」では、1960年代の終わり頃、秩父という土地に当時誰も見たことも食べたこともなかったナポリタンをもたらし、多くの人々に驚きと喝采をもって迎えられた。「最初は、どんな食べ物なのか説明するところから始まったんですよ」というのは、店主の小泉建(たけし)さんだ。腹ペコだった当時の若者の味方は、厚切りのトーストに具材をのせたメニューだった。ピザトーストやチーズトースト、ツナが乗ったトーストなどが、夕食前の小腹をちょうどいい感じで落ち着かせてくれた。

さらに、昭和の喫茶店で忘れてならない飲み物もある。コーヒーはもちろんだが、メロン味のソーダ水、そこに丸いアイスクリームをのせたクリームソーダ、レモンスカッシュなどは昭和の喫茶店ならではだ。

コーヒー、レコード、音楽、フードの全てが一つになって形成された喫茶店は、まさに文化そのものである。そんな昭和の喫茶店を、改めて訪れてほしい。

chapter 2

Popular Songs

昭和歌謡に浸る

「歌は世につれ世は歌につれ」。耳になじむメロディー、心に染みる歌詞。歌い継がれる名曲は
令和という時代になっても色あせないどころか輝きを増しているようだ。そっと扉を開ければ、懐かしいあの頃がよみがえる

昭和歌謡に浸る

01

Popular Songs

昭和へGO！あの頃に戻れる鶯谷ゲートウェイ

歌謡曲カフェ Lover's ［東京・鶯谷］

かつて身を置いた時代に自分を戻してくれる空間はそう多くはない。しかも、「ほんの一瞬で」となればなおさらだ。

洋楽と邦楽が入り交じる

昔懐かしいレコードのジャケットなどが飾られた細い階段を下りて店内へと足を踏み入れる。昭和のディスコ全盛期を思わせる、低音の効いた「ドンシャリ」の音が東京・鶯谷にある「歌謡曲カフェ Lover's」の店内に響きわたっていた。

かかる曲は、融通無碍（ゆうずうむげ）だ。店主でDJも担当する北島慶一さんのセンスで決まる。

「例えば、洋楽のド定番でみんなが踊り始めます。様子を見ながら徐々に和モノを入れたりして、最後にはみんなで歌うなんていうパターンもわりとありますよ」

土曜日は、ツンとしたおすましな感じのジョージ・ベンソンなどのクロスオーバーがかかる。しかし、最後の締めが東京音頭だったりするところが、Lover'sの真骨頂である。

「『スナックディスコ』と呼んでいます。簡単に言えば、飲んで歌って

1

踊って、そんなシンプルな店と思っていただければ」

ミラーボールの光に包まれる

スナックと呼ぶには広いダンスフロアを備えた店内にはミラーボールが回り、重量感のあるサウンドが聴く者の背筋をしびれさせる。流れる音楽にかぶせて歌ったり、合間に突拍子もない曲が突然流れるところも、この店の醍醐味だ。

「その合間の曲が重要で、演歌をかけると、店の雰囲気が一気に艶っぽくなったりします。そこが面白い。まあ、言ってみればハチャメチャなんですが、昭和ってまさにそういう時代だったし、いいところだと思っています」

グルグルと回る光とビートの効いたリズムが基本線だが、時々によって違う顔が現れるのは、「北島さんという〝人〟が作っているから」に他ならない。昭和は、今と比べて圧倒的にモノが少ない時代だった。遊びは、道具から自分たちで作り、ルールを決めて遊ぶのが当たり前だった。

「遊ぶ場所は道端が基本。家に帰っても、あったのはダイヤブロックとか、自分で作らなくてはいけない遊びばかりでした。僕の考え方は、それと全く同じなんですよね」

与えられたものは、すぐに飽きてしまうと北島さんは言う。

「でも、自分たちで作ったものって、飽きることはない。飽きたらまた新しいものを作ればいいだけです」

昭和の歌詞が人の心を打つ

北島さんにとって音楽の基本は、昭和歌謡にある。当然こだわりもそこにあるのだ。

「昭和歌謡って、戦後から始まって日本が豊かになっていく背景の音源なんですよ。裕福なアメリカで生まれた楽曲のメロディーからいいとこ取りでリメイクされ発展してきた。言い方は悪いけど、パクって日本人が好きなアレンジを加えたものなのです」

1980年代から主流となっていく、いわゆるコンピューターを使った電子音楽とは別物だ。

「80年代中盤までは、人がドラムをたたきギターを弾いて歌っていました。つまり、人間が作っていて、その後に生まれた電子音楽とは一線を

1点々とした光がうごめく黒いホールは、思った以上に広々としている　2往年のディスコをほうふつとさせる巨大なミラーボール　3ピンク・レディーのファーストアルバムなど、壁には懐かしいレコードのジャケットがたくさん貼られている

画します。昭和歌謡が人の心を打つ大きな理由です」

ジョークのようなベタベタな歌詞も妙に惹かれてしまう。

「『折れた煙草の吸がらで、あなたの嘘がわかるのよ』とか、『パッと狙いうち』、『私の私の彼は左きき』などなど、数え上げればきりがありません」。かなりの確率で、歌詞にエロ的な要素が入っていたのも特徴だと北島さんは笑う。

「人が作った生々しさがありますよね。そこにたまらない魅力を感じているんです」

好きな音楽に囲まれて

北島さんにとって音楽はなくてはならないものだったし、ごく自然に周囲から聞こえてきた空気のような存在だった。

「実家が工場を経営していて、商売人だったので子供はほったらかしでした。代わりに可愛がってくれたのは従業員。営業に出かけるときに『ケイボウ（北島さんはこう呼ばれていた）乗っていくか』って、トラックの助手席に乗せてもらいました。彼が運転しながら歌っていた、民謡や歌謡曲が、いまだに耳に残っているんです」

会社が年に何回か催した全社員を集めての大宴会では、当時流行っていた曲を手拍子で歌った。上手な人もたくさんいた。

「子供ながらにいいなと思っていて、強烈に残っています。僕の原点です。中学生になるとビートルズに出合いました。いずれにしても、僕の中には、いつも音楽が流れていたと思います」

ごく単純にわかりやすく言えば、「音楽好き」。音楽と光があふれるこの店を営んでいること自体、彼にとって必然だ。

「だから今、僕は幸せです」と北島さんは、満面の笑みで言う。

「人生全て、音楽に結びついているとも感じています。リズムも大事です。悲しかったり嫌なことがあったり、もちろんうれしくてしょうがないときも、ぜひ店に遊びに来て音楽に浸ってください」

リズムと音と光が、全てを解決してくれることだろう。

交錯する人生の悲喜交々

もう一つ、Ｌｏｖｅｒ′ｓ開店当時から大切にしていることがある。出会いを提供する場所であるということだ。

「ディスコ全盛の頃には、当然のようにＳＮＳ（ネット交流サービス）などありませんでした。人と出会うのは、誰かに紹介されるか、合コンぐらい。ディスコは、酒を飲んで踊る場所ですが、出会いの場所でもありましたよね」

目的はどうであれ、ディスコという空間は、当時の価値観からすれば、いかがわしさなどない極めて健全な場所だった。女性の気を引きたい男たちがおめかしをして訪れ、喜怒哀楽のドラマが生まれる。この店を開く時、北島さんが思い描いていた理想の場所がそれだった。

男女の出会いだけではない。Ｌｏｖｅｒ′ｓには、さまざまな人生を抱えた人たちが集まってくる。妻に逃げられたその日に、やけくそで飲み歩いてここにたどり着いた客は、「救われた」とつぶやいた。

「彼は『有り金全部使っちゃう』なんて言って、毎日来るようになりました。でもまた、性悪女に捕まっちゃって……」と、北島さんが思わず

ミラーボールの光を浴びて踊る女性客は、一枚の古い写真の中にいるように見える

1 ここまでゴージャスなシャンデリアは、最近ではあまり見かけない 2 黒人歌手の大きなフィギュアが階段で出迎える 3 年季を感じさせる外観。ここから階段を下りれば昭和が待っている

苦笑する。

一方で、奥さんに先立たれた客が店を訪れたこともあった。彼は、車椅子の生活になってしまった妻と、毎日このあたりを散歩していた。通るたびに入ってみたいと彼女が言っていたが、地下までの階段が下りられない。やがて妻は息を引き取った。

「亡くなった奥さんの遺影を持ってきて、『縁起悪いけどいいですか』って。もちろん喜んで入ってもらいましたよ」

北島さんが歩んできた波乱に満ちた半生で培った人間としての幅や深さがあったからできたことだ。もともと車屋（カーショップ）を営んでいた北島さんは、店を潰したことで、あらゆる事業に関わるようになる。

人情に支えられた人生

「最初に車屋でお金でつまずいた。金のトラブルは、親兄弟でも情という観念が取っ払われてしまうんです。でもね、そんな中でも、ありったけの人情で接してくれた人が少なからずいたんです。うれしかったなぁ」

そんな経験が、北島さんの胆力の糧となり、現在の店へと繋がった。

「店を開いた時には、スナックのマスターで生きていけたらいいと思いました。僕らの世代が聴いていた本当に良かったもの、当時流行っていた曲をかけようと考えていました」

北島さんの目は、薄暗い店内でもはっきりとわかるほど澄んでいた。

「来るお客様は全員大人です。人生を背負っていらっしゃる。そんな人たちのために、リフレッシュできる遊び場を提供したいんです。本気で気持ちよくなったり、何かの助けになればと。遊びで悲しむ人はいないと思いますから」

長く通ってくる熱狂的なファンも多いＬｏｖｅｒ’ｓ。鶯谷に、「ディスコいまだ健在なり」である。

1978年、東京・六本木のディスコ。「フィーバー」する若者たちで超満員

昭和のディスコ

1970年代後半〜90年代前半、「ディスコ」は大きなブームを迎えていた。いや、むしろカルチャーのムーブメントとして位置付けられるほどの勢いがあった。新宿や渋谷、六本木でも、遊びの終着点はディスコというのが当たり前だった。もちろん、最初から目指して、出かける若者もたくさんいた。あの、きらびやかさとディスコビート（4つ打ち）は、体を動かさずにはいられない魅惑的なリズムだった。今考えれば、ディスコは昭和に花開いた輝きの一つと懐古することもできる。日本では、戦争の暗い時代は完全に終わりを告げ、明るい時代の入り口に辿り着いていた、一つの象徴と言ってもいいだろう。あの頃の体験ができる数少ない場所が歌謡曲カフェ「Lover's」なのだ。

DATA

東京都台東区根岸1-1-16
銀星ビルB1F
☎03-5808-4343
営業時間：（ディスコタイム）
午後6時〜午前0時（土）、
午後2時〜6時（日）
定休日：不定休
https://r.goope.jp/lovers

入場料を払うと、2ドリンクが付いてくる。ショットバー形式で追加注文もできる。ボトルのキープも可能だ

1プロマイド自体に力があるので、囲まれると心地よい威圧感に支配される 2客自身が80年代風のプロマイド撮影ができるプランも用意。モデル役を買って出てくれたのスタッフ(左)と武田さん 3在庫は、8万枚以上。一人の歌手や俳優に対して何種類もあり、美空ひばりに至っては1500種類もある

昭和歌謡に浸る

02

Popular Songs

銀幕の大スター、永遠の歌姫も笑顔でお出迎え!?

マルベル堂［東京・浅草］

ほんの小さな写真が、ある人にとっては、大切な一枚になる。写真とは本来そういうモノだし、プロマイドも然りだ。

「映画界、音楽界におけるスターを販売目的で撮影したもの」がプロマイドの定義だ。

基本的な決まり事がいくつかある。まずは、写真の判型だ。L版写真よりも縦が1cm長い（14cm×8・9cm）。店長兼6代目プロマイドカメラマンの武田仁さんが話を始めた。

「1cm長いのがプロマイド独特の雰囲気を作ってきたのです」

被写体が細っそりと写るのが特徴だ。影ができないように人物には正面から照明を当てて、顔をはっきりと見せる。そして銀塩プリント（印刷）を用いる。同社特有のポージングがあり、カメラ目線は当然。手が顔のそばのどこかに写っている、いわゆる「マルベルポーズ」が一世を風靡した。

日本でも映画が盛んに上映されるようになると、三船敏郎、石原裕次郎などのスターが生まれ、音楽界では美空ひばりが人気を博した。

1960年代後半にはグループサウンズが一大ブームを巻き起こした。70年代には、天地真理、南沙織などが人気となり、郷ひろみ、西城秀樹、野口五郎の新御三家、山口百恵、桜田淳子、森昌子の「花の中三トリオ」、キャンディーズ、ピンク・レディーと続いた。80年代に入ると松田聖子や中森明菜、たのきんトリオ（田原俊彦、野村義男、近藤真彦）などがアイドル人気をけん引。そのほとんどがマルベル堂でプロマイド化された。映画界、芸能界の歴史を物語る文化遺産と言っても過言ではない。

スターにとって、マルベル堂でプロマイドを撮ることがステータスとなり、売れ行きが人気のバロメーターになっていた。

「プロマイドによって、ファンはスターに近づこうとしたんです」

店内を見渡すと、昭和という時代が折り重なって積もっている。

DATA

東京都台東区浅草1-30-6
☎03-3844-1445
営業時間：午前11時～午後4時半（平日） 午前10時半～午後5時半（土、日、祝） 定休日：無休

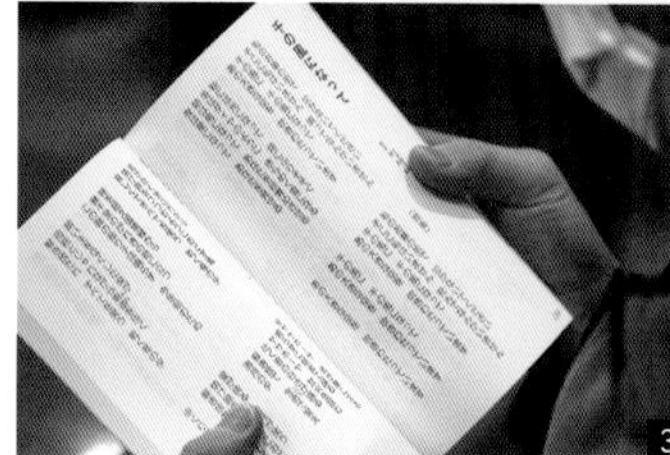

1スタッフは、肩肘張らないカジュアルさで好感度大だ　2生ピアノの伴奏に合わせて、合唱をリードするスタッフが前に立つ。みなさん歌が上手い　3メロディーは分かっているのに、歌詞が不確かということはよくある。そんな時にはこの歌集が役に立つ

昭和歌謡に浸る

03

Popular Songs

伝説の歌声喫茶復活！ 歌う楽しさ共有、一体感も

歌声喫茶ともしび ［東京・高田馬場］

人間の発する声には、不思議な力がある。メロディーに歌詞が加われば底知れない力となり、合唱することで場の空気は特殊な世界へと変わっていく。そう実感できるのが、東京・高田馬場にある「歌声喫茶ともしび」だ。

始まりはロシア民謡の合唱

歌声喫茶は、自然発生的に生まれた。戦後の混乱が収まりきらない1954（昭和29）年、東京・西武新宿駅前にあった食堂で、たまたま店内に流れていたロシア民謡に合わせて学生たちの合唱が始まった。程なくして、新宿に登場した先駆け的な店「灯」が、歌声喫茶の大流行をけん引し、各地でさまざまな歌声喫茶がオープンした。この流れをくむ「株式会社ともしび」が73（同48）年に新宿店を開く。まるで、これから大国へと発展していく日本を予感しているような生き生きとした息吹が感じられたに違いない。歌声喫茶は、若者たちの心をわしづかみにし、国民的ブームを巻き起こす。音楽そのものに力があった頃だ。

「最初のブームが到来したのは、50

リクエスト曲のベスト18は、曲を選ぶ参考に。この中だったら、筆者は「百万本のバラ」を選ぶ

年代半ばから60年代ごろと聞いています」

店長の齊藤隆さんが柔らかな物腰で説明する。

「歌謡曲、ロシア民謡も人気があったし、労働組合運動が盛んだった社会的背景もあり、労働歌もたくさん歌われていました」

当時、多くの人間が集まって歌う行為は、運動にまで発展していった。声楽家・関鑑子（あきこ）が創立した中央合唱団の活動が本格化する。三本柱として「美しい日本民族のうた、世界諸国民の平和のうた、人々の生活とたたかい」を掲げていたが、そんな中で生まれてきたのが歌声喫茶だった。

「地域のサークルなども各地で現れて、『みんなで歌うこと』が大流行していきました」

歌で絆を取り戻した

時は流れ、海外の個人主義的な思想が日本にもまん延する。資本主義、経済主義の流れの中で、とにかく豊かになるために人々は休みなく働いた。「他人事」に構っている余裕がなくなっていたのかもしれない。それでも戦後は平和で誰もが幸せな時代になった。東日本大震災が来るまでは。そこで、日本人は「人の繋がりや絆の大切さと一人の力の小ささ」に改めて気づくことになる。

「それとリンクした部分が、店の中の雰囲気にもありました」。齊藤さんがしみじみと語った。

　続いて、新型コロナウイルスが世界を席巻する。三密がダメと言われて、ギュウギュウなところで食べて飲んで、歌うなどという行動は禁忌とされた。そんな時期と、入居ビルの建て替え（契約期限終了）も重なり2020（令和2）年9月にいったん新宿の店を閉める。その後、常連客など延べ3000人以上から約6000万円もの支援募金が寄せられた。22（同4）年11月には現在の高田馬場の店に場所を移して2年ぶりの復活を遂げた。

「でもね。コロナ禍になってまた僕らは気がつくんです。生の人間のふれあいとか、心が通ったり、交流することが、すごく大事だなって認識させられたと思うんですよね」。

　同じ空間の中で、会話したり、みんなで声を合わせて歌う歌声喫茶は、その「大切なこと」ができる場所を提供している。

生の演奏が人々の心を繋ぐ

　伴奏は、当然のようにカラオケではなく、生演奏にこだわっている。

「いろいろな曲がありますが、満員でノリノリの時などは、全体が高揚していきます。しんみり口ずさむような曲だと静かな盛り上がりになりますよね。それぞれの人の息遣いに合わせて演奏ができるのが、生演奏のいいところなんです」

　伴奏のメインはピアノだ。アンサンブルでアコーディオンやアコースティックギターが入ることもある。あとは、カホン（箱型の木製打楽器）でリズムを刻んで変化も楽しませる。ジャンルは、昭和歌謡、童謡唱歌、シャンソン、ロシア民謡など幅広い。

「人って、楽しいことがあると、他人と共有したくなるじゃないですか。歌うことの楽しさや、音楽の共感性とか、その場にいる人と分かち合えるからです。僕は店長としてだいたい店にいますが、感覚的に、そういうことをすごく感じる時があります」

　基本は相席。隣同士に座った客同士で、「いい歌ですね」などと話が弾

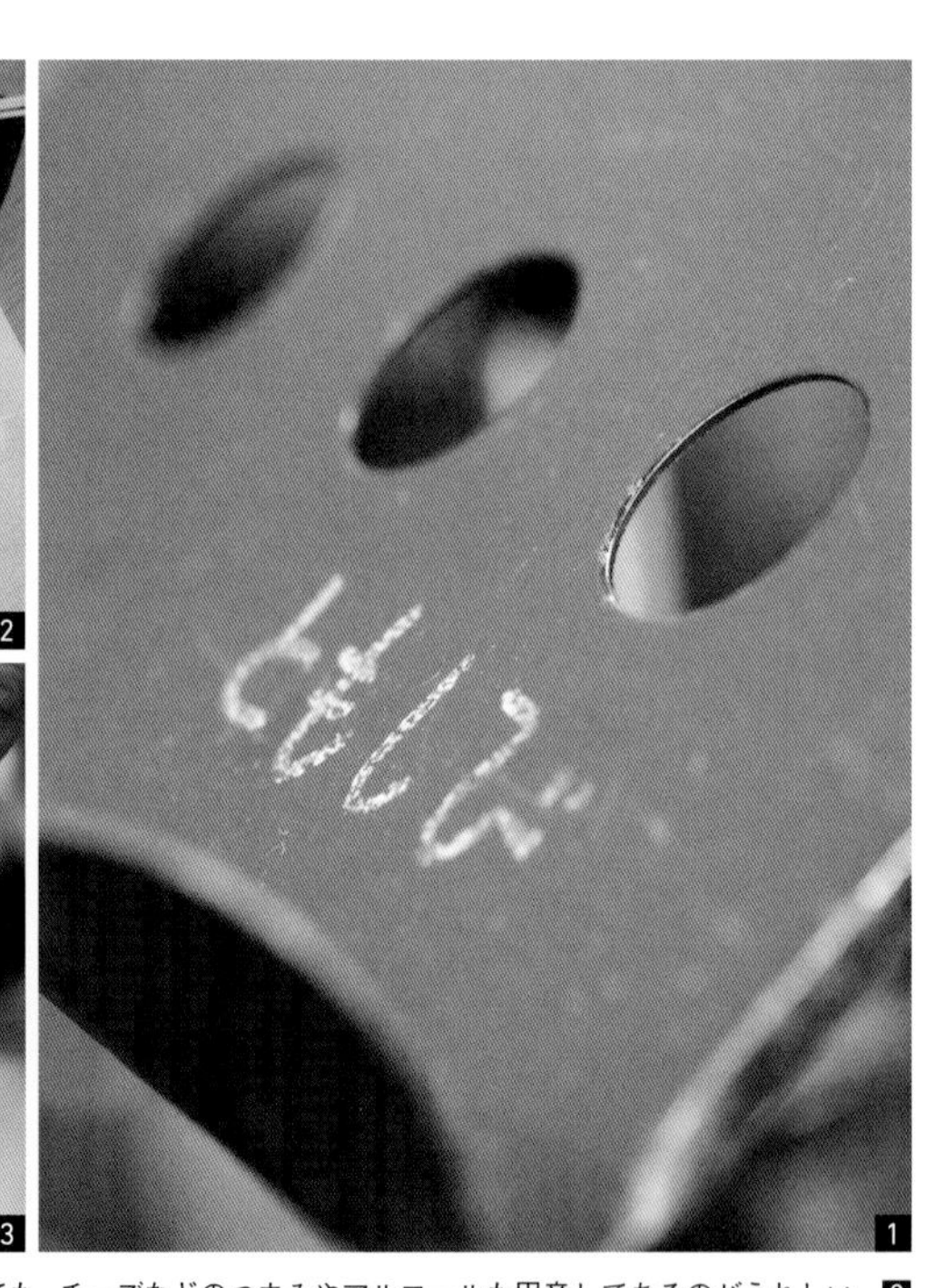

1 年季の入った譜面台が店の歴史を物語る　2 喫茶といっても、チーズなどのつまみやアルコールも用意してあるのがうれしい　3 客の通った回数が書かれているマイボトル。上の数字は新宿時代、下の数字は高田馬場に移ってからの回数

み、自然に交流が生まれる。歌を共有することで、ここにいる人たちの心が繋がって一つになっていく。媒介するのが歌であり、メロディーがあって、歌詞がある。つまりは歌の力である。

「コンサートでも、みんなで歌うことがよくあるじゃないですか。その一体感に近いと思います」

上手下手は関係なく一緒に

店内を見渡すと、コンサート以上の密度で、客同士が一つになっているのが分かる。さまざまな客が訪れ、歌が上手い下手は関係なく一緒に歌えるところが魅力なのだ。

齊藤さんには夢がある。

「昔から来てくださっている方が多いこともあって、お客様の平均年齢は高いんです。70代以上の方が中心です。でも、僕としては、若い人たちにもこの雰囲気をぜひ味わってほしいと願っています」

彼らにも受け入れてもらえるように、昭和後期とか平成前期の曲をレパートリーに加えたりしている。

「昭和後期の歌謡曲は、今の若い人たちも知っているようです。最近は、実際に足を運んでくださる若者も増えてきています。ここに足を踏み入れるのに勇気がいるのかなとは思いますが」と齊藤さんは笑った。

「僕らの時代(60～70代前後)だと、フォークソング。吉田拓郎とか井上陽水、かぐや姫など当時、みなさんがかつて熱狂したフォークのイベントもやろうかなと計画中です」

真剣なまなざしで齊藤さんは言う。

「昭和に生まれた歌声喫茶という文化を新しい世代に受け継いでいきたい。僕の願いはそこにあります。ともしびに来て、みんなで歌いたいという人が増えてくれれば本望です」

それは決して逆戻りではない。目の前で起こっている満足感である。

「お客様全員が一つになって歌った時に感じるエネルギーはすごいですよ。帰る時に『元気をもらった』って言っていただけることもよくあります」と齊藤さんは少し得意げに目を細めた。

ともしびで感じるのは、老若男女が歌える場所が消えてしまうことの寂しさである。だからこそ、未来へ繋いでいくためにも、ともしびが再開した意味はとてつもなく大きい。

ボロボロになった歌詞集は、常連さんたちの勲章のようなものに違いない

歌集は常連の必需品

「ともしび」の常連たちが、カバンに必ず忍ばせているものがある。店で売っている歌集である。常連だからといって全ての曲を知っているわけではない。だから、仲間に入るためには、歌集を持参し、なんとか一緒に歌える状況を作る必要があるのだ。もちろん、他の客の歌う声を聴きながら、のんびりしてるだけでも楽しい。歌声喫茶に漂う空気に浸るだけで、充実した時間を過ごすことができるのだ。客の持ち歩く歌集には、一つ大きな特徴がある。多くの歌集がボロボロなのだ。履き慣れたジーンズが、体になじむように、歌集が、それぞれ客の手の中で、気持ちよさそうに開かれていてほほえましい。そんな風景もともしびならではである。

入り口はガラス張り。齊藤さんいわく、「お客さんに安心して入ってもらえるように」とのこと

DATA

東京都新宿区高田馬場2-14-9 アティレビル1F
☎03-6233-8381
営業時間：
昼のうたごえ 午後2時～(水、木、金、土)
夜のうたごえ 午後4時40分～(火、水、木、金、土)
午後4時～(日)　定休日：月
https://tomoshibi.co.jp/utagoe-cafe

入り口付近のジュークボックス。店内のスピーカーに繋がっており、選曲すると自動的に音楽が切り替わる

昭和歌謡に浸る

04

Popular Songs

昭和歌謡と懐かしグッズを肴に一杯飲る

代々木ミルクホール本店［東京・代々木］

「洒落ている」という表現は奥が深い。格好がいいとか、垢抜けているとか、魅力的だという意味でも使われる。東京・代々木にある「代々木ミルクホール本店」は、まさに「洒落た」居酒屋と言えるだろう。いたる所に、昭和を匂わせるモノや仕掛けが施されていてゾクゾクするほど楽しい酒場なのだ。

店内にジュークボックス

入り口の引き戸を開けると、正面に鎮座するのがジュークボックスだ。「当時のアイドルの『デビュー曲』が入っています」と説明するのは店長の富永沙里さん。ヒット曲ではなくデビュー曲というのがミソだ。しかも、メニューと一緒にそのリストまで用意されていて、眺めているだけでも面白い。デビュー曲とヒット曲は、必ずしも一緒ではない。そのことを再び思い起こさせてくれ、新鮮な気持ちになる。例えば、松田聖子といえば、初期のヒット曲は「青い珊瑚礁」や「風は秋色」などを思い浮かべる人も多いと思うが、デビュー曲は「裸足の季節」である。逆にいえば、デビュー曲を改めて確認

にぎやかな店内は、雑然としながらも落ち着いて飲める雰囲気が魅力だ

できるのだ。

中に入ると、U字型のカウンターを囲む壁一面には、アイドルのシングル盤が整然と並ぶ。

「目線のいきそうな高さには、有名どころが並んでいますが、基本的にはランダムです」

この情景は圧巻である。しかもジャケットだけでなく盤自体も入っているというところに、経営者の本気度がうかがえる。

店の電話番号の下4ケタが「6700」というのもニクい。読み方は「シックス・セブン・オー・オー」。「ハロー、ダーリン」という妙子の声から始まる、あのフィンガー5の名曲「恋のダイヤル6700」をさりげなく忍び込ませてあるのだ。カウンターの一番奥と途中の角に設置された2台のテレビからは、「8時だョ！全員集合」「鉄腕アトム」「ど根性ガ

店長の富永さん。柔らかい物腰で調理から接客までをこなす

2

1

エル」など、昭和を代表する映像が次々に流れる。それらを肴に一杯飲るのも悪くない。

レトロなグッズがふんだんに

カウンターには、昭和ならではのグッズが飾られている。実際に使っていた世代なら、そこから会話も弾むだろう。南沙織のシングルレコードがつるされているが、彼女は、沖縄女性の美しさを全国に知らしめた最初の歌手だった。かの吉田拓郎もファンで、あだ名だった「シンシア」というタイトルで曲を書いた。ピンク・レディーの写真も、当時の歌謡界の盛り上がりを、改めて思い起こさせてくれる。

さらに、小学生の遠足の定番だったタータンチェックの丸い水筒。毎日の給食も楽しみだったが、芝生の上に座って食べた弁当のおいしさは格別だった。どこの家庭にもあった花柄のキッチン用品も遠い記憶の中に残っている。鍋は、母親が作ってくれた煮物の味の懐かしさが思い出させるし、魔法瓶の柄も同じような花で飾られていた。

「あの魔法瓶は、祖父の家にありました。私にとっても懐かしい感じです」。1990（平成2）年生まれの富永さんが、笑顔を見せた。

「店内は最初、もっとシンプルでしたが、だんだんモノが増えていき、途中からはあえて雑然とした感じを出すようになりました」

確かに昭和という時代は、決して洗練されていたわけではなく混とんの時代だった。その混とんさが今思えば美しき記憶であり、付随する忘れえぬ出来事と結びつきもする。そこまで計算し尽くされた店内には、特に年長者にとっては不思議な居心地の良さがあるのだ。

「ただ、最近は、若いお客様の割合も多くなってます」と富永さんは、落ち着いた口調で言った。

「子供に教えてもらったと言って来店してくださる、40〜50代のお客様や、子供が自分の親を連れてくるパターンもあって、年齢層は広くなってますね。20代のカップルも多いですよ」

思わず涙するメニューも

フードも新旧織り交ぜて過不足なくそろう。おでん（110円〜）や、

6

5

昭和コロッケ（209円）、喫茶店のナポリタンスパゲッティ（539円）、チキンラーメン（319円）など、大人が思わず涙するメニューもあるが、ぜひ食べてほしいのはタコウインナー（429円）。味もさることながら、その形状の魅力は不滅だ。もう一つのお薦めは揚げパン（きなこ、319円）。学校給食でもおなじみだが、同店の一番人気メニューだという。口に入れれば、小中学校の思い出が鮮やかによみがえる。

また、代々木ミルクホールは、酒の味が飲む環境で違うということを教えてくれる。ここまで昭和グッズに囲まれると、おじさん世代は、過去の喜怒哀楽の味がするはずだ。若い人たちは新しい感覚で、飲める仕掛けになっている。昭和について富永さんの印象を聞いた。

「たとえば、アイドルにしても、いろんなジャンルの人がいたし、楽しいと思う。グッズも、昔のものは可愛いし温かみを感じます」

カウンターでふと見つけた木製の角柱があった。神社にあるようなクジ引きの箱だ。小吉だとハイボールが5％オフ、大吉なら無料になる。ただし、ハズレだと、1リットルのホームランサイズ（特大）のビールを飲むはめになる。1杯飲むごとに、何度でもチャレンジ可能だ。そんなふうに、代々木ミルクホール本店は、エンターテインメント性にも満ちた居酒屋。老若男女が普段のモヤモヤを忘れて時を過ごせる場所でもある。

1タコウインナーの値段からも分かるように、飲み物・食べ物はリーズナブルだ　2裸のレコード盤をつるすという見せ方にインパクトあり　3選局するのに「チャンネルを回す」式のテレビ　4昔の電球で照らすオレンジの光が場を和ませる　5人気が爆発したピンク・レディー　61980年代後半に盛んに発売されたシングル盤カセットテープ。今ではレアだ　7階段の先に昭和が広がる　8各歌手のデビュー曲が聴けるジュークボックス。懐かしい

DATA

東京都渋谷区代々木1-32-12
パリスビル2F
☎03-6859-6700
営業時間：午後5時～午前3時（金）
午後5時～午前0時（土～木）
定休日：無休
※2023年3月にリニューアルオープン。写真は全て改装前に撮影

店内へ下りていく階段の壁には、歌謡曲好きが泣いて喜ぶジャケットの写真が出迎える。気分は嫌が応にも盛り上がる

昭和歌謡に浸る

05

Popular Songs

あの頃がよみがえる昭和歌謡の宝石箱

ディスクユニオン昭和歌謡館［東京・新宿］

ゾクゾクするほどインパクトのある店名だ。しかもド直球かつ扇情的。その名も「ディスクユニオン昭和歌謡館」。よくぞ付けたものである。

並ぶのは時間軸で選んだ音楽

ディスクユニオンが長い間、あらゆるジャンルのレコードやCDを扱ってきたことは、誰もが知るところであり、認めるところだ。その膨大な蓄積の中から、昭和に発売された音源を抜き出して棚に並べた。充実しないわけがない。扱うのは、昭和にリリースされた日本の音楽全般。切り口は、ジャンルではなく時間軸だ。演歌やアニソンも扱い、美空ひばりにチャー、岡林信康もいれば、中森明菜がジャケットの中で微笑んでいる。年齢が上の人たちにとっては思い出を、若い人たちには過去の優れた音楽を、いいとこ取りでそろえた上で、店のスタンスはこうだ。

「その中から好みのものを見つけてください」

オープン当時の音楽シーンを含めた社会の状況は、あらゆるものが交錯していたと、前店長の杉本博士さ

7インチレコードのジャケットを壁一面にディスプレイしたのは、ジャケットがレコードの欠かせない魅力の一つだとの考えからだ

んは言う。

「オープンしたのは2013（平成25）年ですが、その数年前から、昭和の歌謡曲に注目が集まっているという話が、社内で持ち上がっていました。根拠はありました。DJイベントやヒップポップのアーティストたちが、いわゆる歌謡曲を自分のパフォーマンスの中に違和感なく組み込み始めたんです」

クラブミュージックを聴くような若い世代の人たちが歌謡曲を受け入れるなら、40代、50代さらに上の年代の人たちも、聴きたいのではないか。ならばそこに特化した店の需要もあるはずだ。新店舗立ち上げは、水面下で準備が進められていた。

ところが時を同じくして、東日本大震災が起こる。日本中が混乱し悲しみのどん底に突き落とされた。そして震災から2年。人々や世の中が少しだけ落ち着いてきた頃に、杉本さんたちは気づいたことがあった。

「皆さんの気持ちが変わったのではないかと。あるいはリセットされたのではないかと。ラジオやテレビで、おそらく半ば意識的に昔の名曲が流れたり、懐かしい歌がテレビで再評

(右)買う前に、シンプルで懐かしいポータブルプレーヤーで視聴できる。ガチガチのオーディオプレーヤーではないところがミソだ　(左)棚はアーチスト名のあいうえお順。「このシンプルな並びが、お客様も我々も、一番探しやすいと思っています」と杉本さん

価されたりし始めたんです。そこで我々が感じたのは、日本人が一旦立ち止まって考えた時、自分の国にもこんないい曲があったんだと誰もが思っているという『空気』でした。結果、昔の曲が、人の心を明るくしたように感じたのです」

　ちょうどその頃、レコードカルチャーが盛り上がる流れもあった。

「僕らの子供たちの世代が、中学・高校生になって、中森明菜とか、全盛期の聖子ちゃんとか、ジュリーとかをYouTubeで知って衝撃を受けるんです」

　彼ら彼女らは両親に「沢田研二って知ってる?」などと聞く。「大スターだったのよ」と母が答える。

「そんな会話も時間軸をリセットしました。たまたま聞いた昭和歌謡が耳に残る、または心を揺さぶるところまでいくかもしれない。若い子たちも、今の新人アーティストと並列したスターとして、もっと言えば新曲を聴く感覚で古いレコードを買い求める部分もすごくあるようです」

誰もが歌謡曲を聴いていた

　さらに、歳を重ねた大人（50代でも60代でもいいが）にとって、歌謡曲はある意味、若かりし日の儀礼のように、一度は開けずにはいられない扉だった。情報伝達ツールとしてのレコードは、今のリスニング環境におけるツールよりもずっと深く、我々の中へ入り込んでいたのだ。いまでこそ、ジャズが好きだったり、クラシックが好きと言う人たちがいる。でも、と杉本さんの目が輝く。

「よくよく思い出してください。今、いろんなジャンルに特化して曲を聴いてる人でも、幼い時に一度は歌謡曲を聞いているはずです。ハマった人もハマらない人もいますが、皆さんそれなりに歌謡曲好きだったでしょう、って思うんですよね」

　言われてみればその通りだ。昔はみんな歌謡曲が好きだった。そんな気づきや発想がきっかけとなり、ついに店はオープンする。杉本さんは、オープン時からのスタッフだ。

　ふたを開けてみると、客からの反響が思った以上だった。

「こちらが驚いたほどですね」。杉本さんの分析はこうだ。「今も輝いているミュージシャンは、ほぼ間違いなく、歌謡界に足跡を残している人が多いんですよ。名曲を残したりヒット曲を出したり。その人たちを、掘り起こしてみると、やっぱりいい曲がたくさんあるんですよね」

　レコードからCDに変わる時、半ば強制的に移行させられた感がある。レコードはノイズが出るとか大きくてかさばるとか、シングル盤に至っては、1曲終わったらひっくり返すなり、他の盤に入れ替えなくてはならないなどデメリットが挙げられ、リスナーも同調した。しかし、デメリットや手間がかえって面白い、と捉える若い人たちが再び現れた。

「太古の昔に滅びた恐竜が、よみがえったという感覚を覚えましたね」

　杉本さんが苦笑する。

　レコード全盛だった頃の音源は、手間のかけ方が桁違いだ。フルオーケストラで、著名なミュージシャンを使い、何テイクも録り直して一つの曲が完成する。何人もの人の感性とテクニック、クリエイティビティによって磨かれた音源が一枚のレコードとしてプレスされ世に送り出されていたのだ。その魅力が再発見され、さらに加速したのが、14年頃だと杉本さんは回想する。

前店長の杉本さんが選んでくれた3枚。(右から)ジュリーとちあきなおみ、岡田有希子。どれも、歌謡界でくっきりと足跡を残してきた歌手だ

一方で、簡単に手に入るモノには愛着が湧きづらいが、レコードはその逆の最たるものの一つだ。

「実体のある何かを所有する喜びは誰にでもあります。それが人よりも強い人をマニアなどと呼びます。我々の店は、そんなマニアの方と付き合ってきました。でもその欲求は、人間に根源的に内在する業のようなものでもあると思うんです。所有する喜びは決して滅びない。そんなレコードの未来を、僕たちは見届けたいと思っています」

顔をほころばせた杉本さんが、象徴的な出来事を話してくれた。

「中学生ぐらいの女の子が、少年隊のレコードを探しに来ました。プレーヤー持ってるんですかって聞いたら、『まだです。今度誕生日に買う』って。『でもこのレコードにはシールもついてるし、レコード自体にも絵がついている、いわゆるピクチャーレコードだから、グッズとして欲しいんです』って言うんです」

デジタル化された音源をストリーミングで聞く時代。それでもなお、いやだからこそ、人々はレコードの温もりに魅せられてやまない。

(上)目当てのアーティストのコーナーから、サクサクと1枚ずつ持ち上げ、好みの一枚を探す作業は、中古レコード店の醍醐味(だいごみ)だ　(下)流行の最先端が集まる新宿の繁華街に、昭和へと誘う口がぱっくりと開いている。あたかも、タイムマシンの入り口のよう

DATA

東京都新宿区新宿3-31-4山田ビル2F
(2023年7月に移転、写真は全て移転前に撮影)
☎03-6380-6861
営業時間：正午～午後8時(月～金) 午前11時～午後8時(土、日、祝)定休日：無休
https://diskunion.net/shop/ct/showa_kayou

昭和歌謡に浸る

06

Popular Songs

演歌と昭和歌謡推し 老若男女が集う老舗店

音のヨーロー堂［東京・浅草］

浅草はいつもにぎやかだ。「寺のそばを歩けば、お経が聞こえてきたり、路地裏では三味線が流れてきたりします。かつてはチンドン屋も日常の中にありました。これらはまさに、大切に残したい

1カセットテープの人気はいまだに根強く、カセットでなくてはダメと言う人もいる。演歌や歌謡曲を中心にラインアップされている　2美空ひばりとともに、実力派の島津亜矢や紅白出場を果たした丘みどりを特集した棚。ヨーロー堂ならではと言っていいだろう　3演歌歌手のポスターが、店内にたくさん貼られている。彼らを精いっぱい応援している松永さんの気持ちがひしひしと伝わってくる

『浅草の音の風景』なんです」

演歌や昭和歌謡のCDやカセットを中心に商う「音のヨーロー堂」（以下ヨーロー堂）の店主・松永好司さんが、とても聞き取りやすい澄んだ声で話す。

浅草的な音を残したい

その名残は店にしっかりと現存していた。三味線、浅草オペラ、新内節、小唄などのタグが棚に並ぶ。話芸の伝統である講談や浪曲なども、この店では健在だ。

「ここ10年ぐらいの間に出た大道芸や浅草オペラのCDは他ではあまり見かけないと思いますよ。音楽って語り継いでいかないと消えちゃう。浅草的な音を絶やすのは忍びないと心から思っているんです」

ヨーロー堂が創業したのは、1912（大正元）年である。初代が岐阜県養老郡の出身で、東京に出てきて時計店を開く。時計はゼンマイで動くことから、同じゼンマイで動く蓄音機も扱いだしてレコード店へと移行した。

「レコード店のルーツにはいろいろあります。蓄音機などが高級志向の

ぜいたく品でしたから、同じ高級品である宝石店からレコードを扱う店になることもあります。うちは時計店から始まりました。まだ蝋管があった頃だそうです。今ある古いレコード屋の多くが、一等地にあるのは、同じ理由によります。うちはまだその伝統的な流れを頑なに守っているということになりますね」

昔の「レコード屋」の雰囲気

独特な雰囲気が漂う店内は、いるだけで心が浮き立つ。

「この空気は、作って演出しているわけじゃありませんが、残ってしまったというのが正直なところです。でも、残せて良かったなと心から思っています」

その理由を語る松永さんの表情は心なしか輝いて見えた。

「私自身も古いものが好きなので、改装しなくてもいいかなと。昔のものを残す良さをわかっているつもりだし、残すべきだとも思いました。新しくするよりも労力はかかりますが、間違いなく意味があることだと信じています」

浅草という風土の中で、この雰囲気が残ったのは、必然でもあったと、松永さんはほほえんだ。

新譜も充実させたいという気持ちの一方で、松永さんは、昭和歌謡や浅草の音楽を残していくのが使命でもあると考える。

「レコード屋は最先端の商売だから、どんどん新しいものを入れるのが正道です。でも今までリリースされ、聴き続けられている音楽を極めていきたいというのが当店の柱の一つです。店の雰囲気と扱う商品が一致している自負はありますよ」

昭和歌謡も豊富だが、特に演歌に力を入れるのには、松永さんが心に秘めた確固たる信念があるからだ。

昭和音楽の象徴が演歌

「演歌は、長い歴史を持っているわけではありませんが、昭和音楽の象徴でもありますし、今でも根強いファンがたくさんいらっしゃって、受け継がれるべき音楽なんです。でも誰かが意識的に繋ぎ止めておかないとまた衰退してしまう。そんなはかなさがあるのが音楽でもあります」

ひと頃の、昭和歌謡や演歌が苦しかった時代は過ぎ、今また盛り上が

小さいながらも舞台があり、客席も用意された2階のホールは、浅草の香りがプンプンする。プロモーション時には、客であふれるという

りを見せている、と松永さんは言う。
「最近の歌手の中で起こっているのは、演歌や伝統芸能、伝統話芸という昭和の文化を、新しい解釈で発信していこうという動きです。昔のままで保つのも大事ですが、昔を忘れることなく新しい音楽を生み出す流れも確実にあるんです。私はそんな人たちを応援していきたいのです」

また、カセットテープをしっかりと置いているのもヨーロー堂の大きな特徴の一つである。

「年配の方にとって、カセットテープは使い慣れたメディアです。だから、私の店では、ないがしろにできないアイテム。踊りやカラオケの練習には、同じ場所を何度も繰り返して流す必要があって、カセットテープはその意味でも、キュルキュルと簡単に戻せるという、使い勝手の良さがありますね」

2階にはステージと客席

さらに、ヨーロー堂には、一般のレコード屋(CDショップ)にはない、独自のスペースが存在する。入り口すぐ右側にある階段を上がると、懐かしさ満載のステージと客席が用意されているのだ。20年ほど前に作られ、演歌歌手がプロモーションをする場所だ。そこには浅草のど真ん中で店を張ってきた、松永さんの強い気概が詰め込められている。

「20年ぐらい前、演歌や歌謡曲が衰退していた時期がありました。ちょうど氷川きよしさんが注目され、山内惠介さんが出てきたりと、新人が頑張っていた頃でもあったので、こんなすてきな歌がありますよ、という現実を自分の店から情報発信をしたかったんです」

昭和の時代、若手の演歌歌手がレコード屋でキャンペーンを行うのは当たり前だった。平成になり、そんな慣習も少なくなった時、これだけ立派な舞台があって客席もある店はなかった。

「プロモーションなのでCDを買っていただきますが、その上でお客様にも生の歌を楽しんでいただければと思っています」

年配の客も多くCDやカセットテープを買いに来る。店内にあふれるのは、「音楽は若者だけのモノではない」という、年配客が持ち続けている共通の高揚感だ。

聴くジャンルは違えども、老いも若きも音楽を楽しんでいたのが昭和。そんな輝ける時を思い出させてくれるのがヨーロー堂なのである。

1ホールの壁には、懐かしさで胸に熱いものがこみあげるようなポスターがふんだんに貼ってあり、雰囲気をさらに盛り上げる　2店主の松永さん。昭和の邦楽の中で輝いていた演歌を中心に、「浅草らしい音楽を残したい」と力強く語ってくれた　3雷門から歩いてすぐ、浅草のど真ん中に店はある。比較的年齢層の高い客が、ひっきりなしに出入りしてにぎやかだ

DATA

東京都台東区浅草1-3-6
☎03-3843-3521
営業時間：午前10時半～午後5時
定休日：木、金

昭和歌謡は贅沢音楽
作り手の熱量がすごい

半田健人 俳優・歌手

「仮面ライダー555（ファイズ）」の乾巧役で人気を博した俳優の半田健人さん。多趣味でも知られ、鉄道、高層ビル建築、昭和歌謡など、多岐にわたる知識と見識を持ち合わせる博学多才な人でもある。そんな半田さんに昭和歌謡についての持論を語ってもらった。

半田健人 はんだけんと

1984年兵庫県生まれ。「ジュノン・スーパーボーイ・コンテスト」でファイナリストになったことをきっかけに芸能界入り。「仮面ライダー555（ファイズ）」（2003年1月〜04年1月）の乾巧役で脚光を浴びる。昭和歌謡のほかに、高層ビル建築、鉄道などにも造詣が深い。

始まりは漫画「がんばれ元気」

昭和歌謡をよく聴くようになったのは、小学校5年か6年生ぐらい。ギターを買ってもらったのが6年生だったので、よく覚えているんです。

本格的にハマったのは、漫画がきっかけでした。小学3年ぐらいから好きになり、小山ゆう先生の「がんばれ元気」に出合ってからです。「がんばれ元気」に夢中になり、ボクシングのことを詳しく調べるようになると、その時代を知りたくなりました。流行歌を聴けば時代の雰囲気がわかるんじゃないかと聴き始め、その素晴らしさに目覚めたんです。

中でも、渡辺真知子さんの「かもめが翔んだ日」を聴いた時に衝撃を受けました。曲の最初から歌詞が始まり、前奏が入って曲に入っていく。あの前奏に魅了されました。次に度肝を抜かれたのは、ピンク・レディーでした。都倉俊一先生のアレンジに感銘を受けたんです。

当時の歌謡曲はフルオーケストラで録ってますから、その編成の差、音の差が衝撃だったんです。僕の世代からしたら、これだけの人数で一つの曲が完成されていくのが新鮮に思えました。贅沢（ぜいたく）ですよね。「なにこれ、ビッグバンドじゃん」っていう驚き。まるでクラシックの舞台を見ているみたいな感じがすごいなと感じました。

当時、ビッグバンドを使うこと自体が、アナクロになっちゃって、だんだんオケの数も少なくなっていきました。理由の一つは、お金がかかるからやらなくなったのでしょうけど。１９９０年代の後半になると、打ち込み全盛の時代となり、自らのバンドを率いてテレビに登場するミュージシャンも出てきました。

改めて考えたらなおさら感じるけど、昭和歌謡は本当に豪華でした。その贅沢さというか、高度経済成長の中で、贅沢音楽みたいなのが出てきたというところが、ある意味時代を象徴していた気もします。昭和って喫茶店もやたら派手な内装が多くて、それに似てるのかな。ただ当時は、贅沢音楽という意識はあまりありませんでした。

従来の概念変えた阿久悠の詞

70年代から、歌謡曲が自由なものになっていくんです。60年代半ばは、作詞も作曲も、レコード会社の専属の作家を抱えていました。グループサウンズ以降から、フリーの作家の時代へと変わり、阿久悠先生、筒美京平先生たちの時代が訪れます。

いい意味で、新しい作家たちが、それまでのタブーを壊していきました。歌謡曲の面白さはますます加速しました。

「これからは、作詞の概念を変えなきゃいけない」と阿久先生も60年代から言い出していて、その通りに変えていきました。それまでは、「男が去って、女が泣いてすがる」というパターンの歌詞が多かった。そんな考え方は変わっていきます。歌の素材はもっとあるはずだというのが、阿久先生の持論でした。ピンク・レディーの「UFO」は、『未知との遭遇』より俺の方が早い」っておっしゃっていたのが印象的でした。

分業制による音楽が歌謡曲

本心を言うと、僕は「昭和歌謡」という言い方は好きではありません。真の歌謡曲ファンとしては、その言葉を使ってしまうことで、歌謡曲が昭和限定のものになり、弱体化する気がして好きじゃないんです。

その上で歌謡曲の定義を僕なりに解釈すれば、「分業制による音楽」ということになると思います。歌手がいて、作詞家、作曲家がいて編曲家もいる。その意味では、ロック歌手である桑名正博さんも、松本隆先生

ライブ活動も精力的に行う半田さん

<album>
「昨日とちがう今日だから」

発売：2023年10月　価格：3,500円（税込）

作詞、作曲、編曲から音作り、ジャケットデザインまですべて半田さんが手がけたアルバム。

（作詞）、筒美先生（作曲）が組んだ「セクシャルバイオレットNo.1」は、歌謡曲だし、ギタリストのチャーさんも、阿久先生の詞を歌っている時には、歌謡歌手なんです。AKB48も職業作家である秋元康先生という歌謡畑の人が書いているから、歌謡曲の要素があります。アイドルはコンテンツの一つ。古くは、天地真理さんなどから繋がるアイドルの音楽もそれに準じています。

歌に励まされ、頑張ってきた

昭和歌謡が社会の中で果たしてきた役割は確実にあったと思います。単純に、娯楽の種類が今ほどなかったのもありますけど。歌を聴く時間は、今よりも多かった。そこに、歌がなかったらって思うと、ずいぶん寂しい時代だったと思いますね。遡ると、「リンゴの唄」（45年）に励まされて頑張ったっていうのは、言い伝えられていることでもあります。

最近は、この歌で励まされたんだってあまり聞かない気がするんです。いろんなものが不足した時、エンタメは後まわしにされる。昭和40年代ぐらいまでは、まだ国民自体が貧しくて、楽しむ娯楽の中に歌があったと思います。歌に頼ってた時代と言い直してもいい。昭和歌謡があったから、頑張れたんですよね。

歌が可愛がられていた時代

歌が大切に扱われていたからこそ、曲を1曲出す熱量も大変なものでした。何人もの大人が頭をひねって徹夜し、体を酷使して作ってたと思うし、歌が可愛がられてた時代なんでしょうね。だからこそ、心に刺さるんでしょう。「泣きのもう一回」を録り直したり。そこまでこだわってやってたんですかって感じですよ。

みんなが神経を研ぎ澄ませて作業をして、奇跡的な歌が生まれ、感動が聴く者の胸に広がるんです。

昔の曲って、揺らぎがあったと思います。修正や編集ができなかったのが昭和ですから、完成度の高いものを作ろうとすれば、納得いくまでやり直すしかなかった。または、腕のいいスタジオ・ミュージシャンを連れてくるとかしかなかった。

今はできなければ直す。できる人がいなければ、コンピューターにやってもらう。その差はとてつもなく大きいと思います。

ハマるためには技術が必要

歌謡曲はよくできていて、本当に

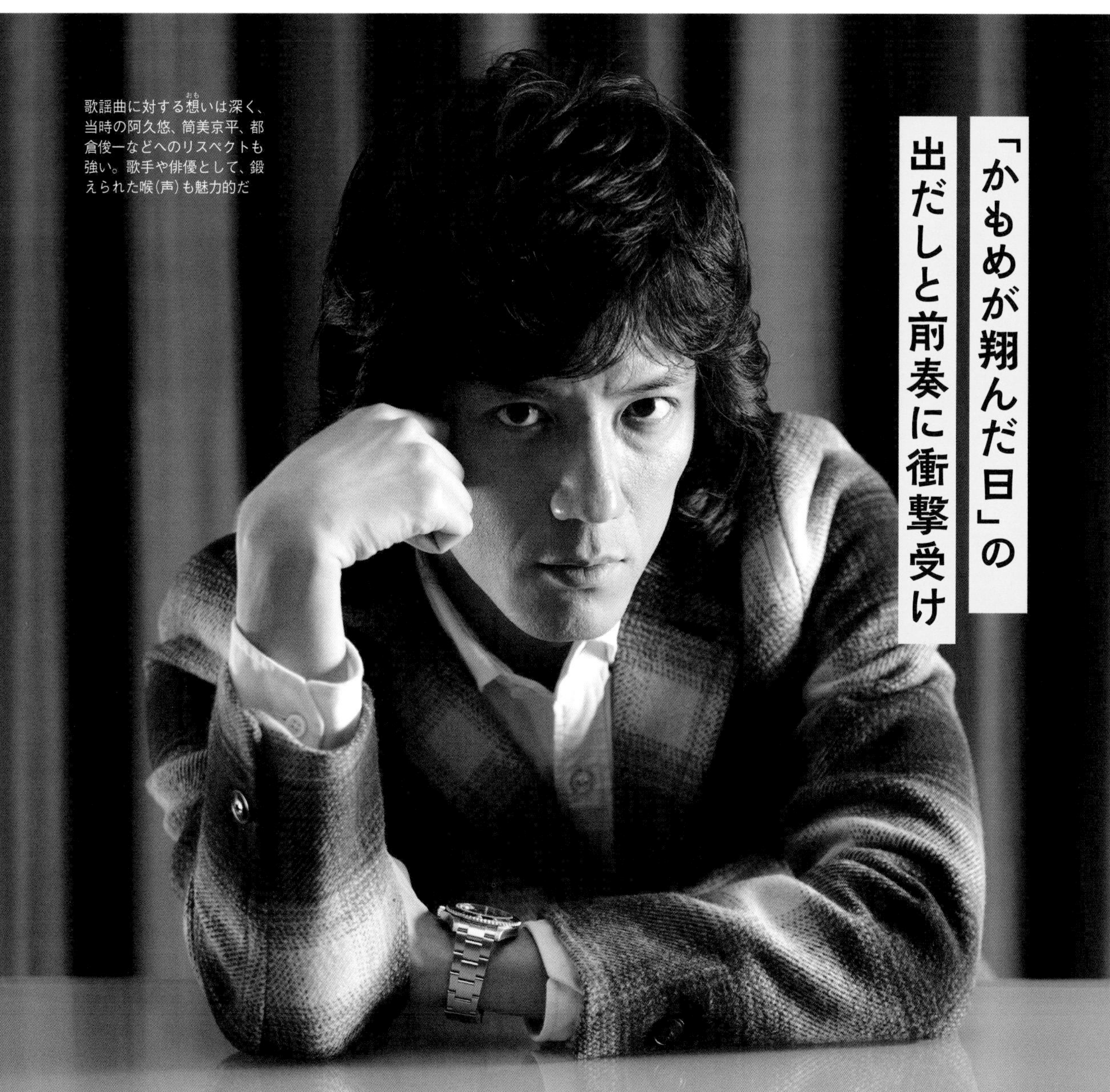

「かもめが翔んだ日」の出だしと前奏に衝撃受け

歌謡曲に対する想(おも)いは深く、当時の阿久悠、筒美京平、都倉俊一などへのリスペクトも強い。歌手や俳優として、鍛えられた喉(声)も魅力的だ

理解するには、技術が必要です。のめり込んで聴くためには、自分から脳みそのふたを開ける行為が必要なんです。一見、何も考えなくても楽しめるような作りになっていますが、そこから一歩奥に入った時にハマるんですよ。

「今の流行歌の歌詞は、作詞じゃなくて日記だ。日記のほうがいいなら受け入れよう」と阿久先生は言います。歌謡曲は深いんです。

大げさに言えば、クラシックですよね。カバーで歌い継がれていっているジャズやクラシックと同じだと思います。そういう時代になってきているので、阿久先生がおっしゃる通り、「歌謡曲は、簡単に死ぬようなものじゃない」という言葉も、全く的を射ていました。

僕の若い頃は、足を使って探さないと手に入らないから、地元の中古レコード屋に行って、ほこりを被ったレコードをあさっていました。

カビの匂いとかをかぐと、自分は古いものを聴いているんだなと思いながら、それに針を落としていたんですけど、そういう感覚を、今の子にも味わってもらいたいですね。

東京レトロ百景

再開発が進む東京や横浜だが、昔懐かしい光景がそこかしこに点在していることに気付かされる。近い将来消えゆくかもしれない昭和の遺産を切り取った。

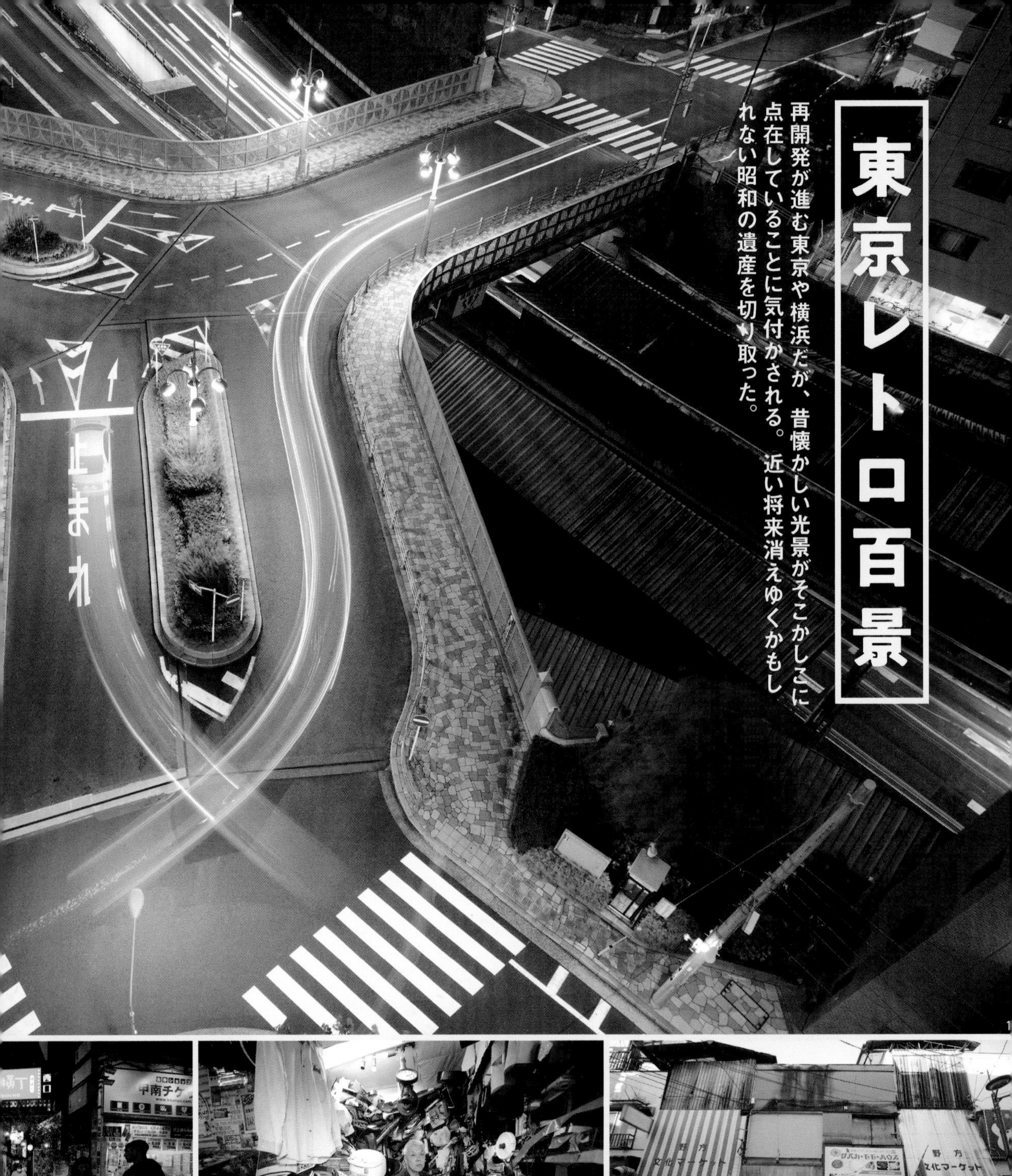

1中央区役所の前にある三吉橋。Y字形が珍しい　2野方文化マーケット。かつては食品なども扱っていたが、今はサブカルの聖地的な存在に。歩くだけなら5分。開いてる店を丁寧に見ていけば1時間近くはかかる　3野方文化マーケットの入り口にある「輸入雑貨・服飾オンリーワン」。家電や服などあらゆるものが雑然と並ぶ。店主の黄克誠(コウ・カセイ)さんは、一度話しだすと止まらない陽気なおじさん　4新宿思い出横丁には、カウンターだけの店が寄り添うように並ぶ。飲み屋天国だ　5その中の一軒には、渋い縄暖簾(のれん)がかかっていた　6静岡新聞・静岡放送東京支社ビル。メタボリズムの思想が取り入れられた丹下健三の設計　7鶴見線国道駅。穴蔵のような入り口を入っていくと改札がある。今時珍しい横浜の無人駅だ

6

7

5

街角に今も残る昭和の匂い

8新宿西口ロータリー。世界初と言われる地下立体駐車場へは螺旋(らせん)状の斜路で繋がる。昭和を代表する建築家・坂倉準三の設計　9新宿地下の西口広場から見上げた新しいビル群　10横浜・大岡川沿いにある2階建ての野毛都橋商店街ビル。全てカウンターだけの小さな飲み屋街　11新橋駅前にあるニュー新橋ビルのファサード。ビル内には古くからの商店に加えて、新しく出店した飲食店、マッサージ店などが目白押し。「ザ・雑居ビル」だ　12JR飯田橋から近い千代田街ビル・飲食街は、神田川に沿ったこぢんまりとした2階建ての建物。昭和の香りがする飲み屋が並ぶ　13通称・軍艦マンション。東新宿に1970年に建てられた。当時としては高層マンションの部類に入る　14銀座1丁目の奥野ビル。外観は懐古的、テナントは、画家のアトリエやギャラリー、デザイナーなどアートの発信拠点としても活用されている　15奥野ビルには扉の開閉が手動のエレベーターがある

15

UNION WORKS

足を止めれば、あの頃にタイムスリップ!

昔日の面影が郷愁を誘う

16道玄坂の途中にあるしぶや百軒店。ストリップシアター渋谷道頓堀劇場で繰り広げられるのは、「ポルノではない、エロティカ」　17浅草地下商店街。昭和の味を堪能したいなら、ぜひ立ち寄るべき場所だ　18北区の団地の中にある桐ケ丘中央商店街。住民の台所だった場所だが、今は少し寂しい　19同商店街にて。古い団地にはネコが似合うのはなぜだろう　20アメ横問屋連合会(通称・アメ横)。外国人の姿が目立つ

chapter 3

Record & Audio

レコードとオーディオの日々

レコード針を盤に落とす瞬間のドキドキ感。より良い音を求めてアンプやスピーカーを買い換えたり、ケーブルを交換したりするのも楽しみ方の一つだ。勢いあまってジャケ買いするのも面白いかもしれない。特に若い世代がレコードやカセットテープに注目しているという。今アナログが新しい!

レコードとオーディオの日々

01

Records & Audio

60～80年代のレコード1万枚 音楽で繋がる場に

3313アナログ天国［東京・下北沢］

1960～80年代のロック、ブラックミュージック、ポップスのレコードが1万枚！

京王井の頭線・下北沢駅から徒歩30秒にあるビルのやや急な階段を上がり4階へ。ドアを開けるとゆったりした空間にレコードが収納された棚が壁一面に広がっていた。あまり見慣れない光景に驚かされる。ジャズやクラシックを売り物にしているバーや喫茶店などの多くは、カウンターにあるバックバーに備えられていて、店の人にリクエストする方式をとっているので基本的に客はレコ

シンプルな看板にセンスあり。店へと続く外階段は、レッド・ツェペリンの「天国への階段」を思い出させる

(右)広々とした店内。ハンドドリップで淹(い)れるコーヒーの香りが心身ともにリラックスさせてくれる　(左)かけているレコードジャケットをセットする。取材時にはイーグルス、CSN&Y(クロスビー・スティルス・ナッシュ&ヤング)、ジャクソン・ブラウンが並んだ。アメリカンロックの強者たちだ

ードには直接触れることができないようになっている。

聴きたい曲を自分で探す

「当店は、お客様が棚から自分の聞きたい一枚を選んでリクエストができるシステムにしています。アーティストごとに分けてあるので、そこから探す楽しさもありますよ」

「3313アナログ天国」の店主・吉岡賢（まさる）さんの目が輝いた。

オープンは2022（令和4）年11月3日。元々はレコード会社に勤務していた吉岡さん。その後ゲーム会社を設立したが、部下たちに「デジタル（ゲーム）は君たちにまかせる」と勝手に宣言。自分が持っていたレコードと共感してくれた友人のものを合わせ、「一般社団法人アナログロックアーカイブプロジェクト」を立ち上げて寄付も募り、1万枚以上の価値あるLP盤をそろえた。60年代～80年代のものがほとんどだ。

「優れたレコードの多くは60年代から80年代にリリースされました。ビートルズしかり、その頃の音楽は斬新だし私たちを興奮させてくれた。『音楽の頂点、進化の大爆発が起き

た』と私は思っています」。ちなみに店名の「3313」はLP盤の回転数33 1/3に由来する。

当時は、「レコードで聴くための音楽」を作っていたと吉岡さんはうなずく。「だから、デジタルで聴いてはいけないんです」と言い切る。

「彼らが作りたかった音楽は『レコードで聴くための音楽』。デジタルでは、彼らがスタジオで作りあげた音は聴けません」

レコードとシンクロした音作りをしていたので、やはりその年代の音楽がしっくりくる。

レコード文化を盛り上げたい

令和の時代に若者にも聴いてもらい、レコードがもう一度盛り上がる。そんな光景を想像しただけでワクワクする。

「アナログはこれからも残るし残さなくちゃいけない。ここ数年は、ブームになりましたけど、その前は、価値があまりなかったから、ごみになっちゃうんですよ。もったいないですよね。好きなレコードは取っておきますよね。それらをちゃんとした形で、できるだけ多くを集めて、

音が刻まれた1本1本の溝が、スタイラスイルミネーター(麦球)の光に照らされ美しく浮かび上がる

引き継いでいきたいというのが夢なんです。ゆくゆくはレコード資料館・博物館的なものを作りたいと思っています」と吉岡さんは野望を語る。

レコード盤自体はほぼ劣化しないが、盤面が汚れていたり、カビが生えることもある。ジャケットが破損しているものも少なくない。時間はかかるが、盤面を洗浄（クリーニング）してジャケットを確認し修復する。そういう地道な作業を繰り返し、レコードを残していくことに意味があるのだ。

だからこそ、今きちんとレコードを聴ける場所を作りたいと考えた。さらに、そんな面白さを語れる人がだんだん減ってきていることも吉岡さんは憂いている。

「当時の音楽業界を知っている人、邦楽で言えば、山下達郎が面白かった時代を語れる人が50代や60代、またはそれ以上の年代になっちゃったんです」

その頃の音楽事情などを熟知している人たちの生の話を聞ける空間を提供したかったという吉岡さん。

「だからレコードを聴き、話をする

ターンテーブルにレコードを乗せる吉岡さん。カウンターの裏がブースになっている

イベントも頻繁に開いています。そこに若い人も来ていただけたらというのが私の希望です」

あらゆるジャンルを網羅する

ジャンルは、ロック以外にも、オリビア・ニュートンジョンやABBA、荒井由実といった邦楽洋楽のポップスなどいろいろだ。

「日本にもいいアーティストがいますからね。かぐや姫もありますよ」と吉岡さんはほほえんだ。「レディ・ソウル」の異名を持つアレサ・フランクリン、マービン・ゲイ、レイ・チャールズなどの、ブラックミュージックもそろっている。ジャズが少なめなのは、「専門の店が結構ありますから」と語る吉岡さんが合理的思考の持ち主だからだ。

38センチウーファーの迫力

スピーカーは、65年ごろのアルテックA7。音は38センチの大型ウーファーと上のホーン型のスコーカーで出している。両サイドにそれぞれ個別のパワーアンプ（ファンダメンタルMA10）。レコードの音をダイレクトに出すために、トーンコントロールなどのついていないプリアンプ（コニシスCL1）を使用。プレーヤーはテクニクスの名機、SL1200GRを2台。カートリッジはステレオとモノラルを用意する。初期のビートルズはモノラルなのでモノラルカートリッジで流すなど録音によって使い分ける。レコード特有の深くて清らかな音がスピーカーから流れる。オーディオ全般は評論家の和田博巳さんが監修した。

1さりげなくレコードのジャケットが天井近くに飾ってある。気取らない雰囲気がいい　2 2022年11月3日に「3313アナログ天国」がオープンした時のうちわ　3カウンターには、バーボンや梅酒など、酒の種類も豊富だ

吉岡さんにレコードの魅力を改めて尋ねてみた。

「まず、ジャケットが好きなんです。音楽を作るのはアーティストだけど、その周りには、アートディレクターやカメラマンがいる。レコード制作は、それらが一体になった総合芸術なんですよね」

ジャケットの中にはレコードと一緒にライナーノーツや歌詞カードが挟まっていて、どれも全力で作られている。多くのプロたちが全身全霊をかけた結晶なのだ。

「歴史的な背景も含めて、音が入っているただの丸い盤ではありません。言葉にできない魅力を放っているとしか言いようがありません」

空気の振動を感じたい

レコードの楽しみ方として吉岡さんがこだわるのは、空気を伝ってきた音をスピーカーから聴くことだ。「できるだけヘッドホンは使ってほしくないですね。その方がレコードに合ってると思います」

音楽の素晴らしさも力説する。「好きなミュージシャンやジャンルが共通していれば、年齢は関係なく音楽の話で繋がれる。おじさんから若者たちに語り継いでいける。ここをそんな場所にしたいんです」

吉岡さんが真顔になった。「キーワードは、音楽を愛している

3

ってところです。その一点でいろんな人の輪が広がっていく。実際にそんな状況を何回も見させていただいています。アナログ天国を始めてよかったなと思います」

最後に吉岡さんは、楽しそうに1枚のアルバムを取り出し、かけた。「（井上）陽水は、レコードとCDではまるで違うんですよ。」

スピーカーからは、ミュージシャンの心の叫びが聞こえ、ギター、ドラムをはじめ楽器の音には艶が感じられた。弾かれたギターの弦の震え、たたかれたドラムの鼓動――。その一つひとつが見えるかのような、生々しい音色が耳に心地よく響いた。

アーティストの名前順にきちんと整理されている棚。レコードショップでお気に入りの一枚を探す楽しさも味わえる

レコードのすゝめ

総合芸術としての存在がレコードにはある。まず、音に関しては言うまでもない。空気録音されたクラシックの演奏を聴いてみてほしい。特に低音の素晴らしさは、他の再生機器の追随を許さない。そしてジャケット。カメラマンやイラストレーター、デザイナーが、アーティストのイメージに合わせて作り上げるので、おのずから気持ちが入ってしまう。そんな熱量が伝わる絵柄は、人を引き込む力があるのだ。中にはジャケ買いする人も。棚に並んだ、自分で買ったレコードが増えていくうちに、部屋の風景が完成されていく様は、それだけで心を高揚させる。デジタル音源も決して悪いとは言わない。しかし、今こそレコードを。

店主の吉岡さん。レコードや音楽について語りだすと止まらなくなるほどの熱量だった

DATA

東京都世田谷区代田5-34-19 4F
☎050-3700-3313
営業時間：イベント時のみ営業（〜2024年4月9日）
4月10日〜　午後6時〜11時（L.O.同10時半）
定休日：日、月、火、祝日

あらゆるスピーカーが試聴可能な店内には、シアターキングシリーズがズラリと並ぶ。好みの一台をじっくりと吟味したい

レコードとオーディオの日々 02 Records & Audio

オーディオマニア垂涎のレアなアイテムがズラリ

ホール トーン シティ 横浜 [横浜・東神奈川]

9
只今、演奏中♪
4
OSCAR PETERS
Stereo

アルニコ。この甘美な響きにオーディオファンは熱狂する。オールドファンならなおさら、この言葉を聞いただけで、思わず立ち止まり振り向くはずだ。

1970年代の終わりまで、スピーカーに使われていたアルニコ磁石。アルミニウム、ニッケル、コバルトを原料とする磁力の強いこの磁石が、スピーカーの音を左右し、頂点まで押し上げると言い切るのが、「ホールトーン シティ 横浜」の鈴木真奈美さんである。

「私たちが言うヴィンテージは、かつて、マランツやジェンセン、アルテックなどが自社で作っていた製品を指します。今は、名前だけが残っているメーカーもありますが、それらは古くても、ヴィンテージとは呼びません」

スピーカーのヴィンテージがアルニコであると、鈴木さんは断言する。

世界唯一のアルニコメーカー

「アルニコでスピーカーユニットを作ってるのは今、世界で唯一ローサー社だけです。1935（昭和10）年から設計図を書き始めて、発売されたのが50（同25）年。それから同じものを作り続けています」

人間の声なら、目の前で歌っているかのごとく、バイオリンの音は、馬の尾で作られた弓毛が弦の上をなでている、そのものズバリの音が出るのである。

「スタジオのドアを開け、中に入って聞こえるのと同じ感覚が味わえるのが、アルニコなんです」

そのアルニコの音を100％引き出すキャビネット（筐体（きょうたい））がある。「シアターキング」と名付けられたスピーカー群がそれだ。

「オーディオの良し悪しは、スピーカーが90％、あと5％はアンプ、残り5％はソフトです」

スピーカーが作られ始めたのが20年代、それから100年を経た今、理想のキャビネットが、ようやく完成したのである。

全ての音が前に向かう仕組み

特徴は、リアロードホーンキャビネットと呼ばれる仕組みにある。簡単に言えば、スピーカーの後方に出てしまう音を巧みな構造で前方に向かわせる。これによって、音源から

1945年に発売されたマランツ社のプリアンプ1号機。日本に入った台数がわずか10〜20セットの貴重品だ

まだトランジスタが発明されていなかった1970年以前のアンプは往年の名機ばかり。当然のように真空管が使われている

マッキントッシュMC275。ヴィンテージオーディオパワーアンプの神髄を堪能できる名機だ

放たれた音が余すことなく前へ出てくる。極めて密度の高い音が鳴るのである。また、曲線で作られた形状がユニークだ。原理は、楽器が曲線でできているという、当たり前だが普遍的な事実から始まる。

「だからスピーカーからの音も曲線に沿って出てこなくてはなりません。楽器の音を再生するためには、四角い箱で鳴らしていると不協和音が発生してしまいます。この形は、この先ずっと残っていくと私は考えています。楽器本来の音を家で再生するためにはこの構造が必要です。そしてスピーカーユニットはもちろんアルニコです」

まさに、何百年も前に完成された楽器の形から、新しいスピーカーが生み出された。昔のアルテックやタンノイのアルニコをこの箱に入れると、必ず同じ音を奏でる。いい音を知り尽くした鈴木さんが、CD再生の秘けつを教えてくれた。

「ブルーレイプレーヤーで再生してください。理由は、半導体の発達に原因があって、今のCDプレーヤーは、半導体の開発が止まってしまっていいます。ところが、ブルーレイの

(右)1930〜40年ごろ、アメリカの公民館や映画館の天井につり下げて使われていたスピーカー(左)20㌢口径のローサーPM-6Aを搭載したスピーカーシステム。全ての音域をクリアに再現する

1940年代製のアンティークなラジオ2台

半導体はどんどん良くなっているんですよ。プレーヤーは高価でなくて構いませんよ」

鈴木さんは、自信ありげに笑い、改めてこのスピーカーの魅力と実力を強調した。

「家で、生に近い音が聴けるのがこのスピーカーです。声もクリア。奥行きがあって立体感があることが、実際に聴いていただけばお分かりになると思います」

古くて珍しい機材が目白押し

ホール トーン シティには、極めて貴重な機器がズラリと並んでいる。例えば、45（同20）年に発売されたマランツのプリ・メインアンプの1号機、アルテックのアンプの1号機など、マニア垂涎（すいぜん）のアイテムのオンパレードだ。さらに、ブレンダ・リーやローズマリー・クルーニーら、往年の名シンガーが使ったマイクロホンも売られていた。

鈴木さんが薦めるスピーカーは、物理・数学的に理にかなっている。古き技術を現代によみがえらせた、人間の英知の結晶と言い切ってもいいだろう。

DATA

横浜市神奈川区広台太田町11-3
ナイスアーバン弐番館101
☎045-323-2966
営業時間：正午〜午後7時
定休日：水、木

小さなドアを開けると、薄暗い店内に大音量でジョン・コルトレーンが響きわたっていた。

コルトレーンは、1960年代のジャズ界に君臨したサックスプレーヤーである。そのコルトレーンを愛してやまないのが東京・白山にある「ジャズ喫茶・映画館」のマスター・吉田昌弘さんだ。

コルトレーンに心酔

「最初に聴いた時には、とても言葉で言い表せないほどの衝撃でした」

サックスという楽器の多彩な表現力、コルトレーンの描く世界観は唯一無二だった。そこから吉田さんはジャズに心酔していくことになる。

コルトレーンは、1955（昭和30）年秋にザ・マイルス・デイビス・クインテットでデビューするまで無名だった。57（同32）年にセロニアス・モンク・カルテットに加入した後、58（同33）年に再びマイルスに復帰。翌年、話題作となった「ジャイアント・ステップス」をリリースした。ほどなく、独立して自分のカルテットを結成した後は、次々と力作を発表した。当初はテナー・サックスを吹いていたが、ソプラノ・サックスも手掛け、新しい花形楽器へと押し上げた功績も大きい。

67（同42）年に亡くなるまで、サックスによる表現の限界に挑み、一方ではインド哲学にも傾倒し、その精神的な影響力と共に、ジャズ界で尊敬を集めることになる。死の1年前、66（同41）年夏に行った来日公演では、消耗した体力で1曲を1時間かけて演奏し、その熱演は聴くものを圧倒した。

音響機材はほとんど自作

同店を白山下で始めた頃、吉田さんは助監督という立場で映画制作に関わっていた。

「助監督はストレスがたまるんです。自分の撮りたいものとは違う人の作品の手助けをするわけですから」

自分が目指すものを求めて、映画の自主上映をするための場所を開いた。それが店名の由来にもなっている。5年ほど続けて今の場所（白山上）に移ってきた。白山に移ってきてからは、ジャズ喫茶として営業を続けている。

驚くのは、音響機材の多くが自作

レコードとオーディオの日々
03
Records & Audio

自作の機器が奏でる大音量のコルトレーンに忘我

ジャズ喫茶・映画館［東京・白山］

（右）カメラにも造詣が深い吉田さん。話を聞いていると、趣味人として深いところを追求する人物に思えてくる
（左）ツイーターからスコーカー、サブウーハーまでフルセットで鎮座するスピーカから流れる音は一聴の価値ありだ

であるという点だ。全ては理想の音を求めた結果に他ならない。使用するターンテーブルは、60年代に発売された電音（現デノン）製の「アイドラー・ドライブ式」を改造したものと80年代に製造された「マイクロ砲金製糸ドライブの吸着式」の2台を使い分ける。どちらも古い方式だが、安定した回転数や力強い音再生が得られるメリットがある。それらを直しながら使い続けている吉田さんは、「僕は凝り性ですし、そういうことを勉強するのが好きなんですよ」と目を輝かせた。

スピーカーもエンクロージャー（筐体）以外は自ら組み上げた。ス

マイクロ製の糸ドライブ吸着式のターンテーブル。現在はゴムのベルトが主流だが、こちらは名前の通り、糸を使って回転させる方式だ

コルトレーンが亡くなる3カ月前に録音されたアルバム。帯にさえも魂が宿る気がする

(上)若い客の姿もちらほら。一見さんにも優しい
(下)ターンテーブルにおいて、セラミック製の軸受けは非常に珍しいものなので実際に見せていただいた。もちろん特注品だ

コーカー（中音域）のホーンの部分に至っては型紙から自作した。ウーハー（低音域）は、38センチ2発とその下にサブウーハーとして70Hz以下を担う46センチが1発。合計3発のウーハーが放つ音は、厚みがありながらまるで柔らかな鳥の羽根で撫でられているかのような甘美で刺激的な音を店全体に行きわたらせる。スピーカーとアンプ、店のスペースによって作り出される音の広がりに引き込まれる。特にウッドベースの音は秀逸で、自分の目前に存在すると錯覚するようなリアリティーには驚きを禁じ得ない。

トークショーや写真展も

「他のジャズ喫茶と違うのは、評論家のトークショーをやったり、映画の上映会や写真展を開いたりするところですかね」

　こちらで行われた評論家・瀬川昌久氏のトークショーは、今でもYouTubeで視聴可能だ。大佛次郎原案の「私の鶯」というミュージカル映画を題材にした、二度と戦争を起こさないためのトークセッションは見応えがある。ジャズだけでなく、若い人たちを集めて話を聞いてもらうこのようなイベントも開催している。吉田さんの思想がこの辺りにも顔をのぞかせる。吉田さんも戦争を憎み、平和を心の底から願っているのだ。

新譜も積極的にかける

　古い楽曲もかけるが新譜もかける。

「新譜をかけなくなったらジャズ喫茶は終わります。ジャズだけではなく、全てのことに共通する考え方だと思います」

　音楽を聴き、語り継ぐことは、時代を繋げていくことに他ならない。その大切さを喫茶 映画館で知ることになる。

　隣に座った常連さんが言った。

「昔に比べてジャズ喫茶も減りましたが残っているところは、きちんとした個性を保っている店。その個性はマスターの個性と重なるんです」

　吉田さんにとってジャズの魅力を改めて尋ねてみた。

「自由なところですね。プレーヤーたちの自由な感性が前面に出てくるジャズという音楽に惹かれます。自由でありながら、当然、全体の構成を考えてやってますからね。その辺りがすごいところだと感じます」

　少し間を置いてから、思い出したように吉田さんが、「コルトレーンかけましょうか」と静かながらはっきりした声で言った。

　コルトレーンが亡くなる3カ月前に、米ニューヨークの「オラトゥンジ・アフリカ文化センター」で行われた最後のライブを流してくれた。

　耳だけでなく、皮膚からも染み込んでくるような音の感動を味わわせてもらった。

DATA

東京都文京区白山5-33-19
☎03-3811-8932
営業時間：午後4時〜10時
定休日：日、月、祝
http://www.jazzeigakan.com/

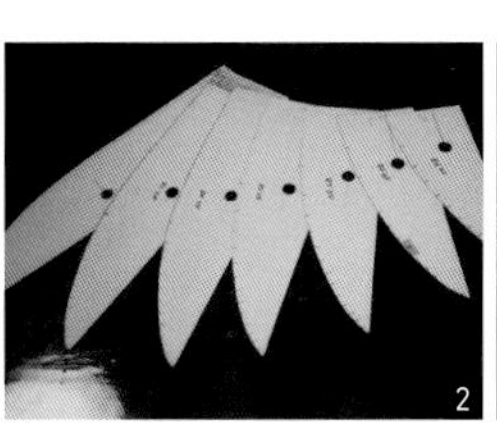

1 テーブルの天板の一部が折り畳まれ、伸ばせば広くして使える工夫も施されている　2 スコーカーのホーン部分は自作。もとになったのがこの型紙だ　3 坂の途中にある店には階段で向かう。入り口の庇(ひさし)には、真空管の形にくり抜かれた窓がつけられている

（右）写真手前と一番奥に見えているのがマッキントッシュ製。2発の30ｾﾝﾁのウーファーを積んだスピーカー。挟まれている背の高いスピーカーはツイーターが23個ずつ付いている。4本一組、音は「リアルオーケストラ」と岩瀬さん
（左）元々リスニングルームに使っていたが、今は物であふれている。宝の山であることに違いない

直せぬオーディオ機器はない 客の笑顔に励まされ

CMJヴィンテージオーディオ修理工房［埼玉・さいたま市］

時を刻んだ年代物の宝の山（コンポーネント）が雑然と並ぶ光景に圧倒される。

その名だたる機器を横目に薄暗い階段を上がって、2階の修理工場へ足を踏み入れると、技術者の鈴木高広さんがニッポノーラ製の蓄音機の修理にかかっていた。

「この機械に合うサウンドボックスを取り付けているところです」

作業を見ると、サウンドボックスについている針がレコードにかかる重さを調整するために、細い棒のようなものを使っている。

「竹の棒で、重量を調整しているんです。部品がなくて、これで代用するしかありませんでした」

針に向けられた鈴木さんの目は、真剣そのものだった。

「なんとか直してあげたい」

「CMJヴィンテージオーディオ修理工房（以下CMJ）」取締役（実質上の責任者）・岩瀬勝一さんが、口をへの字に曲げて苦笑しながら言う。

「原則的には電蓄（電気蓄音機）は扱ってなかったんですけど、注文されるとつい受けちゃう。しかもこのニッポーラの蓄音機は、お客様の奥様が嫁入り道具として持ってきた思い出の品ですから、『なんとか直してあげたい』という気持ちが先に立っちゃって。基本的には、買って6年以上経ったメーカーが直せないもの、JBLやマッキントッシュ、その他のメーカーの製品を直しています」

CMJには、まさにヴィンテージと呼ぶにふさわしいオーディオが所狭しと並んでいた。例えば、マニアの間では最高峰と言われている、イギリスのオーディオメーカー・ガラードのオートチェンジャー付きターンテーブルが無造作に置いてある。

「52年間オーディオに関わっていますが、本物を見たのは初めてです」

岩瀬さんに言わしめた珍品でもある。さらに、今ではほとんど見かけなくなった、家具調のセパレートステレオ、オープンリールデッキなど、昭和のオーディオショップを思わせる品々が並ぶ。当時は、テレビも家具調で、居間にデンと置かれていた記憶をお持ちの方も多いだろう。中でも驚いたのは、マッキントッシュのスピーカーである。

「マッキントッシュといえば、アン

電気式の蓄音機を直す鈴木さん。やはりうれしいのは、客の喜ぶ顔だという

プというイメージがありますが、スピーカーにも力を入れていた時期があって、その当時のものです」

不敵な笑みの裏に確かな技術

修理には、ヴィンテージだからこその苦労が絶えない。

「蓄音機もそうですが、完全に『機械』なんです。かつて流行ったカセットデッキも同じです。いわゆる『電気製品』とはちょっと種類が違うと考えています」

簡単ではないが修理は可能だと岩瀬さんは胸を張る。部品がないから直せないというのも、岩瀬さんに言わせれば、逃げでしかない。不敵な笑みを浮かべて岩瀬さんが続ける。

「鈴木が手掛けている電蓄も部品がないから竹の棒を使いました。ここに持ち込まれるのは、部品がないものがとても多いんです。ないものはお客様の了承を得て自分たちで作ります。大きなものは小さくできるのでネットで探したり、似たような部品を集めて加工したりとか。削れるものは削って、ちゃんと音が出るように工夫します。そのために、旋盤の機械まで入れています。材料を削り出して、なんとか元に戻そうと頑張ります。オーディオ修理屋で、旋盤を持っているのはウチぐらいじゃないでしょうか」

岩瀬さんとCMJの技術者たちには、「絶対に直す」という信念がある。

「持ち込まれるオーディオの95%以上は直せると思います。逆に、古いものの方が直しやすいんです。なぜなら、集積回路を使わず、トランジスタ、コンデンサー、抵抗などのディスクリート（単体素子）を組み上げて作ってあるからです」

修理するときには、それらコンデンサーなどのハンダを除いて外し、チェッカーで調べてから、再度ハンダ付けして戻す。客に「遅いよっ」て言われることもあるが、「一つひとつのディスクリートのハンダを外して付けるだけで何時間かかると思う？」と客に言ってしまうこともある。

「私が言いたいのは、直せたのは技術者が執念をもってやったからと言うことなんです」

音楽とオーディオに対する岩瀬さんの愛着は、中学3年の時、「9500万人のポピュラーリクエスト」をラジオで聴き、流れてきたビートル

ズに衝撃を受けたことに始まる。その後は、ボブ・ディラン、さらには、ジョン・コルトレーン、オスカー・ピーターソンなどのジャズへと傾倒していく。就職先は、ソニーの関連会社が最初で、技術者として雇われた。やがて第一家庭電器へと転職し、コンポーネントを売り出してから、ずっとオーディオに携わってきた。

根底にリユースの思考

当時の売れ筋はレコード針のカートリッジだった。

「カートリッジが復活し始めてるのはうれしい。オルトフォンやオーディオテクニカなどのメーカーが、しっかりした製品を作ってます」

そんな岩瀬さんの本業（オーディオ修理は趣味だと本人は言う）は、生前整理や遺品整理を請け負う「一般社団法人日本リユース・リサイクル回収事業者組合」の副代表理事。原点は、音楽やオーディオ機器に対する慈しみにも似た感情だ。

「一生懸命作られた商品が、直せないとただの重いだけの粗大ごみになっちゃう。それは、本当に忍びない。だったら、オーディオ修理の会社を作っちゃおうと考えました」

リユースできるものは、直して戻す。粗大ごみを減らして、まさに考え方は今で言う「ＳＤＧｓ」だと岩瀬さんは笑った。

修理の喜びは客の笑顔に比例

オーディオ修理の喜びは客の喜びに比例すると岩瀬さんは言う。

「修理してお届けしてセッティングし音出しを確認します。すると、お客様は『あっ、音が出た！』って叫ぶんです。心の中では『そりゃそうだよ。直して持ってきたんだから』って思いますよ。ただ、お客様のうれしい顔を必ず見られる。その表情を見ただけで、頑張ってよかったなって思いますよ」

ヴィンテージオーディオの音はどうか？と尋ねると、岩瀬さんは、「昔の方が断然いいよ」と即答した。戦後は、本当に、すごい製品を作っていたのだと言う。

「昭和40〜50年代ぐらいには、時代の最先端にいた最も優秀な技術者がオーディオを作っていたと言っても

オーディオアクセサリーの高級ブランド「サエク」が作ったトーンアーム。実に美しい

■1昭和の名機の一つテクニクスRS-1700(オープンリール)デッキ。1500、1800なども発売された。昔のオーディオらしく、とても重い ■2セパレートタイプのステレオセット。この頃、家具調の電化製品が流行した ■3テクニクスのフルオートプレーヤーSL-15。10曲のプログラム選曲機能が搭載されている ■4セパレートタイプのふたを開けると、ターンテーブルとチューナーが顔を出す

いいと思います。彼らは全員夢を持ってて、いつかはJBLやマッキントッシュに勝つんだって思いを胸に秘めていました。笑われたこともありますが、でも彼らは、彼らなりに心血を注いで頑張った。その証拠に、いまだにきちんと直せばいい音が出るような、しっかりしたものが残っているのです」

音の良し悪しは、個人の好みに大いに依存する。

「スチューダーが出していた76cmのオープンリールデッキの音をスタジオでモニタースピーカーを通して聞くと、比べ物のないほどリアルな音がします」

岩瀬さんによれば、まず昔のもの、テープ、レコードの順番で音がいいと言う。特にアンプの音を決定づけるのはトランスだが、かつて多くのメーカーがしのぎを削っていたこともあって、質自体がいいのだ。

初ボーナスで買った思い出の品

オーディオは趣味の世界だ。戦後も決して安いものではなかった。それらを自分で働いて買ったものだから、手放せないという人は多い。

「ビクターのミニコンポを持って来たお客様がいました。お母様が若い頃に、初めてもらったボーナスで買ったものでした。修理して音が出ると、子供に聞かせ『ほらすごいでしょ』って、自慢していました。そんな光景を何度も見られるこの商売はやめられませんよ」

岩瀬さんが高齢の客に言った言葉も印象的だ。

「その74歳のお客様が、自分の持っているアルテックのスピーカーを修理依頼にいらっしゃって、『これ、僕が死ぬまで使えますかね』っておっしゃったんです。こればっかりは分かりかねたのですが、『アルテックは丈夫なんで使えると思いますよ、でもね、これまでお客様は50年の間楽しんできた。十分じゃないですか』って答えました」

直るのならば、客も手放したくない気持ちになる。それが修理してまたいい音を聴かせてくれることは、よろこび以外の何ものでもない。

「お客様が満足してくれる。それが何よりうれしいんです」

岩瀬さんが手に持つのは、DAM45(第一家庭電器オーディオメンバーズクラブが会員向けに発売した45回転のアナログ盤)のレコード。クラシック、ポップス、ジャズをはじめ、ほぼ全ジャンルの音楽をリリースした

DATA

さいたま市北区櫛引町2-493-3
☎048-661-5100
営業時間:午前10時〜午後6時
定休日:火
https://www.chmj.co.jp/index.html

レコードとオーディオの日々

05

Records & Audio

よみがえる青春の日々 懐かしのラジカセがズラリ

ダビーマッド［東京・渋谷］

まず初めにラジオが誕生した。その後、記録メディアとして磁気テープ、それを再生するためのテープレコーダーが世に出た。やがて記録メディアはカセットテープに、再生装置はカセットテープレコーダーへと進化した。

1960年代終わりから70年代にかけてラジカセがちまたにあふれた。その存在感は圧倒的だった。東京・渋谷にある「ダビー・マッド」は、そんな古き良き時代のラジカセの魅力を思い出させてくれる数少ない専門店である。あらゆるタイプのラジカセが、棚に整然と並ぶ様は圧巻だ。店主の浅田健治さんが言う。

「数えたことはありませんが、常に100台以上はあると思いますよ」

ゲットーブラスターの迫力

一つひとつを見ていくと、それぞれのデザインに個性があって面白い。ウーファーとツイーターが付いた巨大なゲットーブラスター（大型ラジカセ）があるかと思えば、アナログのイコライザーが前面についたものなど、メーカーによって創意工夫がなされている。実際に見たことのあるなしにかかわらず、かなりの確率で、かつてどこかで見た情景を体験するのも楽しいのだ。

「たぶん、僕らの年代（40、50代）ならば、音楽を聴くメディアとしてはカセットテープが多かったんじゃないですかね」

確かにそうだ。自分の家にもあったし、友人の家へ行けば必ずラジカセがあった。大きなオーディオセットが居間にあったとしても、自分の部屋ではラジカセを使った。レコードプレーヤーにラジカセを繋いで録音し、実際に聴くのはカセットテープだった。

勉強をしているふりをしながら、自分の部屋で深夜放送を聴くのもラジカセだった。「FMレコパル」などの情報誌で番組をチェックし、ダイレクトにテープに録音することも容易になった。確かに、当時一番身近なメディアはカセットテープだった。だから、傍らにはラジカセが常にあったのだ。

「僕の場合も、歌謡曲を録音したり聴いたり、もちろん深夜放送もラジカセで聴いてました」

いつもそばにいる相棒的存在

多機能化・大型化が進むにつれて、装備されているジャックも多彩になっていった。

「レコードプレーヤーやギターのアンプ代わりにも使えます。そんなふうにして、使い倒してましたね」

今なら、ブルートゥースのアダプターを付ければ、スマホから操作して音を出すこともできるという。拡

バカでかいゲットーブラスターも多数。アメリカの黒人たちが肩に乗せてリズムを取りながら歩く姿は衝撃的だった

(右)ラジカセ史に燦然(さんぜん)と輝くソニーの名機「CF-1980」はスタジオシリーズの第1弾として発売された。最大の特徴はミキシング機能を持つことだ
(左)ラジカセ「ACTAS2800」は、1976(昭和51)年に東芝 から発売された。野外録音用に作られたヘビーデューティーな面構え。上に付いた集音マイクが特徴だ

(右)ラジカセが整然と並ぶ店内に入った瞬間、カセットテープで聴いた懐かしい曲が頭の中を駆け巡った　(左)子供用に作られたかわいいミニラジカセも豊富。見てるだけでホンワカ気分に

DATA

東京都渋谷区神南1-14-1
コーポナポリ203
☎03-5941-6242
営業時間：午後2時〜同7時
定休日：不定休

渋谷公園通りの裏、ヴィンテージマンションの一室に同店はある

張性の高い「機械」もあるのだ。そう考えると、当時の小・中学生、高校生にとってその存在はまさに「相棒」だった。今の子供たちが常にスマホをいじっているのにも似ている。「みんなそうだと思うんですけど、自分専用のおもちゃでしたよね。必ずや枕元に寄りそってくれていた感じがします」

ボタンを押す時の音もいい

魅力の一つはアナログ感満点な容姿だ。一昔前の機械が持っている姿と言い換えてもいい。ラジオ局選択用の大きめのダイヤル。カセットテープを操作する、指で押し込むタイプの早送りやプレイボタンも「機械」そのものだ。それらを操る人の動作、例えば、イジェクトボタンを押すと、カセットテープが収まっているカセットドアが斜めにパカッと開く。再生時に「ガッチャン」とプレイボタンを押す動作などなど、機械を扱っている感覚は、自然と気分を高揚させた。

「最近でも、屋外やリビングで開くホームパーティーなどで、ラジカセが使われることがあります。みんなで音楽を聴いている場面を映像や画像で見せたいときなどです。再生装置とそれで音楽を聴くことを表すアイコンになっている部分があると思うんです」

ラジカセを置くだけで、「みんなで音楽を聞いている感じ」が画面から醸し出されるというのだ。

形あるモノへの憧憬

カセットにはありがたみがあると浅田さんは言う。最近の20代、特に女性はカセットテープの形状を「可愛い」と表現する。

「なんだかんだ言って、みなさん形あるモノが好きなんですよ」

アナログな機器や道具には、実存感がプンプンと香る。「アナログとは？」の問いに浅田さんが答えた。「お金と場所を食います。今となってはぜいたく品じゃないでしょうか」

帰り際、「昭和の遺産」がまぶしく映った。

店に並ぶラジカセをじっくり眺めると、デザインや機能を争った各メーカーのプライドが透けて見える

■1名機JBL4344はシングル盤の棚の上。家庭のオーディオ機器でなかなか聴けない躍動感みなぎる音を奏でる ■2お気に入りのアルバムを掘り出した時の喜びは大きい ■3レコードに帯がついているのと無いのでは、値段がまるで違う。モノに対する日本人の麗しきこだわりである

レコードとオーディオの日々 06 Records & Audio

レコード文化よ永遠なれ 次世代へつなぐ懸け橋に

ユニオンレコード新宿［東京・新宿］

フロア全体がレコードだけで埋め尽くされた様は壮観だ。どの棚にも310×310ミリ（場合によっては、315×315ミリ）のLPと180×180ミリ規格のシングル盤のみが整列している。かつての「レコード屋」では当たり前の風景だった。

「ディスクユニオン」は、1941（昭和16）年に創業した日本で生まれたレコード店の草分け的存在だ。80年代になると、時代の流れの中でCDを売るのは、当然の成り行きとなった。しかし、ディスクユニオンは、レコードを見捨てなかった。棚に並ぶ割合は、CDが多くなったとはいえ、かたくなにレコードを世に送り続けた。それを成し得たのは、「レコード店である」というプライドだったに違いない。

J-POPをはじめ邦楽全般、ロックは70年代以前と以降のものを分けてあるし、ジャズ、ソウル、レゲエ、ワールド、ヘビーメタル、パンク、クラシックなどなど、基本は全ジャンルをそろえる。

さまざまなタイプの店を継続して展開しているディスクユニオンだが、レコードが消えたことは一度もない。

ユニオンレコードが果たすべき役割を店長の大島靖広さんに改めて聞いてみた。

「『レコードという趣味の最初の一歩を刻む店』になりたいと考えています。今ある資源、財産を保持して次の世代に回していくのが僕たちの使命だと考えています。時代のニーズを振り返ると、一時期レコードは衰退しました。そんな時でも、レコードという良きものを絶やさないように、我々の役割だと思って頑張ってきたつもりです」

我々の先人たちが長い間かけて積み上げてきたレコード文化はまだ確実に生きている。

これからも次世代への懸け橋となれるのは「レコード屋」以外にないのである。

DATA

東京都新宿区新宿3-34-1
ジュラクツインB館1F
☎03-6380-6118
営業時間：正午〜午後8時（平日）
午前11時〜午後8時（土、日、祝）
定休日：無休

レコードとオーディオの日々
07
Records & Audio

レコード文化の真の楽しさを全ての音楽ファンに

TOWER VINYL SHIBUYA［東京・渋谷］

「レコードで音楽を聴く魅力は、自分と楽曲との繋がりの深さだと思います」

タワーレコード広報室の寺浦黎（れい）さんが言う。

「実際に店に足を運んで自分で探した曲は、一生涯大事に聴くと思うんです。音楽につかってるという自己承認欲求も満たされますよ」

タワーレコードがレコードに特化した「TOWER VINYL SHINJUKU」をオープンさせたのは、2019（平成31）年3月だ。専門店として、新しいものや懐かしいものを全部ひっくるめて、いい音楽を薦められる店を目指した。コンセプトは「敷居は低く奥が深い」だという。レコードに親しんでこなかった人でも、「レコード店」にあるワクワクするような雰囲気を必ず楽しめる。

所有する喜びや音の軟らかさ、曲に入る直前の針とレコードが擦れる音などが、不思議と気持ちを落ち着かせてくれる。音が持つ絶対的な厚みと温かみは、デジタル音源とは全くの別物だ。

「ご来店いただければ、レコードカルチャーの真の楽しさを感じてもらえるはずです」

笑顔がチャーミングな広報の寺浦さんが持っているのは、伝説のレコード店パイドパイパーハウスの元店長・長門芳郎氏お薦めの3枚

DATA

東京都渋谷区神南1-22-14 6F（2021年9月に新宿から移転）
☎03-3496-3661
営業時間：午前10時〜午後11時　定休日：不定休

レコードがもっと好きになるアナログ文化発信地

HMV record shop 渋谷［東京・渋谷］

HMVがレコードに特化した「HMV record shop渋谷」をオープンしたのは、2014（平成26）年の8月だった。エリアマネジャー（取材当時）の竹野智博さんが、レコードの魅力を語る。

「レコードを聴くと、本来の音楽鑑賞をしている気分になれます。ミュージシャンや音楽に対して、愛情すら湧いてきます」

レコードそのものにも独特の価値があると竹野さんは言う。

「モノとしても独自の魅力があります。レコード自体にも匂いがあって、UK版とアメリカ版では違う匂いがするんです」

音に関しても、見直されていると、竹野さんは力を込める。

「本来人間が聞こえない音が出ていて、そこがうまみ成分だと言われています」

棚に並ぶレコードは、多くが海外で買い付けたもの。1階が1960年代から最近のロックと日本のアーティスト、2階がソウル、ジャズを中心にそれ以外のジャンルも網羅する。

音楽を聴くメディアの原点はレコードにある。いい音で聴きたいなら、レコードに行き着くしかない。

ビートルズ2作目アルバム「with the beatles」のオーストラリア版と、マスターテープに近く最も音が良いとされるオープンリール用のテープ

DATA

東京都渋谷区宇田川町36-2 ノア渋谷 1・2F
☎03-5784-1390
営業時間：午前11時〜午後9時　定休日：無休

Column

手がかかる「個」ほど可愛い!? オーディオの営み

便利が当たり前な世の中である。オーディオも、そんな流れにあらがえていない。PCやネットを使って、指先一つで音楽を聴ける時代になった。しかし、いまだに面倒な手順を踏んで音楽を聴く人はたくさんいる。むしろ後者をあえて選ぶ人が増えているのだ。

そもそもオーディオはかなり面倒くさいものだ。いい音を追求すると、結構な手間がかかる。理想郷にはトライ&エラーを何度も繰り返して初めて辿り着けるのだ。さまざまなアクセサリーを買い足していくにつれて、「人生が」と言うと大げさだが、生活が潤うのが分かる。心のとげがだんだんと削れていくことを実感させてくれるのだ。プロショップで話を聞いて吟味しても、実際に家で繋げて聴くと自分の思っていた音とは違う場合も少なくない。そこでまた、試行錯誤が繰り返されることになる。曲によっては、音質の調整も必要だ。ソプラノの女性ボーカルを少しだけ引っ込ませたければトレブル(高音)を下げ、ベースを利かせたかったらほんの少しだけバス(低音)を上げる。落ち着いて音楽に浸れるまでにはそんなふうに数多くの「タッチ」が必要だが、結果を思えば面倒もまた楽しいのである。便利になったと言っても、気持ちいい音のためには、これだけの手間がかかるのだ。それが、オーディオという営みなのである。

いったいオーディオの肝はどこにあるのか。ある人はアンプだと言い、他の人はスピーカーだと言う。いやいや、レコードプレーヤーだという輩(やから)がいれば、ケーブルなどの細かい部分が重要だと主張する人たちもいる。口が悪いご仁は、それを「オカルト」などと形容する。本来は、どれも大切で、それらを積み重ねた先に自分の満足する音がある。

オーディオにおけるアンプは、真空管アンプにとどめを刺す。音を増幅するために使われる部品は、真空管が原点だった。以前に比べれば性能は上がっているが、非常に扱いにくかった。スイッチを入れて聴けるようになるまで最低でも2〜3分、物によっては、5分以上待たなくてはならない(最新の真空管アンプでも、暖機運転を推奨するメーカーも少なくない)。電気も食うし、振動にも強いとは言い難い。それでも真空管アンプには、面倒な手間の分を差し引いても、余りある魅力を手にする(耳にする)ことが可能だ。さらにスピーカーも意外と厄介者で、セッティングが極めてデリケートだ。置く場所や床からの高さによって、音はガラリと変わる。一般的に、すっきりした(濁りのない)音にするには、スピーカーの下にインシュレーター(音の振動制御材)をかませなくてはならない。大きさから素材までさまざまで、ぴったりと自分の好みに調整するのは至難の業だが、少しずつ自分の理想の音に近づく作業は、たまらなく楽しい。PCオーディオが主流になろうが、ネットワークオーディオがもてはやされようが、基本は昔と同じだ。言ってみれば、生きた化石のような趣味なのである。ただ一点、昔と大きく変わったところがある。オーディオ機器が非常に安価になったことだ。ユーザーにとってはありがたい。10万円以内で、いや5万円も出せば、かなりいい音に近づける。ただ、前述した通りそこに至るには、面倒な作業をコツコツ続けなくてはならない。

「ローマは一日にして成らず」だが、オーディオも一日にして成らない。「スピーディー」や「簡単」などという言葉とは無縁だ。しかし、苦労して築き上げたシステムを前にお気に入りの音楽を聴くと、愛おしい気持ちでいっぱいになることだけは確かなのである。

chapter 4

Showa Flavor

古き良き昭和の味

ハンバーグにオムライス、スパゲティナポリタン……。子供の頃に食べた懐かしい味を今なお守り続けている洋食屋や昔ながらの居酒屋、甘味処に案内する。高級なフレンチや和食の名だたる店、流行りのグルメなどに飽きたら、古き良き昭和の味に舌鼓を打ってみてはいかがだろうか

古き良き昭和の味

01

Showa Flavor

昭和感半端ない 近代商業建築の洋食屋

パリー食堂［埼玉・秩父］

見上げると思わず息をのむ外観だ。モルタル塗りの壁面に金色で大きく書かれた「パリー」の文字が燦然と輝いている。屋根部分をよく見るとコーニス（洋風建築の軒・壁の頂部と下部とを区切るための帯状の装飾）を巡らせ、その下にはエッグアンドダーツ（卵と矢じりのパターンを交互に刻んだデザイン）の文様が控えめだがくっきりと描かれている。いわゆる近代商店建築を今に伝える貴重な建物なのだ。国の登録有形文化財にも指定されている。

昔の「食堂」の風景そのまま

右から読むのれんが外観にマッチしている。ショーウインドーに並ぶのは、昔ながらの食品見本。心惹かれ、目を凝らさずにはいられない。ガラガラと引き戸を開けると、かつての食堂の定番である簡素な作りのパイプテーブルと木製の椅子が整然と置かれている。丸いプラスチックのトレーにはソースと塩、つまようじが買ってきたままの姿で並ぶ。なぜかしょうゆだけが自前の容器に移し替えられていた。出窓には、子供が書いた絵。駄菓子屋にあったよう

比較的新しく見えるのれんだが、読み方は右から左。その左上に見えるのは、中華料理もありますよという看板

威風堂々とした店構えを前にすると、名状しがたい思いに駆られるのは、店の長い歴史のなせる業か？

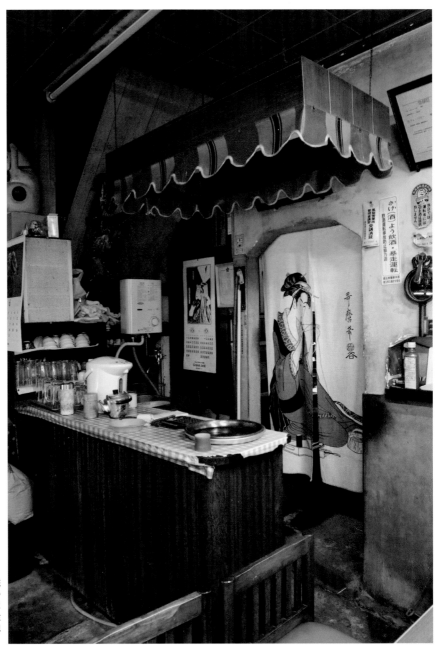

入り口を開けると花魁（おいらん）が描かれたカーテンが目に飛び込んでくる。左手には給湯器。不思議な空間だ

（右）目を凝らすと当時の文様がくっきり
（左）壁には時代を感じさせるポスター

料理の得意な親せきのおじさんが作ってくれたような温かい味の唐揚げ(650円)は、濃いめの味付けなので、ご飯か日本酒と一緒だとさらにいい

な大きくて丸いガラス瓶の中には、どこから来たのか分からないマッチ棒が、びっしりと入っている。

パリー食堂店主の川邉(かわなべ)義友さんが、ボソボソと言う。

「仲間がどこかから持ってきたんだよ。中身のことは俺は知らねーな」

モルタルの壁と木の枠だけの内装はまさにシンプルの極致と断言していいだろう。飾り気もなければ色気もない。目につくのは、壁上部にびっちりと貼られた祭りのポスターだ。

「俺は祭りには関わってないよ」

それでも、ポスターを飾っているのは秩父人としての必然かもしれないが、そんなことを聞こうものなら、川邉さんはきっとこう言うだろう。

「くれたから貼ってるだけだよ」と。

赤いチェックのワークシャツがとても似合う川邉さんは、そんなクールな男に見えた。

メニュー表記が秀逸で面白い

店は、父親が1927(昭和2)年に始めたが、早くに他界した。18歳になった川邉さんは、後を継いだ母親と2人で、店を切り盛りしてきた。

「昔は洋食が中心で中華も出してたんだ。まあ、今も同じなんだけどね」

そう言うと、川邉さんは店の奥から丁寧に扱わないと破れてしまいそうな古いメニューを出してくれた。

表記が面白いのが、この手のメニューの特徴だ。飲み物のところにコーヒーがありその上には「コー茶」とある。「ポークソテー40円」や「海老フライ」などの洋食らしいメニュー名が羅列され、卵料理のなかに「ボイルエグス20円」や「フライエグス20円」などと小さな文字で書かれている。ゆで卵の値段がメイン料理であろうポークソテーの半分というアンバランスな価格設定が時代を物語っていた。「トマトサラダが時価」に至ってはもはやシュールとしか言いようがない。

「当時、トマトは高かったんじゃないかな。じゃないと、時価なんてことにはならないよな」

確かに、こういう不思議な値段設定が、昭和の食堂には存在していたのである。

「俺は、その当時のことについてはよく知らないけど、かなり珍しがられたみたいだよ。秩父では洋食なんて誰も食べたことなかったから」

面倒だからメニューが減少

　そのころに比べて料理の数は大幅に削られ、メニューはシンプルになったが、洋食メインで中華料理や丼物もあるラインアップの伝統は今も受け継がれている。料理数を減らした理由を川邉さんに聞いてみた。

「最近のお客さんは、家族4人でくるとみんな頼むものがバラバラなんだよ。だから、種類が多いとめんどくせーんだ」

　簡単明瞭である。得意な料理は？と尋ねると、「オムライス」と即答した。なるほど、ネットに出てくる料理の写真が、オムライスばかりなのもうなずける。そこで、唐揚げと酒の組み合わせを注文すると、川邉さんは目を丸くして、「唐揚げ撮るの？」と聞き返す。天邪鬼（あまのじゃく）な奴と思ったらしい。それでも重ねてお願いすると、厨房（ちゅうぼう）へと消えた。

　しばらくすると、プチプチと鶏肉を揚げる油の音が聞こえてくる。供された唐揚げは、今まで食べたことのない味だった。胸肉を使っているが、そのジューシーさに驚く。使う調味料はしょうゆと酒だけ。ちょっと濃いめの味付けは、飯にも酒にも相性抜群だ。

「俺は、料理下手だから」

　謙遜する川邉さんの言葉を、アツアツの唐揚げを頬張り（ほおばり）ながら開き、頭に浮かぶのは〝洗練〟という言葉だった。

　洗練とは、幾多のトライアンドエラーを繰り返し、反復練習の末に初めて得られる、ある種の到達点である。そこに至るには、歴史と言う名の膨大な時間が必要だ。パリー食堂の唐揚げは、まさにその極みを思わせる味だった。

「俺はね、ここを出たことがないんだ。だからちっとも料理が上手にならないんだよ」

　笑った川邉さんは、自分の過去をほんの少しだけ明かしてくれた。

「親父が早く死んだから、料理を教えてくれたのは母親だったんだ。俺が店に入った当時はけっこう忙しかったよ」

海老フライを手に芸者遊び

　秩父は昔から、セメントと木材と絹織物で栄えた。羽振りのいい職人や職工が街を闊歩（かっぽ）した街でもある。

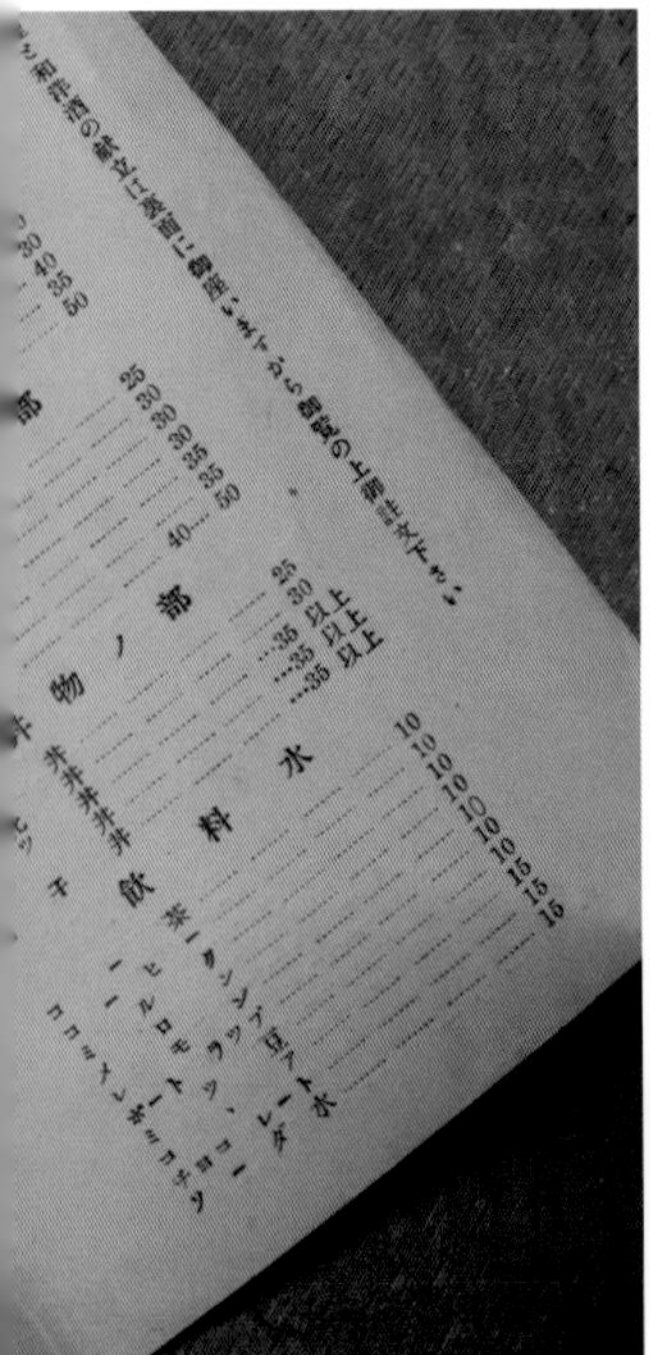

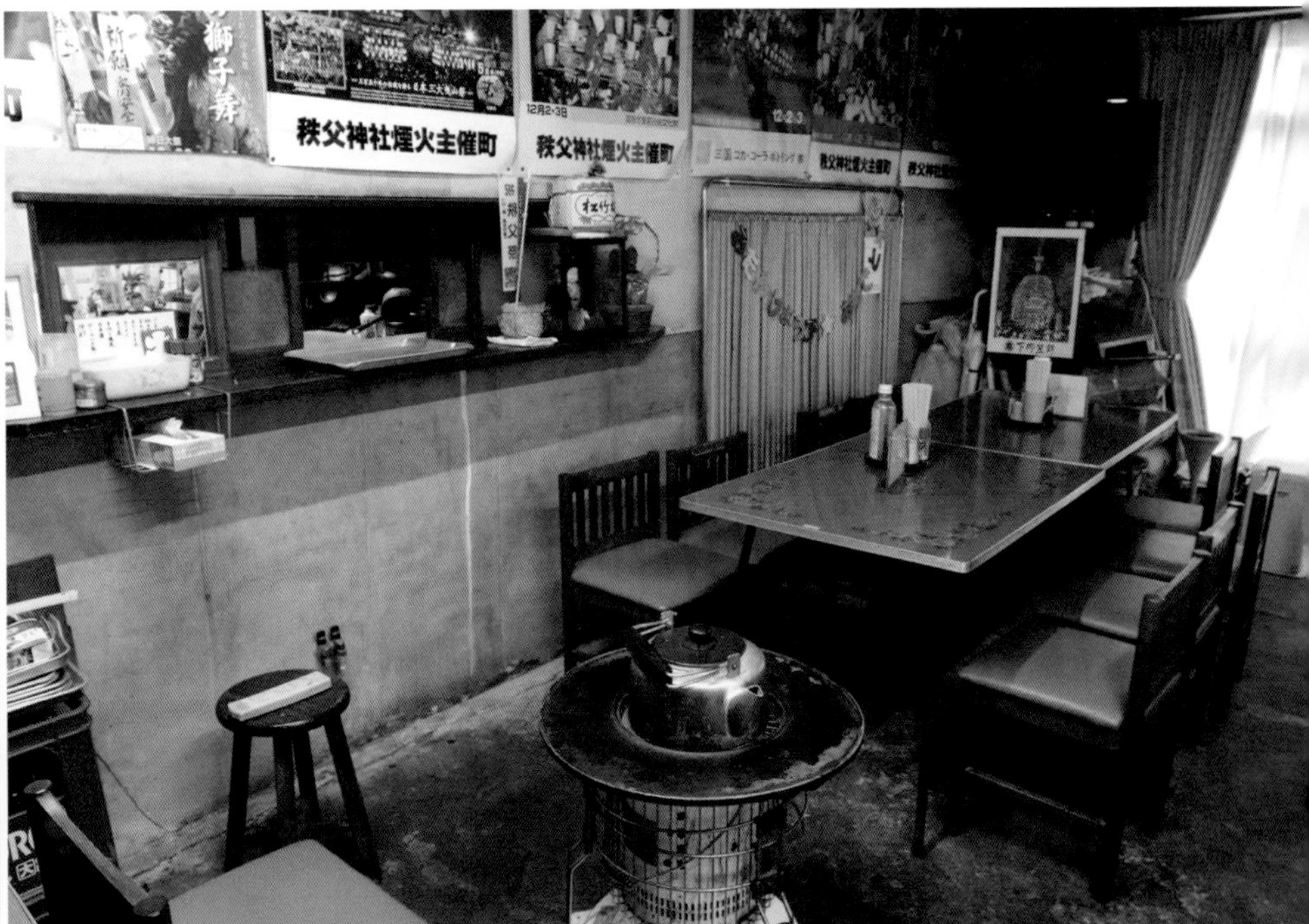

彼らの相手をする芸者衆も多い時には80人を数え、20軒を下らない数の置屋もあったという。男たちは、芸者を呼んで遊ぶ時、パリー食堂の2階の座敷を使った。凝った外観と洋食という珍しい食べ物が、男たちの自尊心を満足させたに違いない。

「当時は、今の食堂という形態とは違って、女給さんもたくさんいた料理屋だったから、2階で宴会も頻繁にあったよ。海老フライなんか食いながら、芸者遊びするんだな。あとは、周辺に遊郭もあったから、トンカツなんかを土産に持って行ったお客さんもいたよ」

パリー食堂に出入りする男たちは、さぞモテたに違いない。なにしろ、珍しい洋食が土産なのだから。

今や、東京からすぐに行ける観光地へと姿を変えた感のある秩父。しかしその土台には、パリー食堂のような昔ながらの洋食屋（料理屋）が築き上げてきた個性的な食文化がしっかりと根付いていた。

周囲を飾る野菜やフルーツに思わず笑みがこぼれる。なんともユニークな一皿

絶品のオムライス

料理を運んでくる川邉さんの表情は、話を聞いている時と変わらず、淡々としていた。目の前に置かれたのは、黄身と白身を混ぜすぎず、所々白身の色が残っている独特のものである。チキンをメインの具材にしたケチャップライスが、しっかりと焼かれた卵に巻かれている。一口食べると、思わずスプーンが止まってしまうほどのうまさだ。遠い昔に味わったことのある、温かな味が口いっぱいに広がる。オムライスといえば、洋食の定番中の定番。子供の頃に気持ちまで戻されてしまうような気持ちになれる料理のはずだが、川邉さんの作るそれは、長年培ってきた技の冴(さ)えが加わり、一味も二味も違うものに感じてしまうのだ。秩父を訪れたらぜひ味わってほしい。

今ではほとんど見かけなくなった独特の形をした石油ストーブの上には使い古されたやかん。「いつからあるのかなぁ。だいぶ前からだな」と川邉さん

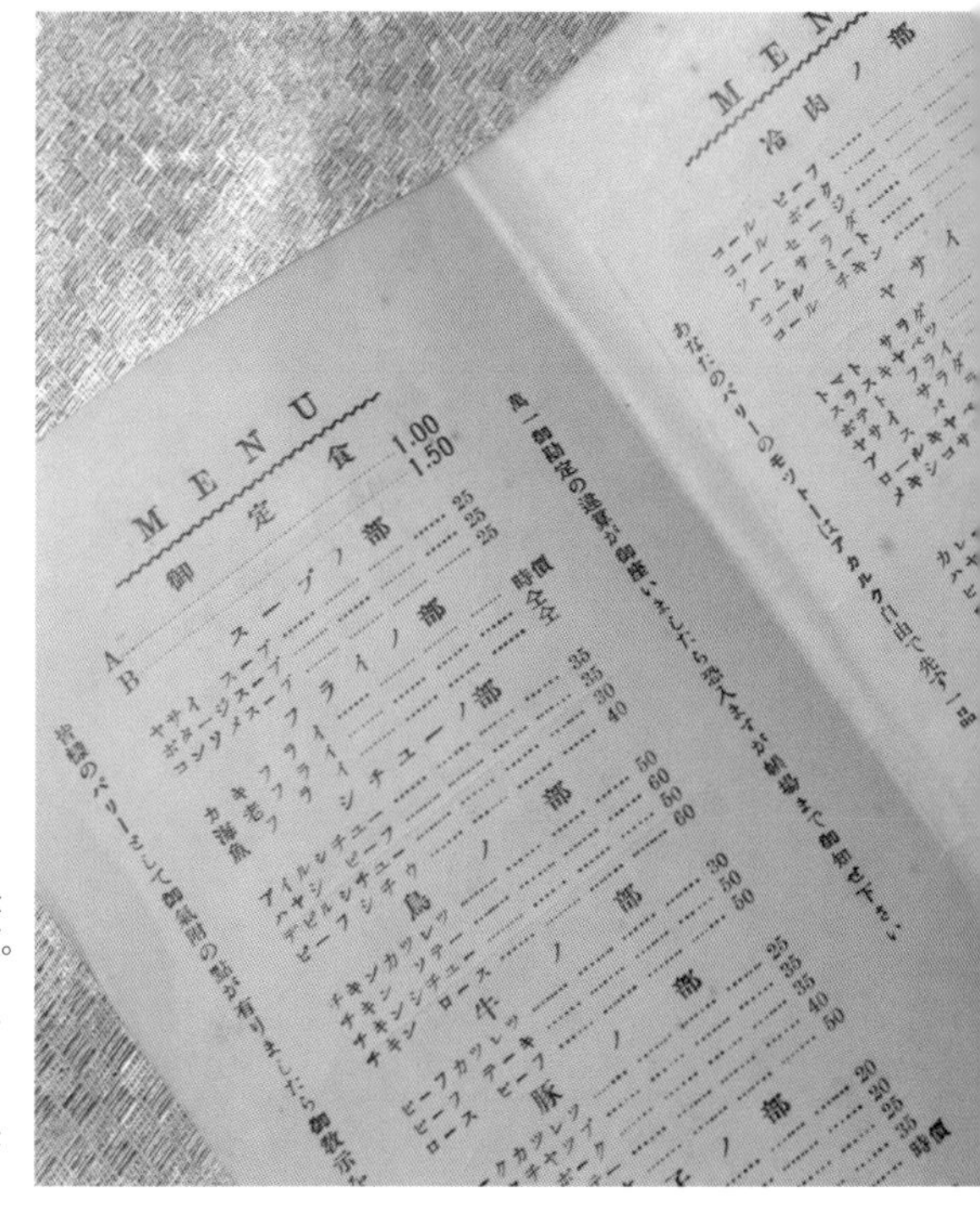

(右)デコラ天板のテーブル。木製の椅子、円形の石油ストーブ。どこをとっても昭和の匂いがする　(左)いつごろのもの？という質問にも、「いつだろうなぁ」としか答えてもらえないメニュー。ただ、値段を見ると「戦後ぐらいだろう」と言う川邉さん

DATA

埼玉県秩父市番場町19-8
☎0494-22-0422
営業時間：午前11時半～午後7時半
定休日：不定休

（右）かつて使われていたかき氷機。現在はあまり使うことはないが、記念として保管している　（左）かき氷同様におばちゃんも人気者

古き良き昭和の味

02

Showa Flavor

懐かしさと真心いっぱい 昭和のかき氷で暑気払い

氷 石ばし［東京・三軒茶屋］

かつて、ダイハツ・ミゼットで、東京・駒沢オリンピック公園にやってくるかき氷屋がいた。

車の主は、石橋信太郎さん（以下おじちゃん）。同じ世田谷区の三軒茶屋にある「氷 石ばし」の主人だったその人である。元々は氷の問屋を始め、後にかき氷も商った。

妻の久美子さん（以下おばちゃん）がはおじちゃんの思い出を語る。

「主人は、駒沢公園の脇に車を止めてかき氷を売ってました。当時、屋外プールがあって、午前中に電話がかかってくるんです。『今日出ますか』って。理由を聞くと、『帰りにかき氷を食べられるのなら、プールに行きたい。おじちゃんがいないんだったら行かないって子供が言うもので』って言われてね。『天気がいいから出ると思いますよ』って言うと、『よかった！じゃあ行きます』って」

世話好きだったおじちゃん

かき氷もさることながら、おじちゃんの人柄が子供たちからも愛されていた。たくさんいた友達からも電話がよくかかってきて、同じような会話が交わされる。その日出店しているか聞き、「いるなら行く」と皆が答えるのが常だった。

おじちゃんは、人気者だったし、世話好きでもあった。

「商売道具はもちろん車に積みますが、その他に必ず持っていたのがばんそうこうや消毒液の入った救急箱でした」

公園で遊んでいてけがをした人の手当てに使うためだ。

「『こないだ、だいぶ使ったから、点検しておいて』って頼まれてよく補充させられたわよ」

おばちゃんは、当時を懐かしむように少しだけ目を細めた。

何かあったら、おじちゃんのところに行けばなんとかなる。駒沢公園で遊ぶ子供はもちろん、大人もそう思っていた。慕われていただけでなく、頼りにもされていたのだ。昭和には、そんな「おじちゃんやおばちゃん」が必ず近くにいたが、今では絶滅危惧種と化してしまった感がある。しかし、ふた昔前までは当たり前のようにいたのだ。

イベントの氷彫刻も手掛けた

一方で、アイデアマンでもあった。

「例えば、かち割り氷を売り出した時に名前をなんにしようかって話になったのね。名字が石橋だから『ストーンアイス』にしようとかね」

面白い人だったと、面影を追うように古いかき氷機を見上げる。手先も器用だった。

「氷彫刻もやっていたのよ。電通のイベントや博報堂の仕事なども請け負っていました。商売を楽しんでいたと思いますよ」

食べ物は人間が作るものである。おじちゃんの技術や味付けに加えて、人柄や真心が凝縮させている「石ばしのかき氷」。おいしいに決まっているのだ。

残念ながら、15年以上前におじちゃんは他界したが、店では、おばちゃんによって受け継がれている。

「うちの特徴は、インスタ映えしない昔ながらのかき氷ですよ」

よく言えば、実質本位とも言える。イチゴやメロン、レモンなど定番の味があるが、その上にフルーツをのせたりしない。氷とシロップだけだ。中には、おばちゃんが一工夫した味もちらほら。例えば、石ばしでは、冬になるとホカホカの安納芋が人気

（右）いつのものか分からない扇風機。ちなみに、店内には冷房はない　（左）上質な氷を使う。「氷は透き通ってないとダメなんです」とおばちゃん

だが、それを氷に合うように手を加えてある。見た目は無骨だが、芋の香りと甘さが優しい。紅茶ミルクというヒット商品も生み出した。
「私自身がアイスミルクティーが大好きで、これをかき氷にできないかと思って作ってみました」
　友達は、「そんなの売れるの?」と半信半疑だったが、今では、女性客の人気ナンバーワンだ。

通ならばシロップは「スイ」

　究極のシロップはなんと言っても「スイ」である。簡単にいうと甘いだけのシロップをかけたもの。メニューには「白みつ」と書いてある。かき氷を食べに店に入って来て、「スイ」って言えば、「はい」ってすぐ出せるのもおばちゃんの自慢だ。

「今これができるかき氷屋は何人いますかね」

　おばちゃんは、得意げに言った。粋な客などは、入ってくるなり「スイ」と一言。スッと出すと立ちながら食べてもう一杯。今度は、レモンにするかな、メロンにするかな、などと考える。2杯も食べれば、サッと汗が引き店を後にする。

「そんな食べ方をする粋なお客さんが昔はたくさんいたけれど、少なくなったわね。ワンシーズンに数人ですよね」

　熱中症予防食にもなっていた。

「本来かき氷は、体がパッと冷えて、汗がサッと引く機能性食品。冬には体を温める食べ物がありますが、夏はやっぱりかき氷でしょう」

　石ばしは、子供たちにとって、駄菓子屋的な役割も果たしていたし、今でも変わらない。子供だけで、かき氷を食べにくることもしばしばだ。取材の日も、たちまち店内はにぎやかになった。

「プリクラが流行った頃、私に見せにくるんですよ。そしてどこかに貼らせてくれって。やたら貼られても困るんで、店の一番奥のガラス戸の一部を解放しました。その名残がこれです」

　ここに貼ってある子供たちがまた自分の子供を連れて店を訪れる。

　こんなこともあった。

「近くの小学校の先生と子供たちが10人ぐらいで店に来たんです。『先生早く早く。先生ここだよ』って。先生が言うには、『私は小学校の教諭をやっているのですが、多くの子供たちの作文にこちらのお店のことが出てくるんです。いったいどんなお店なのか今度先生も連れて行ってっ

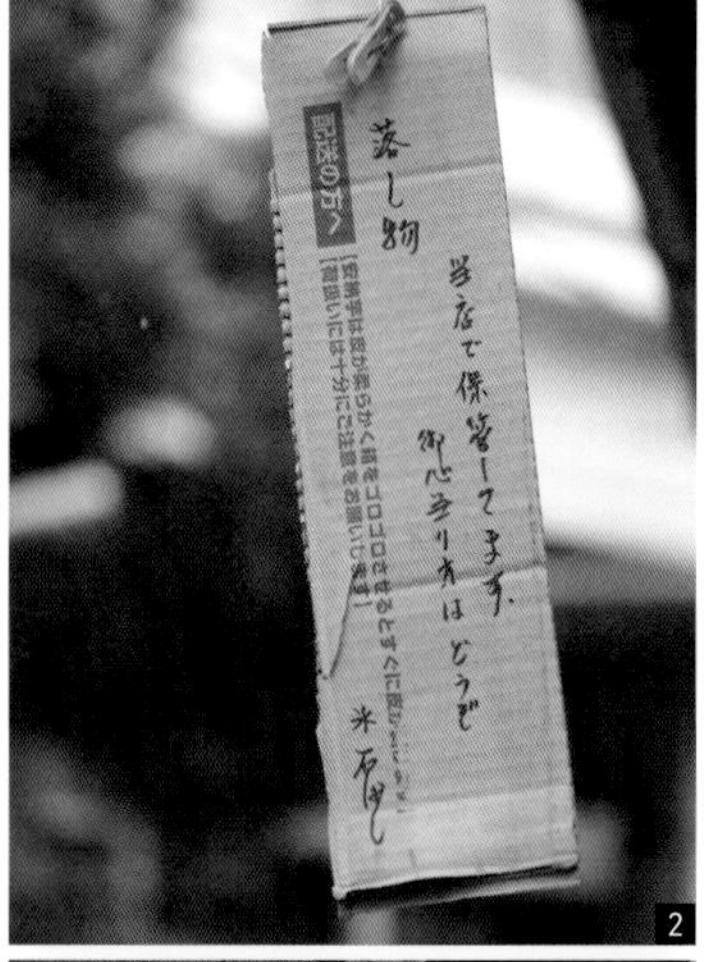

1 二度と手に入らないグラス。昭和から使い続けているが、きれいに丁寧に使われている　2 店先につるされた段ボールの切れ端に書かれたお知らせ。「落し物　当店で保管してます」。店主の優しさの表れだ　3 子供用の小さな椅子も用意されている。大人も座れるしっかりしたものだ

てお願いしたんです』」。

先生も「どんな店なんだろうって気になったんでしょう」とおばちゃんは笑った。

夏休みの自由研究で氷のことを調べたい小学生も昔はよく来たと言う。

「時代遅れの日本のかき氷」

また、埼玉・川越から毎年来る20代の女性もいる。

「この前来た時には、『おばちゃん、今年で5年目だね』って言ってくれて。5杯食べていきましたよ。もう一人の子は3杯」

彼女たちは、大学を卒業してフリーターで生活していると言った。

「夏は、かき氷を食べるために働いてるようなものよって。うれしいじゃないですか」

彼女たちは大量のかき氷を食べながら、楽しくおしゃべりして帰っていくのだそうだ。

「私がやってるのは、時代遅れの日本のかき氷です」

おばちゃんが言ったその言葉には、ズッシリとした重みがあった。

「私も生身の人間だから先のことは分からないけど、私が元気なうちはやるつもりです。なぜなら、お客様と約束してるからね。子供たちが来てくれているうちは大丈夫かなって思ってますよ」

新たな客が来て、かき氷を注文した。猛暑の中、シャリシャリと氷をかく音が店内に響きわたり、涼感を呼んだ。

(上)真っ白で、見た目も美しい「スイ」。これを注文すると通に見られるかも　(下)安納芋を潰し白蜜で伸ばして、氷となじむように工夫されている。香り、味ともに印象的な一杯だ

DATA

東京都世田谷区三軒茶屋1-29-8　☎03-3411-2130
営業時間：午前11時半～午後6時　定休日：不定休
かき氷は、5月～秋の彼岸まで（無休）
安納芋は、11月～3月（焼き時間午前11時半～夕方まで）
※基本的に雨の日は休み。
降りそうな時には来店前に電話で確認を

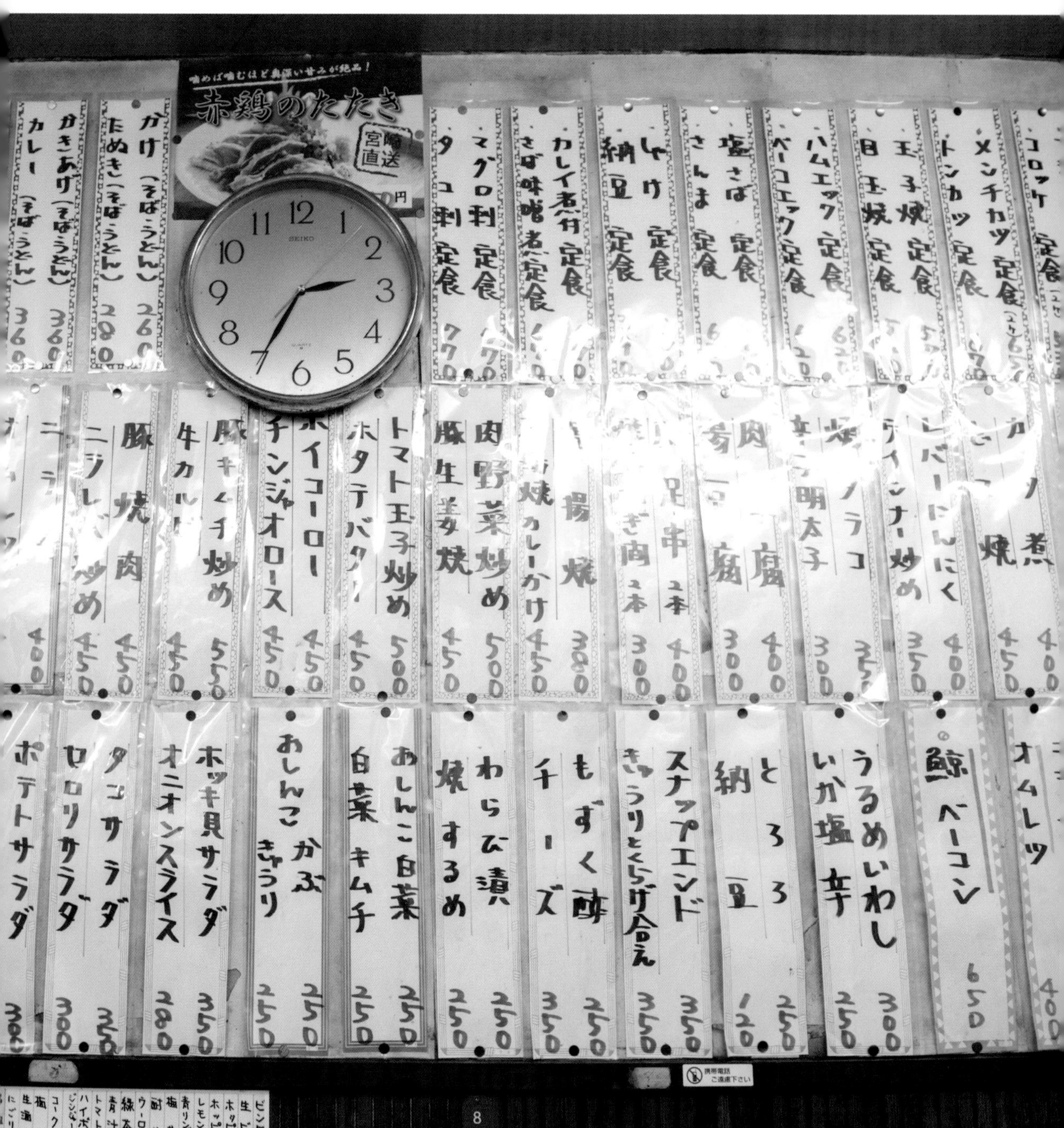

古き良き昭和の味

03

Showa Flavor

ブレない昭和な空間は客ファースト

信濃路 鶯谷店 ［東京・鶯谷］

昭和の時代から、居酒屋に存在し続けた飲み物や食べ物がある。甲類焼酎をさまざまなフレーバードリンクで割った酎ハイ、揚げ物、やっこ、焼き魚や焼きとりなどなど。数え上げたらきりがないが、「信濃路鶯谷店」には、それら全てがそろっている。大げさではなく、本当に「全て」があるのだ。

「食べ物のメニューが何種類あるか、正確にはわかりません。200ぐらいはあるんじゃないですかね。これでもかなり絞ったんですよ」と、前店長の松本秀昭さん。メニューの短冊が壁にびっしりと貼られている様は壮観。食事の楽しみは、メニュー選びから始まるが、ここでは、それがむしろ悩みになる可能性もある、というぐらい豊富だ。

「お薦めは、とよく聞かれるんですけど、これだけあると、私も選ぶのが難しいんですよ」

誤解を恐れずに言うなら、なんでもあるので、食べたいものを思い浮かべれば、それは多分ある。しかも、どれを食べても、まんべんなくうまいのが憎いところだ。

定番・珍品 豊富なメニュー

あまたあるつまみの中で、あえて

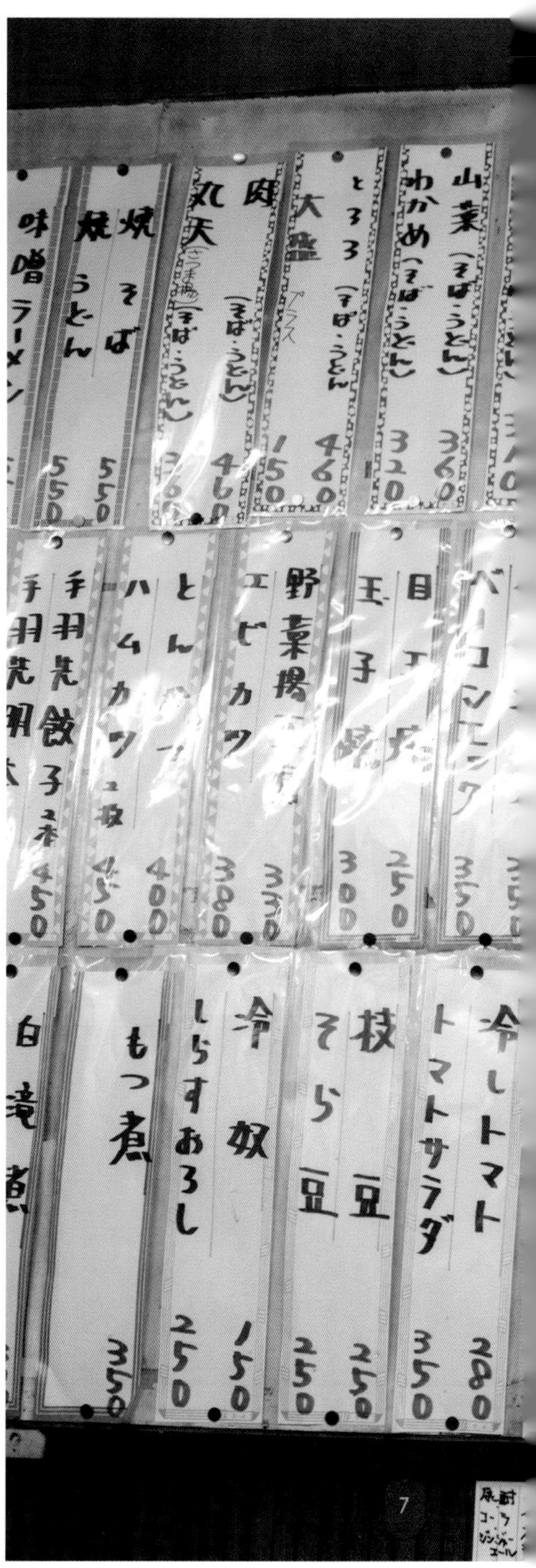

メニューは、全てを把握することができないほどの数がそろっている。それでも常連は、決まったものを食べる。それが飲兵衛の習性だ

店を仕切っていた前店長の松本さん。「従業員がよくやってくれるので店が回っているんですよ」と、「おかげさま」の心を知っている人物だ

入り口を入ると左右に分かれている。向かって左へ進むとカウンター席。右へ進むとテーブル席と奥には座敷席(掘りごたつ式)だ

お薦めを挙げるとすれば、珍しいという意味で、「厚揚げカレー」を推したい。

「うちの社長はカレー好きで、何にでもカレーをかけろというんですよ。そうは言っても、何でもかんでもというわけにはいきません。厚揚げにカレーをかけてみたら、思いのほかうまかったので、正式なメニューとして採用されたらしいんです。これは古くからある一品です」

カレーライスのライスの代わりが厚揚げ。こんがりと焼いてあって香ばしい。少し辛めのカレーとの相性の良さは、想像を超える。ビールとよく合い、リピーターも多い。

そして、懐かしさでついつい頼んでしまうのが、「赤ウインナー揚げ」だ。ある一定の年齢以上のご仁にとって、子供の頃には必ず食べたはずの赤ウインナー。これをからりと揚げると、素朴な味の中に香ばしさとジューシーさが加わる。ケチャップと和がらしで食べれば、いやがおうにも、酒が進んでしまう。

さらに、ぜひ試してほしいのが、マカロニサラダとポテトサラダ。ど

1

2

3

1赤ウインナー揚げ350円。ウインナーソーセージの原点は赤かったことを再確認。シンプルを絵に描いたよう。だが箸と酒が止まらない 2マカロニサラダ350円。飲む酒が日本酒でも、ビールや焼酎でも、横にあってほしいつまみのひとつ。ポテトサラダとダブルで頼むのもありだ 3厚揚げカレーかけ500円。香ばしく焼かれた厚揚げとカレーの絶妙な競演。ありそうでなかった一品は、間違いなくクセになる

JR鶯谷駅北口を出て右手を見ると見えてくる信濃路の入り口。メニューの多さといい癒やしの接客といい、懐の深い居酒屋と言えるだろう

ちらも居酒屋の定番中の定番だ。味も、極めてオーソドックス。安定のうまさで安心感を覚える。手作りならではの、素直な味に納得だ。

接客マニュアルはない

信濃路には、店員がたくさんいて、いつも忙しそうに動き回っているから、その活気に釣られているように酒が進んでしまう。ホールだけではない。手の空いている店員が、炒め物以外の揚げ物や盛り付け、酒を作るのも、全員が協力して店を盛り上げる。

「マニュアルはありませんが、オペレーションが確立されているからできることだと思います。チームワークはいいと思いますよ」

飲んでいてどこか安心感があるのは、そんなところが理由らしい。

「先輩が後輩を助けながら」が信濃路のオペレーションの基本である。つまり、いい悪いは別にしても、ありきたりの接客をされることはない。時に新人の対応に首をかしげることもあるかもしれないが、それをカバーする人間が必ずいる。マニュアルの接客にうんざりしている人でも、ここなら、ほっと癒やされたような気持ちになれる。同時に、信濃路で飲む場合には、客も店員のミスに寛容であったりと大人にならなくてはいけない。大げさに言えば、人間力を鍛えられる飲み屋であるとも言えるのだ。そんな接客や味を求めて、さまざまな人が来店する。ありとあらゆる「人種」が来店し、混雑時には特に、悲喜こもごもの人間ドラマが各テーブルで繰り広げられている。

「でも、そこに立ち入ることはほとんどしません。私たちの接客の基本は、変に深入りしないことです。名前とか何をしている人か、それはどうでもいいことです。ただ、いつでも便利に使ってくれたらそれでいい。あとは、私たちが一生懸命に、いい時間を提供するだけです」

昭和の飲み方ができる場所

昭和の居酒屋では、「男は黙って酒を飲む」的な人がたくさんいたし、それが美徳でもあった。もちろん友達同士でワイワイ飲んで食べるのも楽しいが、森の中に立つ一本の木のように酒を嗜（たしな）むのも悪くない。信濃路は、そんな飲み方が似合う場所でもあるような気がする。見かけも内容も、昭和をほうふつとさせるが、特に意識しているわけではないと店内を見渡しながら、松本さんは強調する。

「改装できるならしたいと思ってます。使い勝手を考えれば、手を入れるべき場所はあります。ただ、今風に変えるつもりはありませんね。やはりこの雰囲気が好きで来てくださるお客様がいらっしゃると思うし、昭和の居酒屋を続けますよ」

話を聞いていると、松本さんが、客のことを第一に考えているのがよくわかる。いかに客においしく楽しく快適に、過ごしてもらいたいかを目指している。つまり、筋が一本通っているのだ。そんな筋の通った居酒屋に集う客たちは、今宵（こよい）も昭和に酔っている。

DATA

東京都台東区根岸1-7-4
☎03-3875-7456
営業時間：午前7時～午後11時
定休日：無休
※全ての写真は取材当時のものを掲載

自身で作って食べたら、あまりのおいしさに「おったまげた」という野菜たっぷりの極上あんかけ焼きそば。納得の味だ

古き良き昭和の味

04

Showa Flavor

向島の置屋をイメージ!?
昭和の味と人情にほろ酔い

銀座ホール［東京・砂町銀座］

(右)元祖・純レバ(750円)。レバーを甘辛のタレで炒めてある。「アボカドとレタスを入れたのはうちが最初」と得意顔の主人。どこまでも独創的だ
(左)手際よく焼き上げられる巴焼き。酒にも合うが、日本食のデザートとしても、好きな人はたまらないだろう

「最初は継ぐつもりはありませんでした。でも、病に倒れた父親がボソッと言った『何とかやってもらえねーかな～』って言葉に心が動いちゃって」

東京・砂町銀座にある「銀座ホール」の主人・石黒利雄さんは、両親が営んでいた同店を継ぐことになった経緯を語った。

江東区にある「砂町銀座」は、30軒ほどの店しかない比較的小さな商店街だった。一帯は鉄工所などの職人が多く住む地域で各店はにぎわった。しかし、東京大空襲で焼け野原になる。その後、地元の人たちの頑張りで、「全長約700メートルほどの個性的な商店街」へと復活し発展した。日本一の繁華街だった銀座通りにあやかって1932（昭和7）年に命名された。「銀座ホール」という屋号は、「砂町銀座」の「銀座」をちゃっかりと拝借し、当時、両親が経営していた「ミルクホール」と組み合わせて生まれた（改名した）ものである。

店の片隅にも、懐かしい大きなマッチ箱、チンドン屋の写真も

父の意志継ぎ異業種から転身

「創業は昭和10年です。僕が店を継いだのは55年でした。商店が並ぶ地域にあって場所は良かったから、閉めてしまうのはもったいないなって気持ちもありました」

人に貸してしまおうとも考えたが、当時2階に住んでいたこともあって、自分で店をやることにした。元々売っていた巴焼き（大判焼き）と焼きそば、ラーメン、あんみつなどが喜ばれた。

「その頃、僕は畑違いの仕事をしていたけれど、料理も嫌いじゃありませんでしたからね」

ある意味「一からの船出」だった。

「先代はレシピを残しませんでした。巴焼きの皮も小豆の炊き方も、何から何まで自分で考えることになりました。だからあんこは、僕の味です。さっぱりめですね。あんこが苦手な人でも好きになってもらえるような味ですよ」

石黒さんが得意げに目を細める。

「お酒にも合う。肴にもなるのが自慢です」

「巴焼き」と呼んでいるが、場所によっては、大判焼きという呼び方もある。実際に、「大判焼きください」と言ってくる客も少なくない。

「僕は、お客様に対して否定は一切しません。『今川焼きください』って来たら、『はい今川焼き』って言って出します」

鷹揚な心の持ち主なのだ。こうして、実質的には石黒さんが始めた新しい店は砂町銀座になくてはならない店へと成長した。

甘味屋から「昭和の食堂」へ

「僕にとって、銀座ホールの名前は大きかった。だから父親が残した屋号を変える発想は一切ありませんでした。むしろ残すことが第一の目的だったと言ってもいい。名前は、親父が育てた大きな柱でしたからね」

2004（平成16）年に店を改装する。その頃は、巴焼き、焼きそば、ラーメン、あんみつを供する甘味屋だった。戦前からやっている老舗だけれども、常に革新が必要という考えもあり、カツ丼から、焼きそば、中華料理などメニューはやがて増えていく。店内にある備品も、「昭和の食堂」を思わせる。

例えば、タイルを多用した内観。

「吉行淳之介の小説『原色の街』の舞台、向島の『鳩の街通り商店街』にある置屋さんはこんな感じですよ」

壁の半分は、奇麗な腰高のタイル。センターテーブルの上もタイルに覆われている。店先の、巴焼きを焼く場所とテーブルの間にある「波うつ曇りガラス」などもノスタルジーを感じさせる。木製の椅子は、座面を張り替えて骨組みは変えていない。

「昭和の食堂のイメージを意識した内装です」

新しいことに挑戦し続ける

その後、メニューも含め新しいことへのチャレンジが始まる。客のコップに注ぐ水もピッチャーではなくヤカンだ。

「ただ単に、古いものにこだわりすぎてもダメ。革新も大切だと思ってます。老舗って言われる店ほど、新しいことに挑戦し続けてますよね」

そう言って優しい目を向けた。

「それもこれも、親父が作ってくれた土台があったからこそできたことです」

また、商店街の仲間たちの協力も忘れていない。調理場とホールを仕切る場所にかかる赤いのれんは、客が作って贈ってくれたもの。父親が病に伏して一旦は店を閉めていたが、みんなの応援のおかげで再開する（継ぐ）決心がついたという。そんな話をしていると石黒さんは、「ちょっとごめんね」と巴焼きを作るために席を立った。

「頻繁に焼かないとダメなんですよ。お客さんはやっぱり温かい方が好きだからね」

料理人の勘なのか、焼き終わるとすぐに客が来た。

「冷めたらレンジでチンしてね」

客は、そんなことわかっているというように「はいはい」と言って帰っていった。

昭和は希望に満ちた時代

石黒さんは推定70歳ぐらいだ。正確な年齢は、「国家機密」と笑う。いわゆるベビーブームの時代に生まれた。そんな石黒さんにとって昭和とはどんな時代だったのだろう。

「僕たちの時代は貧しかった。貧しいけど気持ちは豊かだったよね。なぜなら、希望があったからです。特に、昭和30～50年ぐらいまで、これからいい時代が来る期待感でいっぱいでした」

商店街の通りの人出はすさまじかった。わずか数メートルの道幅を横切るのが大変なくらいの客が押し寄せていたと回想する。

「活気や熱気が商店街中に満ちあふれていたよね」

以前は炭で焼いていた巴焼き

店を営むにあたっても、昭和は当然ながら今とは違った。

「昭和って、不便だけど料理人としても楽しかった。巴焼きは、炭で焼いていたので、火力が落ちるとうちわで仰いでまた起こして。小豆を炊くにしても、焦げたり日によって出来具合が微妙に変わります。それはそれで僕の味。かえって良かったんじゃないでしょうか」

人の手が入ることで味は微妙に変わる。基本的な技術に加えて、料理人の個性によってそれぞれの炊き方もある。

「その後ガスになった。かなり楽になったけど、火加減の調整は常に気

1

2

3

1 中央に備えられた長いテーブルの天板はタイルが貼られている。最近はあまり見ないタイプだ 2 石黒さん手書きの休業日の告知。右から2番目は、ちびまる子ちゃんのお姉ちゃん？　みんな申し訳なさそうな表情をしているのが面白い 3 明治通り側から砂町銀座商店街を入ると、すぐ左側。時間が昭和に戻ったような外観が印象的だ

自然光と裸電球が合わさって、独特な輝きを放つ店内

を使います。そして今度は電気の時代が来て、うちも一度入れたことあるけど、あれはダメだね。均一に焼けるけど、火加減を調節しながら焼くガスの方が不思議とおいしくなりますよ」

だから、これ以上は変えないつもりだと、石黒さんは力強く言った。

石黒さんの話を聞いていると、昭和の発想がひっきりなしに出てくる。古臭いが真実であることは確か。

「料理人で一番ダメなのは道具を大切にしないやつ。鍋や包丁は当然だけど、お客さんが座る椅子も、僕は大切にしています。新しいものが5000円ぐらいで買えるのに、座面を張り替えると、7000円ぐらい取られちゃう。でも、やっぱりこの椅子にこだわりたい。ケチとモノを大事にするのは違う。それを今一緒にしちゃっている。そんなの捨てちゃえばいいじゃんって、そういうもんじゃないと思うんです」

昭和の味を堪能できる店、それが銀座ホールだ。料理の特徴は甘辛味である。ご飯にかけても日本酒やビールにも合う。昭和にどこの家庭でも食べられた日本独自の味である。

「一応後継者はいるけど、彼らに任せるときには、僕は抜けなくてはならない。そしたら今の味を出せるかが心配なんです。ただ、『銀座ホール』の名前だけは残したいね」

食事もできて、大判焼きも食べられる。こういうタイプの店は、特に大きな街では少なくなった。いつまでも残したい味と下町の人情に触れ、店を後にした。

店先の小窓越しに、人気の「巴焼き」を手に「はい、お待ち！」と店主の石黒さん。1個150円

DATA

東京都江東区北砂3-33-20
☎03-3644-6354
営業時間：午前10時半～午後6時半（L.O.）
定休日：水、第1・3木

古き良き昭和の味

05

Showa Flavor

舌と心が癒される 昭和薫る故郷みたいな甘味処

お世辞にもきれいとは言えない外観。特に、「かどや」と大きく書かれた入り口上部は、所々塗装がはがれたままになっている。ただ、店名を染め抜いたのれんや今川焼きの幟(のぼり)は清潔そのもの。そのアンバランスがかえって目をひく。ついでに言うと、店主・中田実さんの着ている白衣は洗濯したてだし、店内の古いテーブルや椅子も磨き上げられていて清潔そのものである。

古い外観が客を引き寄せる

この外観はある意味、店のレゾンデートル(存在意義)だ。中田さんは言う。

「店が昔のままだから、お年寄りも来店しやすいと思います。西新井大師にお参りした後には、うちへ寄ろうって思ってくれてる人もいるようで、実際に来てみると昔のまま。だから、すんなり入ってくれるんじゃないかな」

さらに、客が口をそろえて言うせりふがあると、少し弱った表情で中田さんが続ける。

「直したら入りづらくなるって、みんなに言われちゃうんです。そんな

1ラーメン500円。油はほとんど使わない。スープに浮いているのは、肉から出てくる少量の油のみ。鮮烈な味だ　2焼きそば400円。具はキャベツのみだが、食べた満足感は保証付き。国産青のりを使うあたりも泣かせる　3今川焼き120円。熱々もうまいが、持ち帰る人もわりと多い。空腹時にあると助かるおやつだ

店を直す気はないと中田さん（左）は言う。「古いものがどんどんなくなっている今、こんな店があってもいいんじゃないですか？」

ことを言いながら寄ってくれて、今川焼き1個でお茶を2杯も3杯も飲んで長居する人もいますよ」

料理には一切手抜きなし

創業60年の「甘味 かどや」のすごさは、そんな外観とは裏腹に、供される食べ物が、ずばぬけてうまいところだ。全てが純粋かつ本物、洗練といってもいい。極上の味に出合えてしまう店なのである。

まずは、今川焼き。メニューの中心は甘いもので、あんみつやみつまめなども多くの人が注文する人気商品だが、今川焼きは特に秀逸だ。メインで焼く娘さんの有香さんが元気よくハキハキと話しだした。

「皮は、吟味した国産の小麦粉と水あめ、卵などで作ります。白身が多めの卵を使うことで、ふわっと仕上げています」

あんこも当然のように自家製だ。

「北海道の小豆を上白糖で甘味をつけて炊いていきます。上白糖だから、甘味がさらっとしてますよ」

今川焼きの皮が焼ける甘い香りが店内に漂う。焼きたてを一口。思わず目が丸くなる。ふた口目には目が

三日月に。気がつくと、あっという間に食べ終わってしまっている。しっかりと甘さは感じるが、口の中にいつまでも残らない。甘さがサラサラとほどけていく感じなのだ。

「胃もたれをしない今川焼きです。2~3個はペロリという人もいらっしゃいますよ」と有香さん。実際、筆者は取材時に、いっぺんに二ついただいてしまった。

ラーメンの味は何十年も不変

甘味処なので、食事的なメニューは多くない。うどんとラーメンと焼きそば程度だが、そのラーメンと焼きそばがまた、驚きの味なのである。麺は自家製麺を使用する。うまい自家製麺は年季の入った機械で作られていた。

「60年前から使っていた製麺機があったのですが、5年ぐらい前に壊れちゃって、新しいのに取り替えました。普通はせいぜい30年ぐらいで壊れてしまうものらしいのですが、先代が機械いじりが好きな人で、直しながら使っていたので長持ちしたようです。新しい機械を入れに来た業者が、『こんな古い機械は初めて見ました』って驚いてましたよ」

出汁の取り方も、今となってはシンプルかつ独特だ。

「チャーシュー用の国産の豚肉を煮るだけです。野菜などは入れません」

これにも理由がある。

「うちは夏、かき氷を出すんですが、暑いところで食べてほしいので冷房をつけません。窓を全開にすると風通しもいいので、それほど暑くはならないんです。そうは言っても夏なので、野菜などを使って出汁を取ると、傷みが早い。だから使うのは豚肉だけ。タレもしょうゆと塩、そしてほんの少し上白糖を入れてコクを出すんです」

メンマも乾燥したものを数日かけて戻したものがのる。昔ながらの作り方だから、昔ながらの味だと言うが、そんな言葉だけでは済まされないおいしさだ。香りは、確かに昔を思い出させるラーメンのそれだが、あっさりとも少し違う。味がどこまでも澄み切っている。麺もきちんと小麦の味が残り、歯ごたえも良く、喉ごしも爽やかだ。最近は塩分を控えている人も世の中には少なからずいて、ラーメンのスープは残せなど

1「40年以上使っている椅子やテーブルは、今はほとんど売ってないと思います。でも、まだまだきれいでしょう？」と中田さん　2厨房にたたずむ女将・智恵子さん。「あんこ屋の娘だけど、あんこがあまり好きじゃないんです。でもうちのあんこはおいしいと思いますよ」　3お釣りを出す機械はいまだ現役。実際に使ってみると本当に便利だ　4「この近辺に、うちを含めて「かどや」が3軒か4軒あった。よそと区別するために『甘味』をつけたんだ」と店主の中田さん

と言われるが、このスープだけは例外。たとえ医者にきつく言われてもまず無理。一滴たりとも残せない。

「味は何十年と変わってません。何十年か前にうちでラーメンを食べたというお客さんがいらっしゃって、味が変わってない、懐かしいと言って、ラーメン食べながら泣いていました。店を続けてきてよかったって思いましたね」と女将(おかみ)の智恵子さんがうれしそうに笑った。

焼きそばは上品な味

焼きそばも、思わず前のめりになる味だ。いわゆるソース焼きそばだが、ソースが普通に食べるソース焼きそばのとはまるっきり別物だ。最も当てはまるのは、上品という言葉だと思う。具がキャベツだけというのにも納得。それ以外、入れてほしい具が見当たらないのだ。

「麺は、ラーメンとは違う粉を使って打ちます。そして焼く前に蒸すんです」と中田さんが説明する。ラーメンとは違ううまみとモチモチとした食感は、そのひと手間のおかげである。何を食べても感心させられる。思わず、なんでこんなにおいしいのかと聞いてみた。中田さんがこともなげに言う。

「初代からの味を守っているだけなんですよ」

昭和にあったような原点の店

この素晴らしい店を残していける原動力はどこにあるのか。

「子供の頃に来たとか、何十年ぶりに来て感動したと言ってくださるお客様がいるからですかね。そんなお客様にとって、故郷のような存在になれたらいいなと思っているんです」

確かに、昭和にあった店の原点のような場所。まさに、心の故郷がかどやなのである。

DATA

足立区西新井1-7-12
☎03-3890-2360
営業時間：午前11時から午後4時半
定休日：不定休（水曜休みが多い）

4

3

シンプルなエントランスにシンプルな店名ロゴ。しかし、料理の中身は濃厚そのものだ

古き良き昭和の味

06

Showa Flavor

江戸時代前期創業
変わらぬ味がうれしい日本の洋食店

カレーの店 タカサゴ［東京・竹橋］

(上)あらゆる場所でカレーを食べた人にとっても、ここのカレーは初めての味になる。オーソドックスだが個性が光る味だ。カレーがポットに別盛りなのもシビれる　(下)ヒラメのフライ。タルタルソースは一度味わったら忘れられない。定食のおかずには、必ずつくスパゲティも一切手抜きなしだ

この世でそう多くは存在しない、真実の一つが、老舗の洋食屋「カレーの店　タカサゴ」(以下タカサゴ)にはある。

「本質は細部に宿る」というそれだ。あきれるほど細部にこだわり、老舗らしく、一ミリたりとも手を抜かずに料理を作っている。まさにプロの味を堪能できる店なのだ。

全て自家製があたりまえ

例えば、名物ヒラメのフライ。サクッとした衣を噛み切るや否や、白身の淡白だが深いうまみが口の中に充満する。白身魚のフライは基本うまいが、ヒラメとくるところがなんとも老舗らしい。思えば昭和にあった洋食屋の魚フライはヒラメが定番だった。

問題は、添えてあるタルタルソースだ。まともな洋食屋なら、自家製を使うのは当然で、もちろんタカサゴも同じ。他と違うのは、入れるピクルスまでが自家製なのだ。その効果は、素人の我々には、はっきりとはわからないが、確実に個性的なうまさをひきだしていることだけはよくわかる。

「ソースで食べてもおいしいですよ」と、店主で12代目の熊谷浩晃さんが自信ありげな表情で、テーブルに備えてある調味料を指さした。

「このソースは店で作っているわけではありませんが、一般には出てない、業務用のものです。トロッとしたソースで、少し甘めだと思います」

ウスターソースともとんかつソースとも違う、なんとも揚げ物によく合うソースなのだ。

他のメニューも同様にきめ細やかな配慮が行き届いている。カレーは、小麦粉を炒めるところから始まる、昔ながらの洋食屋の手法を用いて、基本のカレーソースを作る。それを寝かせ、ビーフカレーには牛肉を、ポークカレーには豚肉をさらに入れて煮込んで仕上げる。だから、カレーによってルーの味が、絶妙に違うのである。

歴史を重ねた洋食屋の芳香

もともとタカサゴは、別名で、1650（慶安3）年に創業した。江戸時代前期だ。基本的にはずっと、「ご飯屋」だったと、熊谷さんが言う。タカサゴという屋号になった年代は、はっきりはわからない。ただ、熊谷さんの父親が店を継いだ頃からなのだけは確からしい。

「最初はカレー屋でした。専門店だったんです。カレーだけでは商売にならないと思い品数を増やし、数年後には、ほぼ今と同じメニューになりました」

「洋食屋タカサゴ」の始まりだ。

「ほとんどメニューは変化してません。私が入った時に、ポークピカタなど少しだけ増やしましたけど」

供する料理を変えないのは、ラインアップと味に自信があるから、変える必要がないのだ。

「近所にある商社のお客様も来てくださいますが、彼らは海外赴任も多い。日本に戻って来店くださって、味が変わってないって喜んでくれるのがうれしいんです」

タカサゴで食事をすると、日本の洋食の味とはなんだろう?と改めて考えさせられる。フランス料理に代表される西洋料理とも違う。ましてや、中華やアメリカの料理でもない。

西洋料理を日本風に解釈

「洋食は、日本人の口に合わせた料理です。海外の料理を和食化したものなんです」

熊谷さんは明確に定義した。それは、日本が明治以来繰り返し行ってきた、海外のモノを日本独自の解釈で再構築する作業と一致する。言い換えれば、日本のお家芸だ。

斎藤壽一、萩太郎らに師事した田中陽子氏の版画作品が飾られている。小作だが、思わずほほえましい気持ちになる

なぜ黒電話なのかとの問いに熊谷さんは「必要ないからです」と素っ気ない。「若い人に、これなんですか？って聞かれます。逆にプレミアつくんじゃないかって思ってるぐらいです」

東京のど真ん中にある店だが、ショーウインドーは天然記念物のようなもの。サンプルもほぼ昔のままだという

「だから、洋食屋のカレーは、インドカレーとは違う『洋食屋のカレー』でしかないんです。それ以上でも以下でもありません」

自然体で作る料理が信条

熊谷さんは、洋食が好きだと言う。昔から食べ慣れた好きな味を、再現して作っているだけだとも言う。

「別に、古いものを残そうとか、店の伝統を守ろうとか、あまり意識はないんです。息をするように料理を作っている感じです」

そんなタカサゴの料理が教えてくれるのは、最も大切なのは、味の説得力ではないかということだ。

「うちの料理には隠し味にしょうゆを使います。なぜならば、日本人の舌には一番合うと思うからです」

生姜（しょうが）焼き以外はしょうゆの味を感じないが、食べると納得させられるのは、そのせいらしい。

「当店のカレーは、欧風をうたっており、生クリームを入れています」

そう言われてカレーを食べると、ほんのりとクリーム系の味が奥に潜んでいて、欧風という言葉にうなずかざるを得ない。

タカサゴが供する全ての料理の味は、かつて我々日本人が好んで食べていた、昭和の洋食そのものの味なのである。

「自分たちが食べたくないものは出したくない。昔ながらの作り方で手間暇を惜しまずに料理を作る。出す前には必ず味を見ないと怖いです」と職人気質丸出しの熊谷さん

DATA

東京都千代田区一ツ橋1-1-1
パレスサイドビル B1F
☎03-3214-2520
営業時間：午前11時15分～午後2時半、午後4時～7時半
定休日：土、日、祝

歴史を感じざるを得ない外観で客を迎える店は、巣鴨の駅から数分の路地にたたずむ。手作りののれんが目印だ

古き良き昭和の味

07

Showa Flavor

愛情たっぷり！昭和の洋食に舌鼓 驚きの価格設定も

フクノヤ［東京・巣鴨］

巣鴨は平成初期までちょっとした歓楽街だった。洋食屋「フクノヤ」主人・小黒准司さんが、当時の様子を伝える。

「以前は、うちの店がある一帯は、一般の人が歩く場所ではありませんでした。風俗店が集まっていて、数十軒はありましたね」

歓楽街出陣前に腹ごしらえ

歓楽街・巣鴨を目指して、全国から人が集まってきた。入店するのに数時間待ちはザラ。大人の遊びを求める多くの男が、この街に集結していたのである。彼らの腹を満たすのが、フクノヤの役割だった。加えて、風俗店の従業員の食事の提供場所でもあった。

「店の社長さんたちから、『とにかく腹いっぱい食べさせてやってくれ』って言われてね。『代金はコッチで全部持つから』って」

金を渡すと、全てギャンブルに使ってしまう従業員を、社長が気遣ってのことだった。商売は風俗でも、きちんとした人間関係が確かに存在していた時代だったことがうかがえるエピソードだ。

好きなものをいくらでも頼めたので、注文の仕方は豪快だった。

「ステーキにエビフライとチキンカツを付けて――。なんていう具合で、以前は価格設定も今よりも高かったので、数人で来て1万円前後なんてしょっちゅうでしたよ」

スタートはミルクホール

当時は、小黒さんの母親・美代子さんが女将（おかみ）として店を切り盛りをしていた。出前と店の客の注文を手際よくさばく、働き者の女将だった。彼女が店を始めたのは1964（昭和39）年。なぜ洋食屋だったのかは定かではない。

「最初はミルクホール（牛乳や軽食を提供する簡易な飲食店）のような店でしたが、街の状況を見て、食べ物を出したほうが良いだろうという判断だったようです。近所には、ラーメン屋やとんかつ屋、すし屋などがあったので、かぶらないように洋食屋になったんだと思います。当時としては、ハイカラな新しいところを狙ったのかもしれません」

西洋料理店は、江戸末期に長崎で開店したのが始まりと言われているが、長い間、フランス料理をベースにした高級店ばかりだった。いわゆる「日本の洋食屋」が本格的に町場に出てきたのは戦後になってからだ。そんな流れの中で生まれたのがフクノヤだったのである。

小黒さんは、当時を振り返る。

「僕らの子供の頃は、ほとんどの親が忙しかったと思うんです。子供はあまり相手にしてもらえず、どちらかといえばほったらかしでした。それが高度経済成長期という時代だと思うんです」

学校から帰るとおやつが洋食

ただし、忙しい稼業ならではの楽しさもはっきりと記憶していた。

「学校から帰ると、『母ちゃん、メシ！オムライスでいいや』なんて言ってね。腹を満たすと近所の駄菓子屋へ行ったりして、遊びには事欠きませんでした。銭湯にもよく行きましたよ」

そんな小黒少年は、いつかはこの店を継ぐのだろうと、淡い予感があったという。若い頃したアルバイトも、コーヒー屋やパブ、居酒屋などの飲食店が多かった。スキーに熱を入れていた小黒さんは、趣味と実益を兼ねようと、スキー場のロッジなどで働いたが、朝から晩までキッチンに入って料理を作らされた。スキーができると思っていたが、忙しさで疲れ果て、結局は料理ばかりしていたと、小黒さんは笑う。

「ただ、飲食業は身近に感じていたし、料理を作ったりお客さんと話したりするのはもともと好きだったので苦ではありませんでした」

繰り出す料理は「昭和の洋食」

そんな小黒さんが繰り出す料理は、「昭和の洋食」そのものだ。最も人気のあるメニューのひとつがカレー

（上）フクノヤのトレードマーク。主人にかなり似ているように見える？（下）年季の入った鏡の縁取りは、かつてどこかで見たことがあるような懐かしさ。映るのは、店に積もった歴史だ

「安くておいしい洋食を工夫しています」と、チェックのハンチングがよく似合う店主・小黒さん

肉がみっちり詰まった小ぶりのハンバーグにエビフライ、ヒレカツがセットになったA定食は750円。付け合わせのナポリタンもありがたい

DATA

東京都豊島区巣鴨2-9-4
☎03-3917-0993
営業時間：
午前11時～午後1時45分（月～土）、
午後5時半～7時半（月～金）
定休日：日

（右）メニューの中に、サバ塩焼き定食があるのも、なんだかうれしい。洋食好きでも、時には焼き魚も食べたくなるのだから　（左）おかずは、単品でも頼める。その値段に頭が下がる思いだ

である。牛肉を主体に玉ねぎやニンニク生姜などを3日間煮込む。

「肉が粉々になるまで煮込むと、それが味になります。試行錯誤の末、行き着いた（現時点の）結果です。時間と手間をきちんとかければうまいものができるんです」

味が悪ければ店の将来はないとの危機感も常にある。だからカレーにも、もう一工夫を加える。ターメリックを入れたガーリックライスとルーを熱した鉄板で供するのもそのひとつだ。熱々の一品は、他では味わえないテイストに仕上がっている。

「このカレーを食べに遠方からわざわざ足を運んでくださるお客さんもいらっしゃいますよ」と小黒さんは得意気な表情を見せた。

定食はおかずのうまさもさることながら、ピカピカ光る米の飯は、香りも素晴らしい。ニンジン、大根など根菜類や玉ねぎ、白菜など具だくさんのみそ汁にも、深い真心を感じる。フクノヤのもうひとつの特徴は、全体的に安価であるということ。500円またはそれ以下という驚きの価格設定も多い。

「僕は、この商売を、もうけるためとは考えていません。生活できればいいと。コロナ禍で皆さんが大変な時に、愛情のない料理は出したくない。食べた人がホッとする料理を提供したいと思うんです。それが今の自分のやりがいでもあります」

常に上を目指すのが楽しい

料理人として工夫も怠らない。カツに使う豚肉や鶏肉は、塩こうじとヨーグルトに数日漬け込んで軟らかくする。サックリと揚げられたカツは、舌の上でとろけるようにほぐれていく。いかにリーズナブルにおいしく食べてもらえるかは、料理人としてのチャレンジだ、と小黒さん。

「もっとおいしくするにはどうすればいいかを常に考えています。生きている以上、先にはもっと良いものがあると思っていたい。そうでなければ仕事も楽しくないですよね」

昔ながらの洋食屋の味には「腑（ふ）に落ちる感」がある。奇をてらわず、子供の頃から食べ慣れたほっとする味だ。フクノヤにはそれがしっかりと息づいている。

「他ではあまりお目にかかれないカレーを」と考えて生まれたやみつきになる鉄板にのせたカレー。カツをトッピングする客も多い

Column

古今東西老若男女に愛される洋食屋は永久に不滅

子供の頃、どんなものにワクワクしただろう。食べ物に関しては洋食に勝るものはない。すしやうなぎに心弾ませる子供はあまりいないのではないだろうか。

デパートの最上階にあったレストランの定番メニューであるお子様ランチがそれを証明している。小さなプレートにのる料理の数々は、全て洋食だった。

老舗の洋食屋が新規の店と大きく違うのは店に染み付いた匂いだ。鉄製のフライパンにも、ケチャップが焼ける匂いが染み込んでいる。肉を焼いた肉汁や野菜のうま味をフライパンがたっぷりと吸い込んでいて、そこから繰り出される料理がまとっているのが、まさに「洋食の匂い」なのだ。

洋食屋には、絶対に外せない料理がいくつかある。まず第一に挙げたいのはカレーだ。今となっては国民食とも言えるカレーは、原点をたどればインドであって洋食(西洋)ではない。しかし日本におけるカレーは洋食屋で出されるカレーライスだ。器からして洋食屋然としている。独特な形の銀のソースポットにカレーが別盛りになっているのが正道である。マナーでは、一口ずつかけながら、というらしいが、最初に全部ドバッとかけちゃっても、食べる人の好みで問題なしだ。

カレーライスは、まさに子供の心を否が応でも奮い立たせた。かつては路地裏を歩けば、どこからかカレーの匂いがしてきた。それだけで、歩調は軽やかになった。ましてや自分の家からだとわかった時には、間違いなく早歩きになった。キャンプでは、みんなで力を合わせてカレーを作った。そういう意味では、最初に手がけた料理がカレーというご仁も少なくないはずだ。

次にくるのは、オムライス。これは洋食屋でしか食べられない一品だ。当然のことながら、フワフワトロトロの半熟卵はかかっていない。きっちりと焼いた薄焼き卵でケチャップ味のチキンライスが巻いてあるものが正しい。現在では、ホワイトソースやデミグラスソースなどをかける店も少なくないが、やはりケチャップライスに薄焼き卵、その上にさらにまたケチャップが王道だ。

もう一つ、絶対に外せないのがハンバーグである。ハンバーグの最重要ポイントは、店が精魂を込めるデミグラスソースだ。店の個性であり命である。特徴的なのは、苦みのあるタイプ。ありふれた言葉で言えば、大人の味とでも言おうか。肉汁の味を前面に出したグレービーなタイプもあれば、甘さを強調したものまでさまざまだ。それぞれ、店主の味に対する考え方で変わる。この「店主の味に対する考え方で変わる」ところがその店の価値であり、料理を味わう楽しさでもある。横浜の丘の上にある老舗の洋食屋「山手ROCHE」は甘めだ。料理長の説明には説得力があった。「牛肉には甘めのソースの方が合うと僕は考えています。焼肉にしても、日本料理のすき焼きにしても、甘いタレで食べるでしょう？　あれにはやはり意味があるんですよ」

さらに、老舗洋食店には、絶対的共通点がある。野菜の皮むきから肉の処理、ソース、サラダのドレッシング一つをとっても、1ミリも手を抜かない。間違っても、既製品は使わない。理由は明快で、彼らが表現者でありアーティストだからだ。自分の信じる「味」を客に提供し喜んでもらいたい、感動を与えたいという強い思いがあるからだ。

その「気概」がある限り、洋食屋はこれからも生き続け、子供だけでなく、大人の心を躍せる。血の通った料理は誰がなんと言おうとうまいのだ。

chapter 5

Retro Architecture

レトロ建築にクギづけ

歴史的建造物や著名な建築家が手がけた作品をはじめ、ホテルや百貨店など現存する昭和の名建築も少なくない。

そんな令和の街角にたたずむ遺構を紹介する。レトロ建築の魅力を再発見しよう!

1

レトロ建築にクギづけ

01

Retro Architecture

旧皇族の「アール・デコ」宮殿 次世代に価値継承

東京都庭園美術館本館（旧朝香宮邸）［東京・白金台］

4

どちらかと言えば、簡素に見える建物の正面玄関を入ると、目に飛び込んでくるのは、ガラス製の華やかなレリーフ扉。光が当たると、反射して奇麗だ。

「入った瞬間にきらびやかな印象を受けます。『旧朝香宮邸』を彩る重要なポイントです」

東京都庭園美術館の広報で学芸員の斉藤音夢さんは自信に満ちあふれた表情で言った。

流失した扉が運命的に戻る

扉はフランスで注目されていたガラス工芸家で建築用の造作までを手掛けていたルネ・ラリックの作で、この邸宅のために作られた一点物のオリジナルである。現在は開かないようになっているが、それには理由があった。斉藤さんが、笑顔でエピ

1うっすらと雪化粧した旧朝香宮邸の前庭も、どことなく格式高く見える　2姫宮寝室前に下がる星型のステンドグラスに目を奪われる　3第一階段。当時は皇族のみが使用できた。壁面は、最高級の大理石が使われている　4ウォールナット材で囲われた重厚感ある大広間。天井の40個ある照明は圧巻だ　5ドアの取っ手などは、昔のまま。「私たちも触って動かしているので壊れないように注意しています」と斉藤さん　6第一階段の窓にかかる、上品なレースのカーテン。トリムの部分まで優雅だ

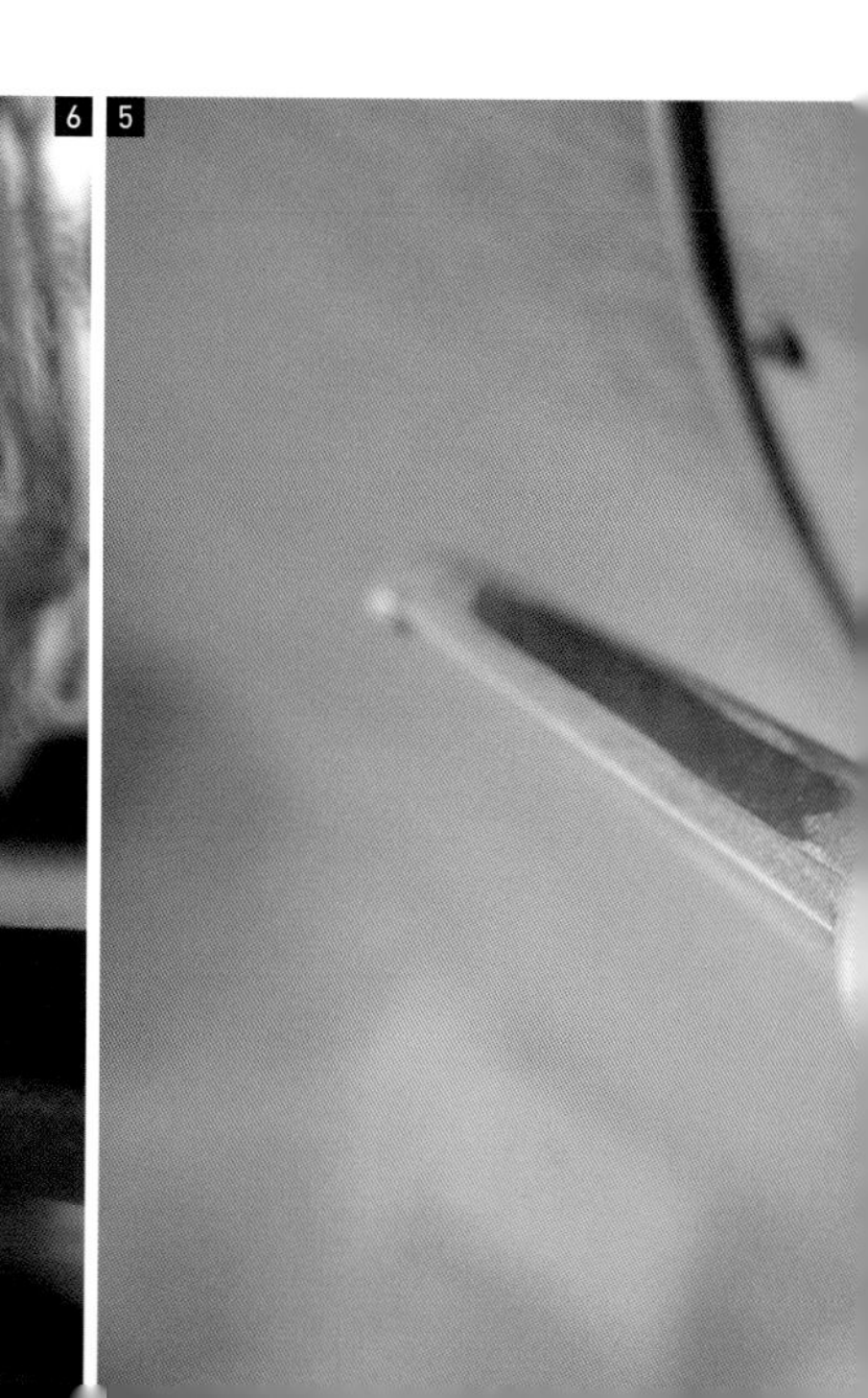

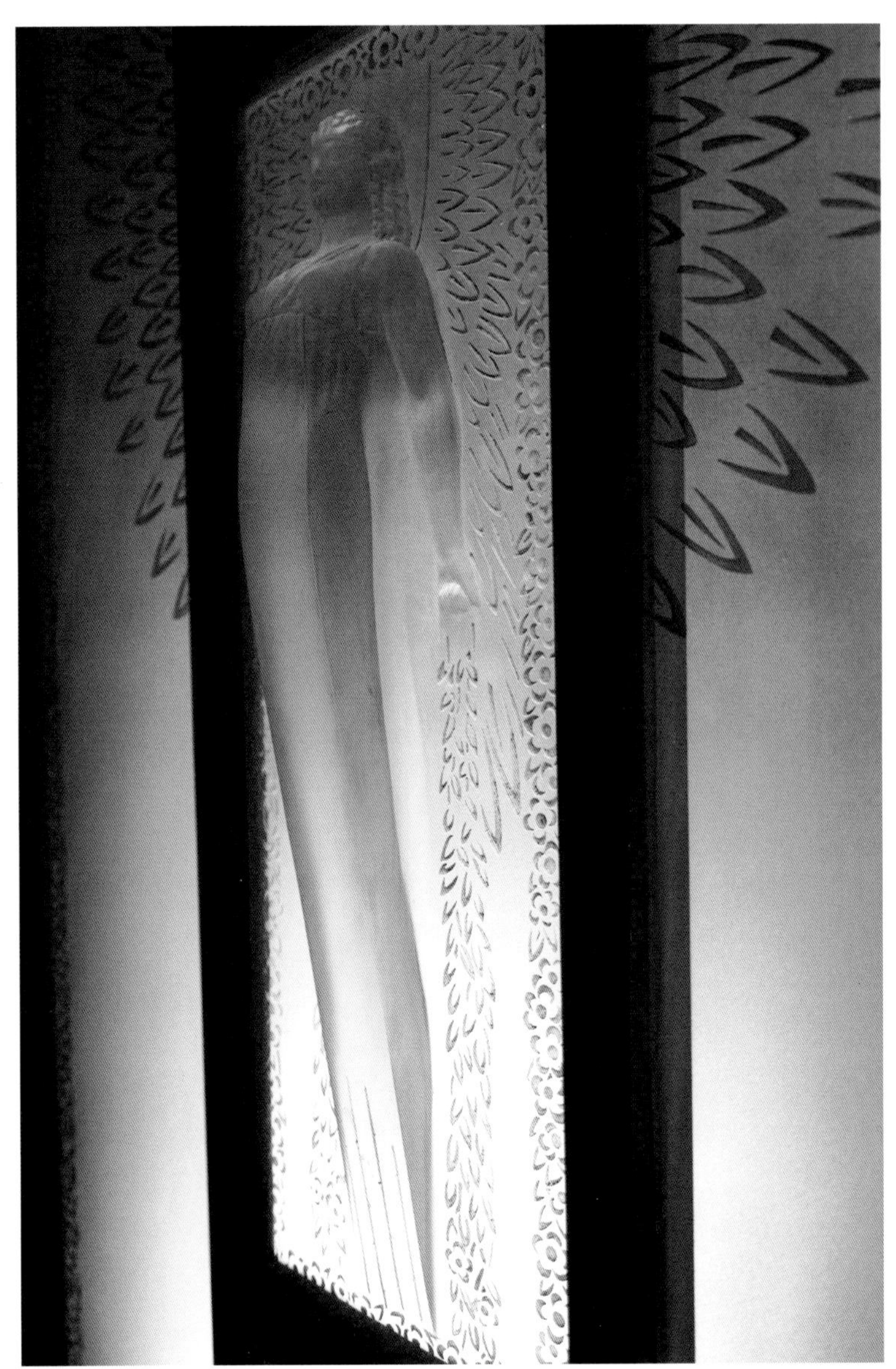

型押しガラス製法で制作されたレリーフ

ソードを披露する。

「ある時、朝香宮のご家族が帰宅した際に、強く扉を閉めて亀裂が入ってしまったんです。幸い美術館となってから、予備のレリーフと交換し、現在、亀裂は右側1カ所となっています」

しかし、当時それを知ったあるじの鳩彦王が激怒。日常生活では扉を開けられないようにしてしまったのだという。皇族といえども人間くさいところがあったのだ。

そもそも予備のための扉がフランスから送られてきていたが、いつの間にか行方が分からなくなっていた。最終的に、北海道拓殖銀行が持っていることがわかり、同銀行が経営破綻する直前に扉を処分した時に買い戻した。紛失したのも、戻ってきたのも、何か運命的なものを感じる。

日本思想のアール・デコ様式

旧朝香宮邸が建てられたのは、1933(昭和8)年のことである。陸軍中佐だった鳩彦王が、22(大正11)年からフランスに滞在することになった。しかし、現地で交通事故に遭い足に大けがをしてしまう。妃である允子内親王が看病のために渡仏し、朝香宮ご夫妻はフランスに長期滞在することになる。そこで25(同14)年にアール・デコ博覧会を見学し、心を惹かれた夫妻が熱望して、自分の邸宅に取り入れたのが旧朝香宮邸の原点である。アール・デコは1920~30年代にかけて欧米を中心に大流行した装飾様式で、直線や幾何学をモチーフとした表現が特徴だ。邸宅のデザインを手掛けたのは、アール・デコ様式を猛烈に勉強した建築のエリート集団である宮内省内匠寮の面々と、フランス人作家たちだった。だから、純粋なアール・デコ様式を取り入れながら、日本の思想も注入された様式が見られる。

朝香宮夫妻がフランスに滞在されていた時に繋がりを持った作家たちに声をかけたらしい。内親王は特に熱心で、やりとりした書簡が証拠として残っている。したがって、邸内の作りは、ほぼ本場のアール・デコ様式が取り入れられ、インテリアも同様式のものが飾られている。

内親王は、フランスで見聞きした最先端の技法を自分の邸宅で使いたいと願った。日本でも、正統派のアール・デコ様式が忠実に再現された建物は、かなり少ないと言っていいだろう。それが残っていることに大きな意味があるのだ。

「東京都内に他にもあるかもしれませんが、一部に取り入れられていたものも多いと思います。この建物はほぼ全体がアール・デコ調で統一さ

1細かい天然石が敷き詰められた床も格調高い 2第一階段を上ったところにある柱型の照明。こちらもやはりアール・デコ様式だ 3大理石で作られた洗面所。お湯も出るようになっている

れています」

過去には迎賓館として使用

当初は朝香宮ご一家が住んでいたが、皇籍離脱の後は、巡り巡って50（昭和25）年に西武鉄道が所有することになる。それからは、74（同49）年に赤坂迎賓館が完成するまで、国の迎賓館として使用された。

「その後もさまざまな変遷を経て、日本の中でも重要な建造物だということを認識しているので、誰もが見られる美術館として活用しようということになりました。なにしろフランスのアール・デコ様式を直輸入した邸宅ですからね。81（同56）年に東京都に売却され、晴れて83（同58）年に、東京都庭園美術館として開館しました」

2階は、内匠寮によって1階に負けないように懸命に造られた。1階は来客用で、2階はプライベート・スペースに分かれている。2階はより落ち着いた雰囲気をもつが、それでも細部にこだわりが散りばめられている。デザインは時代を象徴する。逆に言えば、時代がデザインによって我々に語りかけてくるものは少なくない。邸内のシャンデリアも花がモチーフになっているが、アール・デコ様式らしいのは、縁取られたギザギザ模様だ。

「このギザギザは歯車で、近代工業の象徴と言えるでしょう」

建築様式の転換期を経て

建築史の流れの中で、アール・ヌーボー様式（19世紀末から20世紀初頭にヨーロッパを中心に花や植物などをモチーフとした曲線的な装飾）

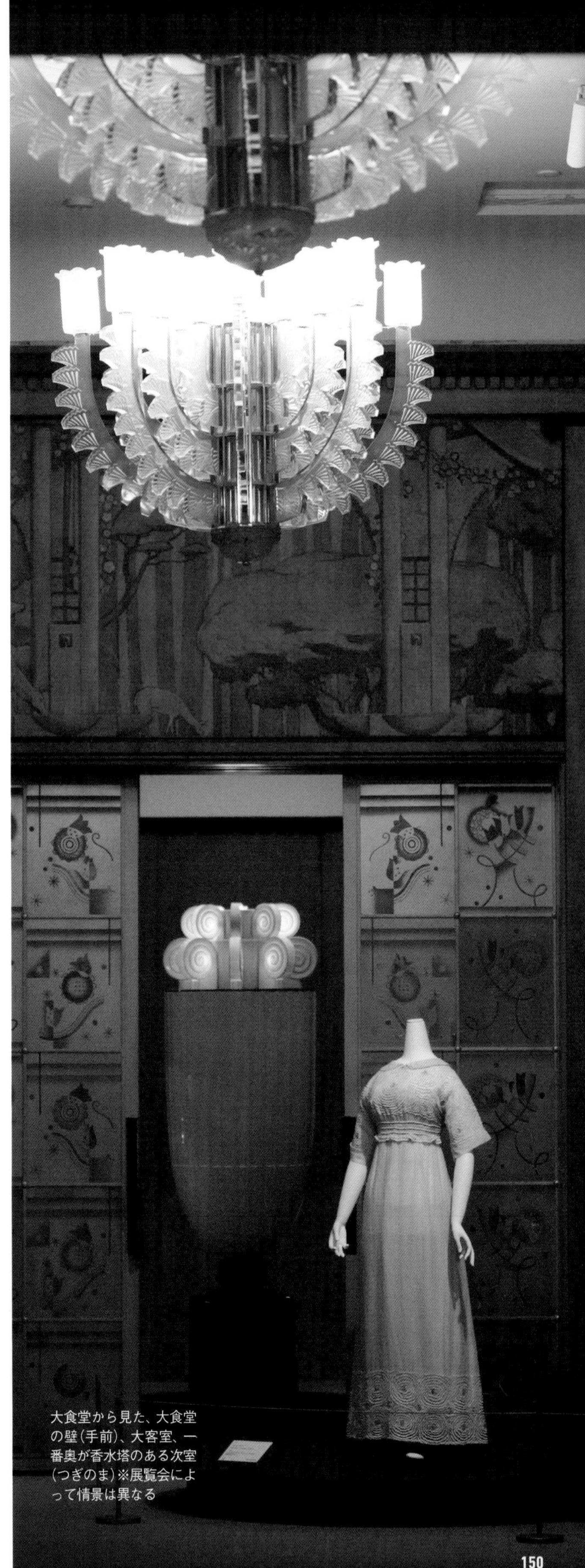

大食堂から見た、大食堂の壁（手前）、大客室、一番奥が香水塔のある次室（つぎのま）※展覧会によって情景は異なる

に、続いて登場するアール・デコ様式は、近代の世相と共に、変化を遂げてきた一大ムーブメントだった。そんなことに思いを巡らされる建造物の一つが旧朝香宮邸なのである。「ヌーボーからデコ」に変わっていく時代を巧みに捉えている。

「アール・デコ様式にはあらゆる要素が含まれています。ここには古典主義的なファクターがあって、古代ギリシアの建築様式の一つであるイオニア式の柱が使われています」

学芸員で広報も務める板谷敏弘さんが、ゆっくりと解説する。

「アール・デコ様式において、造形的なことでよく言われるのは、幾何学的な模様です。ただ、それは見た目のデザイン性のことで、ドイツでバウハウスが出てきたりとか、業態転換の間にある、当時のヨーロッパの状況、第一次世界大戦が終わって、今度は工業が世界に広がっていく流れの中で、産業で覇権争いをしていくときに、各国が国の政策として、何を打ち出していくかを考えていたはずです」

板谷さんは室内を眺めて一瞬間を置いた。

「フランスにおいて、このままでは世界に後れを取ると考え、アール・ヌーボーを否定して、アール・デコ様式が台頭したようにね」

近代化＝工業化であるならば、「ヌーボー」ではなく、「デコ」へと移行することは、ごく当たり前のながれということになるだろう。

歴史的建造物の価値を未来に

華やかに見えるそんな旧朝香宮邸も、人生の虚しさが内包されていた。長女の紀久子女王は嫁ぎ、長男・孚彦王も家を出ていた。次男の正彦王は戦死する。允子内親王は、ここができて半年後には亡くなっているので、最後に住んでいたのは、殿下と次女の湛子女王の2人きりだった。その湛子女王も41（昭和16）年に結婚している。

「それから47（同22）年まで、殿下お一人で住まわれていました。使用人はいましたけどね。華やかな家で、家族の物語としては、ちょっと寂しい気もします」

斉藤さんは、最後にポツリとそう言った。

都会のど真ん中にたたずむ旧朝香宮邸は、2015（平成27）年には国の重要文化財にも指定され、歴史的建造物の価値を今に伝え、未来に継承する役割を担っている。

昭和の建築家

日本が高度経済成長を成し遂げられた一つの要因として、優秀な建築家が多く存在したことが挙げられる。彼らの才能が、国の発展に大きく寄与したのだ。日本におけるモダニズム建築の第一人者・前川國男(1905〜86)はパリのル・コルビュジエの建築事務所に入所。東京都美術館など、公共建築を多く手がけた。丹下健三(1913〜2005)は、海外での活躍も目覚ましく、「世界のタンゲ」と呼ばれた。国立代々木競技場、フジテレビ本社ビルなど、個性的シルエットが特徴だ。メタボリズムを提唱した黒川紀章(1934〜2007)は、カプセル型の中銀カプセルタワー、国立新美術館などで知られる巨匠だ。その他、磯崎新(1931〜2022)がつくばセンタービルが、ポスト・モダンとして注目された。

次室にある香水塔。上部の照明内部に香水を施し白熱灯の熱で香水を漂わせる。允子妃のアイディアだという

DATA

東京都港区白金台5-21-9　☎050-5541-8600
開館時間：午前10時〜午後6時（入場は閉館の30分前）　休館日：月（祝日の場合は開館、翌日休館）
※庭園のみ入園200円。展覧会会期以外は本館・新館には入館不可
設計：宮内省内匠寮工務課（権藤要吉）
※本館のみアンリ・ラパンとの共作

1928(昭和3)年から客を迎え入れている半円形の入り口。てっぺんには、ギリシャ神話に登場する女神アテナの贈り物、オリーブの葉の装飾が施されている

レトロ建築にクギづけ
02
Retro Architecture

格式あるアカデミックな空間で非日常を味わう

学士会館［東京・神田］

廊下に敷き詰められた赤いじゅうたん、時代を感じさせる照明、美しい螺旋(らせん)階段――。

東京・神田にある学士会館の建物内に一歩に足を踏み入れると、クラシカルで優雅な空間が客を温かく迎え入れてくれる。

1886（明治19）年に「学士会」という名称で、同窓の士が集まる会が東京大学で発足。やがて、旧帝国大学（北海道、東北、東京、名古屋、京都、大阪、九州の各大学）の親ぼくと知識交流の場へと発展していった。彼らは集まる場（会館）を持っていなかったため、学士会館の建設が計画される。現在の会館が完成したのは1928（昭和3）年のことで、東京大学発祥の地に建てられた。

星条旗が掲げられた歴史も

その後、学士会館では、さまざまな出来事が起こった。36（同11）年の二・二六事件時には、第14師団東京警備隊司令部が置かれる。41（同16）年に第二次世界大戦が勃発すると、翌年以降、会館屋上に高射機関銃陣地が設けられたりもした。戦後、頑丈に造られた学士会館はGHQ

（右）踊り場にはステンドグラス。結婚式では、新郎新婦を写真に撮る様子が見られる　（左）スマートな手すりがついた新館の階段

（連合国軍最高司令官総司令部）の高級将校の宿舎となり、56（同31）年に返還されるまで将校倶楽部としても使用されていた。

「一時は、建物の角の部分に星条旗が掲げられていたといいます」

広報の庄司純さんが昔の逸話を披露してくれた。

半円形の入り口に部分的装飾

会館の建築構造は、日本の耐震工学を確立した建築家・佐野利器（としかた）が中心となり、個性的なデザインで名を馳（は）せ、のちに川奈ホテル、芝パークホテルなどを手掛けることになる高橋貞太郎がコンペで優勝し設計した。庄司さんが解説する。

「高橋先生は、いろいろな工夫を凝らしています。例えば、十二角形の柱には、鋲（びょう）で止めた人造石が張られています。石を『積んで』いるのではなく、『張ってある』ことを強調しています」

建造物全体を覆うのは、20世紀初頭にオーストリア・ウィーンを中心に建築界を席巻した「セセッション」様式が用いられた。全体をスッキリ見せながら、部分的に装飾を強

（右）新館と旧館をつなぐ通路。一列に並ぶ照明が美しい
（左）学士会館の中でも一番人気の「201号室」。小さなバルコニーが備えてあり小編成での演奏が披露されることも

調する印象的なデザインだ。それを如実に語るのがトンネルのような半円形のエントランスだ。

「旧館の入り口は、七帝大の同窓会クラブということもあり、英知を表すオリーブの葉を配しています」

外観でもう一つ特徴的なのは、旧館に使われた、スクラッチタイル（縦方向に細い溝の入ったタイル）である。軒周りや窓枠飾りを簡素化。高橋が目指した簡素質実、さっぱりしながら妙なクセのない建造物であることが学士会館で見事に表現されている。庄司さんは新館との関係にも触れた。

「新館は旧館のデザインを踏襲して37（同12）年に造られました。旧館に敬意を表するため少し後ろに引っ込んでいます。同時にタイルを少し変えて明るく、かつフラットな表情を持たせています。『調和と対比』がデザインされた学士会館は、今や神田の重要な都市景観だと思います」

２００３（平成15）年には国の登録有形文化財にも登録された。

質感豊かな装飾に注目

玄関は旧館側と、フロントに通じ

旧館エレベーター横の階段。鋲で止めた人造石が張られている十二角形の柱が印象的だ

（右）旧館3階にあるチャペル。ステンドグラス越しの日差しで明るくかつ重厚感も漂う
（左）長い時間だけが生み出せる、木の艶に感動する。傷さえも人の心をとらえて放さない

る新館にもある。

「私どもは南玄関（旧館）、北玄関（新館）と呼んでいます」

元々旧館の出入り口がメインエントランスだったので、天井飾りや壁面装飾、階段の太い親柱など、質感豊かな見どころが多い。

学士会会員を迎えるエントランスも格調高く見事だ。幅の広い階段、天井には松笠などの落ち着いた植物をモチーフにしたモールディング（帯状の装飾）が、学士たちをはじめ客を迎えた。黄金色の真ちゅう製のドアノブは、今でも毎日磨き上げられている。

印象的なロマネスク風のアーチ

2階には大きな部屋が並ぶ。エレベーターを降りると、ロマネスク風のアーチが目に飛び込んでくる。201号室前のロビーだ。ここを抜けて小編成のオーケストラが演奏できるバルコニーがついたメインバンケットルーム（201号室）へ。華やかさと荘厳さを兼ね備えた大きなパーティーや披露宴用の部屋は、見るだけでも、その存在感に圧倒される。

人気テレビドラマ「半沢直樹」の中で、大和田常務（香川照之）が半沢直樹（堺雅人）に土下座をさせられるシーンの撮影が行われた部屋でも知られている。

建設当時の姿がよく残っているのも注目に値する。西洋建築でもポピュラーな建築装飾のモチーフであるアカンサスの葉の装飾が美しい。石こうで作られたコーベル（壁などから突き出した石などの建造物）が規則正しく並ぶ。日差しもたっぷりと入る気持ちの良い空間である。

「学士会館の価値は、完成当時の建物がいまだに残っていて、実際に利用できることだと思います。生きた建物として使えて営業もしている。レストランやバーで飲食ができるし、結婚式や宴会なども行える。そこに意義があるんです」

庄司さんは目を輝かせて続ける。

「私どもは、歴史的な建物を多くの先輩方から引き継ぎ守ってまいりました。これからもしっかり残していきたいと考えています。総支配人も『学士会館は、非日常の場として利用してもらいたい』と常々申しております」

庄司さんの言葉には、誇りと自信が満ちあふれていた。

（上）旧館入り口の真ちゅう製の取っ手。凸凹の細部まで毎日スタッフが磨き上げる。取り付けて100年近く経ってるとは思えない輝きだ　（下）ホーレス・ウィルソン氏が第一大学区第一番中学（翌年に開成学校、後の東京大学）での授業の傍ら、この地で野球を教えた。「日本野球発祥の地」のモニュメント。同氏の野球殿堂入りを記念して敷地内に建立された

DATA

東京都千代田区神田錦町3-28
☎03-3292-5936
https://www.gakushikaikan.co.jp/
設計：高橋貞太郎
※再開発のため2024年末営業終了

ホテルニューグランドのシンボル的存在・大階段。開業当時はここを上がってフロントへ

レトロ建築にクギづけ

03

Retro Architecture

歴史刻むクラシックホテルで建築美に高揚する

ホテルニューグランド［横浜・山下町］

旧約聖書に登場する天使ラファエルが、大きな魚を抱えてパティオ（中庭）の噴水の上で旅人を癒やしている。

横浜・山下町にある「ホテルニューグランド」の本館に寄り添うように1991年（平成3年）にタワー館が造られ、ヨーロッパから輸入した噴水を中央に配したパティオがお目見えした。

「ここは、公開空地ですので、ホテルご利用のお客様でなくても入れます。夜になるとライトアップされてキラキラと奇麗ですよ」。営業企画部の横山ひとみさんが説明した。

隣り合う新旧の建物

ホテルニューグランドは、27年（昭和2年）に開業した。96年という長い歴史に裏打ちされた「建築の美」が詰まっている魅力的なホテルである。まず、新旧の建物が隣り合っているところが面白い。18階建てのタワー館を建てたとき、歴史ある本館も残した。いっそのこと、全部取り壊して新しくするという考え方もあったのでは？と質問してみた。

「そうしなかった経営判断に、私は深く敬意を表したいと思います」

横山さんはキッパリと言い放った。

「美術などに造詣が深い、実業家の原三溪（富太郎）の一族である原家がホテルの会長を継承しております。そういう家柄の人々が経営に参加しているというのも、古い本館が残った理由の一つでもあると思っています。壊してしまったら、もう二度と造れないですからね」

建築家・渡辺仁の才能の結晶

ホテルニューグランド建設の意味は大きかった。23（大正12）年に起きた関東大震災でがれきの山となった横浜の復興のシンボルとして建てられたからである。焦土と化した港町・横浜を再興させたいという多くの人の思いがこもっていた。横浜市、政財界、市民が一体となり、身銭を切って開業したのである。

開業時に、名前を公募したが、なかなか決まらなかった。候補の一つがフェニックスホテルだった。採用はされなかったが、ロゴとホールの名前に残っている。

設計を担当したのは、新進気鋭の建築家であった渡辺仁である。服部時計店（現銀座・和光）などを手掛けたことでも知られる渡辺が、歴史主義（1800～1900年代にかけて、ヨーロッパの過去の建築様式を復古的に用いた）様式、表現派、帝冠（和洋折衷）様式、初期のモダニズムなど、多岐にわたったスタイルを自在に操る建築家であったことも決して偶然ではないだろう。そんな渡辺氏の才能が随所に散りばめられているのがホテルニューグランドなのである。

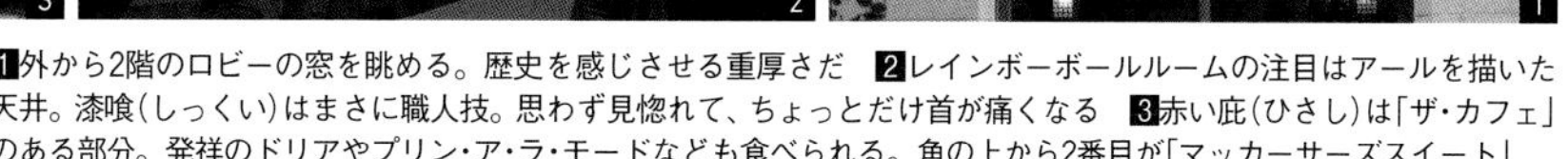

1外から2階のロビーの窓を眺める。歴史を感じさせる重厚さだ　2レインボーボールルームの注目はアールを描いた天井。漆喰（しっくい）はまさに職人技。思わず見惚れて、ちょっとだけ首が痛くなる　3赤い庇（ひさし）は「ザ・カフェ」のある部分。発祥のドリアやプリン・ア・ラ・モードなども食べられる。角の上から2番目が「マッカーサーズスイート」

シンボル的存在の大階段

回転扉（現在は自動ドア）から入るとすぐに大階段があるというユニークなエントランスにかけての風景は、ホテルニューグランドのシンボリックな場所だ。現在、フロントは新館のタワー館に移ったが、かつてはここを上がった所にあった。

「お客様にとってはインパクトがあったと思います。私自身も、この階段を見るたびに、開業当時から、どんな人たちが行き来したのだろうと思いを巡らせ、ロマンを感じます」と横山さんは言う。

階段を上がる1段目の両サイドに

飾られているのは、フルーツバスケットの彫刻だ。

「海外などでは、ウエルカムフルーツバスケットが部屋に置いてあります。お客様を視覚的にもてなす意味合いがあると思うんです」

階段の下から見上げると、エレベーターが見える。その上に飾られているタペストリーは「天女奏楽之図」。遠くから見ると、日本画のようにも見えるが、京都・旧川島織物の二代目・川島甚兵衛作の綴織（つづれおり）だ。織物を囲う木枠の内側に彫られている文様は、東大寺・正倉院（奈良）の境内に似た模様が使われている。

さらに、伽藍（がらん）の鐘楼（しょうろう）を模した照明もよく見ると、和紙が使用され、模様がうっすらと描かれている。建物の外観は紛れもない西洋建築だが、日本の美術的要素やもてなしの心が組み込まれているのだ。

「海外から訪れたお客さまをもてなす意味で、日本が世界に向けて誇れる伝統美を意識されたのではないかと私は思っています」

和の要素をふんだんに採用

2階には、二つのパーティールームが昔の姿をとどめている。階段を上がりロビー部分には、かつて美しいイタリア製の亀甲タイルが規則正しく敷き詰められていた（現在はじゅうたん）。左手にあるのがかつてメインダイニングとして使われていた「フェニックスルーム」だ。不定期だが、レストランとして開放される時もある。

「こちらは、和の要素が多いと思います。天井は（木を格子状に組んだ）格天井ですし、まるで城郭のような造りです」

かつてはここで和服姿のスタッフが給仕をしていたという。もともと外国人専用のホテルとして建築されたことを考えると、渡辺の「外国人をお迎えした時に日本を感じてほしい」という意図があったことは、容易に推測される。

（上）伽藍にあるような鐘楼が天井から光を照らす（下）イベント的に特別レストランとして開放されるフェニックスルームは、幻のレストランとも呼ばれている

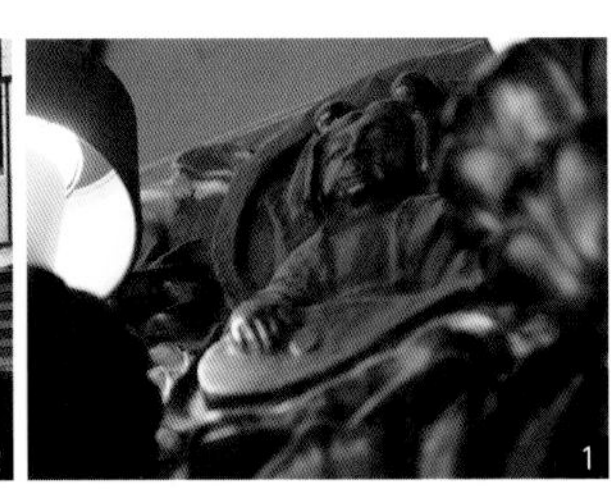

1 本館2階のレインボーボールルーム前にあるロビーの柱には、琵琶を抱えた弁天の彫り物。なぜここに入れたのかはわからないが、違和感がないのが、渡辺のセンスだろう 2本館の正面玄関とバルコニー部分。1992（平成4）年、本館は、横浜市の歴史的建造物に認定された 3タワー館と本館に囲まれたヨーロピアンエレガンスを感じる中庭。ガーデンウエディングなどでも使われる。ちなみにヨーロピアンエレガンスは、ホテル全体に漂う基本コンセプトでもある

一方、階段から右手に進むとレインボーボールルーム（宴会場）である。ホテルの開業パーティーが開催され、開業日には横浜のホテルでは初のホテルウエディングが行われ、ダンスパーティーなども行われていた。特徴は、少しアールがついた天井にある漆喰細工。当時の職人による最高傑作との呼び声も高い。

海から朝日が昇る街・横浜

ボールルーム自体もさることながら、その前に広がるロビーは一見の価値のあるスペースである。5メートルという高さのある天井に合わせたような大きな窓。大正ガラスを使った窓の一部は当時のまま。背が高めのイチョウの木の向こうには、海が見える。階段を上がった場所で、利用客に旅情を感じてもらいたいという渡辺の思いが伝わる。

並ぶ椅子やテーブルはいわゆる横浜家具である。元町の三光家具製作所（大正12年開業〜昭和45年閉鎖）が作った。開港からすでに半世紀が経とうとしていた。元町に多くの外国人が暮らすようになり、彼らによって持ち込まれた西洋のテーブルやクローゼット、椅子などを、日本人の職人がまねて作ったものである。

客室に備えてあったテーブルと椅子が2セット。他にも勝利の女神ニケの彫刻が施された椅子など、豪華さと開放感にゆったりと時を忘れられる空間だ。

「ファブリックの部分は、張り替えをすることで、大切に使い続けるようにしています。土台となる木の部分は、磨きをかけて丁寧な手入れを欠かしません」

本館2階のロビー全体を眺めながら横山さんは目を輝かせる。

「私はこのロビーが大好きです。ぜひ泊まっていただいて、時間の変化を体験してほしいですね」

外を眺めて横山さんが続ける。

「横浜は海から朝日が昇る街です。朝のロビーの空気感は爽やかですし、トーンの落ちたこのロビーは、夜になるとすごくロマンチックな雰囲気になります」

刻々と変わる、時間と歴史の重みをホテルニューグランドに泊まることで体験できるのだ。

「例えば博物館だったら、作品を展示してお客さまに見ていただけばい い。でも私どもはホテルなので、古いものを使いながらお客さまにホテルでの時間をどう楽しんでもらうかも考える必要があります。それは決してやさしいことではありません。私どもの先代が残してくれた『遺産』を、見せるだけではなく、ホテルの魅力の一つとして、歴史的な部分を効果的にプロモーションしていく作業は、スタッフとしてのやりがいの一つでもあります」

身近で唯一無二の存在に

窓の外では、イチョウの緑が風に揺れていた。横山さんは大きな夢を語ってくれた。

「お客さまにとって身近な存在でありながら、代わりの効かない存在になりたいですね。横浜の復興と共に、ホテル営業の歴史が積み重なっています。横浜の唯一のクラシックホテルとして、全国の人が横浜に来る目的の一つが『ホテルニューグランドを訪れること』になってほしいと心から願っています」

ホテルニューグランドが重ねてきた年月は、まさしく横浜の歴史の一部でもあるのだ。

DATA

横浜市中区山下町10番地 ☎045-681-1841（代表）
https://www.hotel-newgrand.co.jp/
設計：渡辺仁

1 レインボーボールルーム手前のロビーに並ぶ椅子は高価なものも 2 椅子の肘掛けには、職人技の精緻な彫刻が施されている 3 開業当時使われていた新聞ラック。ここからお気に入りの新聞を取り出してリラックスした朝を過ごす（現在は室内装飾）

1 2買い物客を運ぶエレベーターには、心のこもったおもてなしの精神が宿っている 3 1階の13号機エレベーターの扉は、若き日の東郷青児が描いた抽象画の絵柄となっている

レトロ建築にクギづけ 04 Retro Architecture

「スローなエレベーター」がいざなう優雅なひと時

高島屋日本橋店［東京・日本橋］

ネット通販の台頭によって、買い物の楽しみ方は様変わりしつつある。かつては人と対面するのが当たり前だった。特に百貨店は、店員とのコミュニケーションの中でいろいろと相談や雑談をして、求める商品を探し、迷いながら購入する醍醐(だいご)味(み)があった。客もおめかしをして訪れた。それは今も変わらない。買い物好きにとっては、最も幸せな時間の一つだ。

1933（昭和8）年に完成した「高島屋日本橋店」には、贅(ぜい)の限りを尽くした絢爛(けんらん)豪華な雰囲気が満ちている。近代的なビルが建ち並ぶ中で、山口県産など、すでに採れなくなった大理石やイタリア産の石などをぜいたくに使った外観や内観。加えて変わることのない個性的な意匠が、客を惹(ひ)きつけてやまない。また、当時珍しかった冷暖房を完備し、快適で質の高い百貨店を目指した。これからの日本の流通業界をけん引しようとする気概が見て取れる。その精神を現在に至るまで貫いているのも敬意を表するところだ。「東京で暑いところ、高島屋を出たところ」という当時の斬新なキャッチコピーにも見事に表れていると言っていいだろう。

西洋と日本の建築様式が融合

建物および意匠は、高橋貞太郎と村野藤吾の2人の建築家の力を結集して完成した昭和建築の傑作の一つだ。正確には、設計図案協議で選ばれた高橋が建て、彼の意志を遺憾なく踏襲した村野によって増築が施され今に至っている。しかし、どこを見渡しても違和感が全くないところは、彼らの類いまれなる才能と技量によるものだ。荘厳かつ華麗な建造物は、2009（平成21）年に、百貨店建築では初めてとなる重要文化財に指定された。

建築に当たって出された命題は「東洋趣味ヲ基調トスル現代建築」。つまり、文明開化以来日本に入ってきた西洋の趣と日本の様式美の融合が要求された。それに応えたのが、2人の建築家だったのである。世界史に残る数々の様式とは明らかに違う、高橋貞太郎様式というべき形を生み出した功績は偉大だ。さらに、驚かされるのは、当時の建物や意匠がほとんど変わらずに残されている

（上）西洋を思わせる外観は、村野藤吾が日本の美意識を取り入れたオリジナルだ　（下）この階段も含めて、店内には多くの大理石が使われている

ことである。

「愛着を持って建物として大切に使ってきたからこそできたことだと思っています」。

　案内役の総務グループ（当時）・鈴木淳子さんがほほえむ。

　目を見張るのは、正面から入ると広がる中央階段だ。大理石の柱と腰板に縁取られた地下と1階を繋ぐ。2階まで吹き抜けになっており、来店客は入店早々にぜいたくな気分を味わえる。

「ここは、お客さまを迎える、百貨店にとって最も大切な場所でもあり『顔』でもあります」

　見上げると、大理石の太い柱の上にある、肘木風で雷紋や植物の装飾も見事だ。白い格天井に1000を

2階まで吹き抜けになった広い中央階段は、優美という言葉がよく似合う。「百貨店に買い物に来た」という気持ちを盛り上げてくれる

超える花のような石こうの飾り（ロゼッタ）が散りばめられているのも美しい。

「これも創建時のままです。ただ、安全面を考慮して4年前に補強しました」。

補強の仕方も念が入っている。

「一つひとつ丁寧に取り外して、強度を確かめ同じ位置に戻して、アンカーで打ち直しました。全て手作業で行われました」

ロゼッタ同様、大部分が創建当時のままなのが素晴らしい。形あるものはいつか壊れるし、すでになくなってしまったものも少なくない。しかし、髙島屋日本橋店に関しては、使われている大理石や天井材など、当時のものが大切に保存されている。

「ただ、2階の回廊の腰板は元々真ちゅう製でした。太平洋戦争時の金属回収令で供出され、今は木製になってます。シャンデリアも同様に出してしまったので、今ついている照明は村野藤吾がつけたものです」

基本的に創建当時を維持

100%同じというわけにはいかないのは、当然である。が、経年劣化によって傷んだところは、丁寧に修復が繰り返された。少なくとも雰囲気は壊されておらず、基本的には、創建当時を維持しているところに大きな価値がある。鈴木さんは、吹き抜けを眺めながら強調する。

「それは私たちだけでできることではなくて、髙島屋を愛した先輩社員たちが築き上げたもの、さらにきちんと残してきたものにしか存在しません。もう一つ忘れてはならないのは、当店を愛してくれたお客様のおかげでもあります」

戦時中の麗しいエピソードがある。

「空襲の時、店には焼夷（しょうい）弾は投下されませんでしたが、周りは火の海だったそうです。それを、町内の人たちが、バケツリレーで延焼しないように消し止めてくれた。彼らがいなければ、建物も燃えていたでしょう」

1髙島屋のマスコット・ローズちゃんが客を迎える。季節によって衣替えも　2エレベーターを呼ぶ押しボタンも1933（昭和8）年から使われている。素材であるプラスチックまで変わっていないという。カゴの位置を示すインジケーターのデザインも当時のまま　3書体が昭和なトイレのサイン。スカートが広がっているピクトグラムは、髙島屋オリジナルだ　4正面玄関にある鉄製の扉。災害時には被害を防ぐ防火壁にもなる　5正面玄関の両脇に備えられた水飲み場跡。かつては水が出ていて、通りがかりの小学生たちが水を飲んだり手を洗ったりしていた　6洋風のファサード（建物の正面）とシンプルなデザインの旗の組み合わせというセンスはさすがだ

4

5

6

彼らにとっても、髙島屋の建物だけは燃やしたくないという思いがあったはずである。幸いなことに、建物は燃えず、焼け出された人たちは髙島屋に避難してきたという。

「全ては、町内の人たちが髙島屋を心から愛してくれていたからだと思いますし、感謝の気持ちしかありません」

百貨店は、ただ単に物を売るだけではない。人と人が繋がる場所であることを証明している。

店員がじかに客をもてなす

髙島屋日本橋店では、蛇腹と木製に見える金属の二重扉がついたエレベーターが現役だ。案内係が、手動で操作する。エレベーターのカゴが到着すると、手を上げて、「上に参ります」などと客を導く。客は、もてなされている心地よさを感じながら、百貨店を楽しむ。買い物だけではない、百貨店を訪れる付加価値がそこに凝縮されているのである。かつては各階に案内人がいた時代もあった。古いエレベーターを使い続けているのには、百貨店としての信念がある。

「店員がお客様をじかにもてなすのが百貨店の百貨店たるゆえんでもあります。それはまさに昭和にあった文化そのものであり、当店の象徴の一つだと思っています」

鈴木さんが誇らしげに語った後、ほほえみながら続けた。

「こんなにノロいエレベーターに乗ったことがないって怒られることもありますけどね」

案内人が安全確認する時間もあるし、実際にスピードも遅い。しかし、のんびりと上下するエレベーターで、各階をゆっくりと歩いて優雅な時間を過ごすと考えれば、「それもまた楽し」ということになる。

正面玄関の黒い鉄扉は開店と共に開き、閉店と共にとじられる。扉に重みを感じさせるのは、鉄という素材からくるのではなく、時を経たものだけが持ちうる歴史のせいである。

DATA

東京都中央区日本橋2-4-1　☎03-3211-4111
営業時間：午前10時半～午後7時半
定休日：無休（元日除く）　設計：高橋貞太郎、村野藤吾（増築）

手前のブルーに見えているガス灯が、ホテルエントランスでさりげなく存在感を主張する

レトロ建築にクギづけ

05

Retro Architecture

文豪も愛した昭和を象徴する小さな西洋旅籠

山の上ホテル［東京・御茶ノ水］

古（いにしえ）を疎かにしない思想をもち、1954（昭和29）年の創業以来、高き誇りを掲げ続ける。東京・御茶の水にある「山の上ホテル」はそんなホテルだ。建物の前に立っただけで伝わってくる圧倒的な存在感は、ロビーを通りレストラン、カフェ、そして客室に向かうごとに、心地良さとなって客に降り注ぐ。

ホテルらしからぬ個性的な外観

そもそも外観が個性的だ。

「元々はホテルではなく、健康のための生活改善などを目指す社会活動を推進する拠点だった『佐藤新興生活館』という名の建物として誕生しています。戦後、連合国軍最高司令官総司令部（GHQ）の陸軍夫人部隊の宿舎になった時の名前が、『ヒルトップハウス』。接収解除後にホテルとして生まれ変わり、それまでの呼び名にちなんで名前がつけられました」

経営企画室の峯松泰広さんが、ホテルマンらしい柔らかい物腰と節度のある態度で説明する。

「建物は、アール・デコ様式を取り入れたウィリアム・メレル・ヴォー

（右）アール・デコ様式を取り入れた意匠は、重厚感がある
（左）エントランスを入ると正面にある上から下まで見渡せるらせん階段。海外の古い映画のワンシーンのようだ

リズの設計です。彼は、関西学院大学の校舎など、日本でたくさんの西洋建築を手掛けたアメリカ人（後に日本国籍取得）でした」

アール・デコは、10（明治43）年ごろからヨーロッパやアメリカを中心に始まり、25年（大正15）年に広まった。直線やコンパスで引いたような曲線、ギザギザなど幾何学模様をモチーフにした様式で、シンプルなのが特徴だ。シンプルだから、大量生産にも適している。その意匠の理念は、45（昭和20）年以降、高度経済成長を遂げた日本の姿にも重なる。そう考えると、山の上ホテルは、昭和という時代を象徴している建造物と言えるのかもしれない。

昭和モダンなアール・デコ様式

「当ホテルは、昭和55年に一度、大改装をしています。その時アール・デコ装飾が若干失われました。例えばエントランスの天井部分なども変わってしまいました。時代背景にあわせて古いものとミックスさせ、山の上ホテルなりの昭和モダンというべき空間を作り上げたのです。それが、ホテルの魅力でもあったと思いますが、4年前、あらためて改装工事を施し、ロビー周りを中心に多くの部分を元に戻しました」

40年かけて磨き上げられた昭和のホテルに、もともとあったアール・デコ様式をミックスして再構築したのである。

昭和55年の改装時に、床には赤いじゅうたんが敷かれたが、その下に残っていた開業当時の古い意匠や建材と、設計を手掛けたヴォーリズが創設した建築事務所が今も現存していたからこそできたと、峯松さんは感慨深げにうなずいた。

オリジナルの図面から再興

「令和元年のリニューアルでは、その建築事務所の方々が、当時の設計理念に基づいて、見事な仕事をしてくださいました」

エントランスを含む天井はアール・デコに戻し、床は、近代建築以降、特に大正から昭和初期に普及していったテラゾータイルを敷いた。

「階段もじゅうたんをはがすと、十文字模様のタイルが出てきました。文化財を修復する業者にお願いして、そのあたりを美しく復元しました」

ロビーの奥にある、時代がかったベンチの上の壁には、ホテルになる前の佐藤新興生活館の写真とともに、当時の図面がさりげなく飾ってあるが、オリジナルの設計図が残っていたのも幸いした。これらの復元は、簡単ではなかったと峯松さんは振り返る。

「作業をしてくださる職人さん自体が少なかったのですが、よみがえらせたいという我々の思いをくんだヴォーリズ建築事務所を通じて施工会社の方々が業者さんを必死に探してくださいました」

現在、ホテル内や客室を飾る調度品の多くは、昭和55年当時のものが使われている。

「創業者である吉田俊男や奥様の趣味が色濃く反映されています。もともと、個人経営の小さなホテルですからね」

ロビーに並ぶソファや近沢レース店に発注した品のいいレースが敷かれたローテーブルなども、同じ年に入れたものだ。

「ノルウェーで多くのファンに支持されていたバットネ社のもので統一してます。横浜の家具の老舗『ダニエル』やACTUSの前身である『青山さるん』を通して購入した希少価値の高い年代物です。一部革を張り替えましたが、張り替えずに当時のままのものも何脚かあります。こちらの方が味があっていいと言ってくださるお客様も少なからずいらっしゃいます」

地下にあるワインバー。その名も「葡萄(ぶどう)酒ぐら モンカーヴ」。ブドウをモチーフにしたステンドグラスが、ワイン好きの気持ちをググッと盛り上げる

エントランスを入って右に進むと、それら年季の入ったソファが並ぶ。スペースの一角には、凝った作りのライティングビューローと椅子があり、壁には、池波正太郎が描いた小さな絵が飾られている。「池波先生は、このライティングビューローの椅子に座って、従業員などとよく談笑されていました」

ブザーものぞき窓もないドア

客室は、どれも個性的で楽しい。例えば、応接室と寝室があるジュニアスイートは、ベージュのじゅうたんに白塗りの壁、アーリーアメリカン調の家具がしつらえられている。ロッキングチェアがあるというのも珍しい。

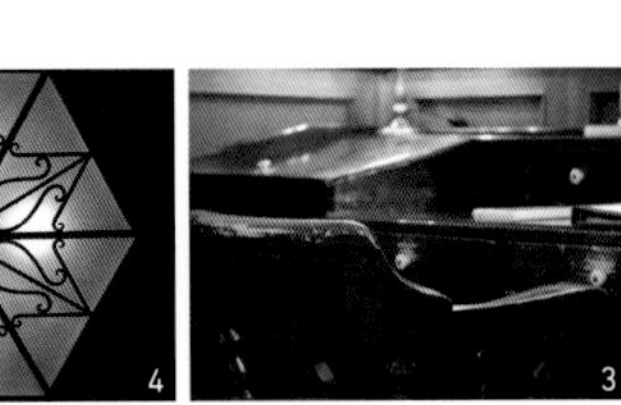

1ロビーに隣接した9席だけの止まり木「バーノンノンノン」の入り口。作家たちが仕事の疲れを取るためにここに下りてきた。原稿待ちをする編集者たちも多かった 21980(昭和55)年の改装時から使われているホテルのロゴマーク。ホテル内の至る所で目にすることができる 3ジュニアスイートの一室。この椅子に座りライティングデスクの上で、作家や宿泊者たちが書き物をしたのだろうとロマンをかき立てられる 4エントランスを照らすシーリングライトの柔らかい光が客を迎える

「スタンダードの部屋も含めて、それぞれ違うタイプの特徴ある古いライティングデスクや鏡台、手作りの家具などが入っています。なかなか味があるでしょう」

峯松さんは自信を持って目を細めた。元々、外国人向けに作られているので、ドアの取っ手の位置がかなり高い。「のぞき穴」もブザーもない。

「お客様に呼ばれた時やルームサービスを配膳する際には、『ドアをノック』するんです」

軽く握った手を前後に動かしながら峯松さんが手首を降った。

「華美ではありませんが、『寛げるしほっとする、落ち着く』って言っていただけます」。それは、信念を貫いて昭和を生き抜いてきたホテルにしかなし得ないことである。

「3歩進めば、絵になるものに出合えるのも、当ホテルの自慢でもあります」と峯松さんはほほえんだ。

外観は洋風、心は日本的

さらに、うれしい懐かしさを客に抱かせるのは、ホテルとしての姿勢である。

「創業者である吉田が目指したのは、西洋ホテルの良さと、日本旅館のもてなしの心を併せ持つ『西洋旅籠(はたご)』でした。外観は洋風だけれども内容は、日本的な心でありたいと考えていたようです」。

広告を「文芸春秋」や「文学界」、「文芸」などに出していたが、その文章の全てを吉田氏が手書きしていたと言う。そこにあるのは、経営者としての言葉とはとても思えない。「人としての思い」そのものである。以下はその文面である。

〝ただありがたいと言ふ気持ちで／こころから「つくす」だけ／これを何十年と続けるうちに／こんなホテルになりました〟。〝丘の上のホテルは／昔のまんまの姿／変へないのが／いいと思ってゐます〟。〝何にも言わないけど／そばにいるだけで／心が和む／そんな人があるでせう／ホテルもそうなりたいなあ〟

確かに、ロビーに入った瞬間、そして部屋に入ってからも、全く感じないのは、「よそよそしさ」だ。漂う香りに無機質さをみじんも感じさせないのである。

駿河台の丘の上なので、東京のど真ん中なのに、空気感は緑色、森の中にポツンとあるようなこのホテルは、作家が多く集まるホテルとしても名をはせた。

「その頃の作家たちは、世のクリエーターの最先端にいた人たちです。ここは彼らの感性が磨かれた場所であったのだろうと思います。そんな、『ここにしかないもの』を残したい思いがあります。特にこれからは、若いお客様にも来てもらって、クラシックという理由だけではなく、ホテル内外観を見て感じて、感性が磨かれる場所として、人に集まっていただければと願っています」

人や家具の匂いがちゃんと残っている。文化の雫(しずく)のようなものが漂い、肌から染み込んでくる。思いを巡らせたり、ものを考えたりすれば、それがどんどん深くなっていくような、なんとも不思議なホテルでもある。

部屋の鍵は、いまだにスケルトンキー。何年ぶりに見ただろう

(右)こぢんまりと落ち着いたフレンチレストラン。創業間もない頃、シェフをヨーロッパに送り修業させるほど力を入れていた。天ぷらが有名だが、和洋中どれをとっても質が高い　(左)直線やジグザクの意匠が施された外観は、印象的なアール・デコ様式

DATA

東京都千代田区神田駿河台1-1
☎03-3293-2311
設計：ウィリアム・メレル・ヴォーリズ
※2024年2月13日より、当面の間休館

Column

消えゆくレトロ建築の記憶よ永遠なれ

常日頃からレトロなモノ、味、空間、風景などを求めての街散策を趣味としている。特に昭和のレトロな近代建築に邂逅した時は、足を止めてしまうことしばしば。

東京・高田馬場にある古き良き下宿「武井日本館」が2020（令和2）年3〜5月に取り壊された。武井日本館は1936（昭和11）年に建てられた。今となっては希少な賄い付きの男子学生専用の下宿だった。トイレは共同で風呂はない。床の間、押入れ付きの四畳半の部屋が24室あり、家賃は5万5000〜5万7000円（夕食付き）だった。ここに居を構えたことがあるわけではないが、聞くところによると、女将さんが学生らに優しく接してくれ、家庭的な雰囲気を醸し出していたという。特に中庭の池に泳ぐ鯉が、住民の心を癒やしてくれたというエピソードも。マンガ「海月姫」（東村アキコ作）に登場する「天水館」のモデルにもなった由緒正しきレトロ建築だ。外観も洋館風で、当時としては瀟洒でモダンな建物だったことは想像に難くない。前を通るたびに、「いつかレトロイズムで紹介しよう」と心に決めていただけに残念の一言だ。

もう一つ、東京・銀座の「中銀カプセルタワービル（以下、中銀カプセル）」についても触れたい。中銀カプセルは、黒川紀章が手がけたメタボリズム（社会や人々の暮らし、働き方に沿って有機的に成長する都市や建築）を代表する作品の一つだ。竣工は72（昭和47）年。室内は10㎡ながら、ユニット式のバス・トイレに加え、カラーテレビやラジオ、ステレオ、オープンリール式のテープレコーダーも備わっていた。1戸の重さは約4㌧、計140戸の「カプセル」で構成され、その形状から「宇宙船」とも呼ばれていた。後にアニメ版「AKIRA」「攻殻機動隊」などに影響を与えたと言われる映画「ブレードランナー」の荒廃した近未来都市をほうふつとさせる。しかも、中銀カプセルができたのはブレードランナー公開の10年前というから驚きだ。悲しいかな、ここも2022（令和4）年に取り壊された。一方で、カプセルを取り外し、大阪の淀川製鉄所が「動くトレーラーカプセル」として再生。また、米国サンフランシスコ近代美術館がカプセルを取得したり、和歌山県立近代美術館、東京・GINZA SIXで展示するなど、さまざまな場所で活用されている。中銀カプセルについては、解体前にどうしても写真に収めておきたかった。そんな思いから、レトロイズムのサイト（https://retoroism.jp）で斬新なたたずまいを紹介することができたのは幸甚の至りである。

各地で昭和の建造物の取り壊しが進んでいる。1924（大正13）年に建てられた旧JR原宿駅舎も2020（令和２）年3月に新駅舎に生まれ変わった。旧駅舎は、三角屋根が特徴的で、ヨーロッパの住宅などに多い「ハーフティンバー様式」を用いた都内最古の木造駅舎で街のシンボル的な存在として親しまれた。が、惜しまれつつも解体された。東京・品川にある原美術館も21年1月に閉館した。作品は系列の「原美術館ARC」（群馬県渋川市）に移設されたが、建物自体は解体された。その他、例を挙げれば枚挙にいとまがない。

人の記憶は曖昧だ。日常生活において、新しいビルや商店、住宅が建つと、そこには以前は何が建っていたのか覚えていないことは多々ある。実際の建物の耐用年数には限りがあり、いつか寿命がくることは避けられないのも事実だ。だからこそ、我々は昭和の建物の記録（写真や文章）だけでも後世に残したいと考えている。かつて、ここに、こんな素晴らしい建造物があったという事実を。

chapter 6

Exciting Vintage

ヴィンテージに昂る

リーバイス501XX、ハコスカGT-R、ミニクーパー……。名前を聞いただけで気分が高揚してしまうような
憧れの名品から、日常を彩る逸品まで、レアなアイテムが買える専門店を中心に紹介する。
ようこそヴィンテージの世界へ。

Mini
MARUYAMA
Vespa
LL VI
COOPER

ヴィンテージに昂る

01

Exciting Vintage

オールドミニ復活の立役者 世界に一つだけの車を

ミニマルヤマ［東京・東墨田］

「僕が興味を持っていのは、イギリスではなくパリでした」

1970（昭和45）年、ビジネスチャンスを求めて、「ミニマルヤマ」の代表取締役社長・丸山和夫さんはヨーロッパへ旅立った。目的地はパリだ。そこで丸山さんの目に飛び込んできたのは、美しい街並みを全長およそ3mの小さな車がイキイキと走る姿だった。

「駐車しているだけでおしゃれだったのを覚えています」

もともとミニは、「BMC（ブリティッシュ・モーター・コーポレーション）」傘下のオースチンとモーリス・モーター・カンパニーがそれぞれ「オースチン・セブン」と「モーリス・ミニ・マイナー」という名前で販売していた。それを59（同34）年に「ミニ」という名称に統一して販売されたのが始まりだ。小さくて高性能という触れ込みで、製造理念は独特だった。

「購入者の希望やぜいたくを拒絶したんです。大人が4人乗れて、それに必要最低限の車を作るところから設計が始まりました」

楽しそうに丸山さんが続ける。

「サンバイザーは運転席側だけで助手席側にはついていませんでした。バックミラーやサイドミラーも含めて全てがオプションなんです。動くだけの車でした」

ただ安全性に関しては、当時の最高を求めた。

「標準でABS（アンチロック・ブレーキ・システム）や衝撃吸収ハンドルを装備。どんなに激しく衝突しても運転者の胸を傷めないようになっていて、2000年に至るまで変わりませんでした」

竹の棒を入れてガソリンの量を測っていた頃からインパネにはメーターを標準装備していた。

車体の剛性も高い。大きな理由が二つある。ひとつは厚い鉄を使っていること。二つ目はボンネットのアールは絞り方が深く（曲げ角度が大きい）卵の殻のような原理で衝撃に対して強いという点だ。

「1950年代、車の生産が隆盛を

旧車のコレクターでもある丸山さんのお気に入り。クーパー・カー・カンパニーのMGT14。1950（昭和25）年に2台作られたうちの1台。ETCと、カーナビも付けて、北海道まで旅行した

ミニのガソリンの給油口も個性的。昭和を代表する外車の一つだ

(右)丸山さんがレストアした車に付けられる車体番号などが書かれたプレートには、メカニックとしての誇りが感じられる　(左)ミニマルヤマオリジナルのサイドミラー。一見何の変哲もないように見えるが、確かにオシャレ感がプンプンと漂う

極めた頃にヒーターなどのぜいたくな装備よりも、安全性と合理性、グローバルなところに力を注いだことを意味しています」

当時、世界のセレブが特別仕様車をこぞって注文した。名を連ねたのは、ポール・マッカートニー、ジョン・レノン、フェラーリ創業者のエンツォ・フェラーリ等々、誰もが知る超有名人である。

「値段は、ロールスロイスと同じくらいと言われていました。エリザベス女王も注文したほどでした」

やがて、年月を重ねるごとにイギリス本国では売れなくなっていった。そのミニに目をつけたのが丸山さんだった。ただ、日本にはこの手の車はすでに存在していた。むしろ、小さくて高性能などというたい文句では、インパクトはないに等しかった。なぜなら、日本車の方がその点においては、数段優れていたからだ。そこで、丸山さんは見方を変えて日本に持ってくることを考える。

「僕がパリで見た、ミニの持つファッショナブルな部分を前面に出せばビジネスになると思ったんです」

73(同48)年にミニマルヤマを創業。ミニのパーツ販売や修理の専門店としてのスタートだった。

乗らなければ分からぬ魅力

転機は83(同58)年、視点を変えただけでなく、さらにそこに独自の技術を投入した時に始まった。イギリスのローバー社から輸入したミニを、「マルヤマ仕様」にしてジョン・クーパーというオリジナルブランド名で「昔のミニ」(オールドミニ)を復活させたのである。

現在ミニを製造しているBMWをして、「丸山がいなければ世界でミニの復活はなかった」とまで言わしめた。価格は他のミニの2倍(360万円=当時)もしたが、日本で4000台、世界で2万台を売った。「その頃、イギリス本国のミニは世界的にみても売り上げはかんばしくありませんでした。いつ潰れてもおかしくない状況でした」

ミニの魅力は、乗らなければ分からないと丸山さんは言う。

「小さくて可愛くて高性能。ポルシェに乗ってる人は、当然のようにスピードを求めます。でも、時速50キロで走れれば満足する人もいて、彼らにとってはそれが楽しい。その楽しさをさらに引き出したのがこの私なんです」

丸山さんは『クルマ界のすごい12人』(新潮新書、自動車評論家・小沢コージ著)の中で、自動車業界に貢献した一人として記されている。

どんなに古くても修理可能

部品が豊富に残っているのもミニの魅力だ。「59年から2000年までの部品がほとんど共通なんです」。加えて、ミニマルヤマには、オリジナルのオーバーフェンダーやホイールなどがそろっている。

「神戸製鋼が、『丸山君のためにホイール作ります』って言ってくれたんです。タイヤは、岡本理研ゴム(現オカモト)が、ハンドルはホンダS600のものを作っていたスバルの関連会社が僕のために骨を折ってくれた。ありがたいことですよね」

つまり、故障しても部品が必ず入手できるのである。どんなに古い車でも修理が可能だということだ。しかも、安価である。それは長く乗ることができることを意味する。気分によっては、オリジナルのパーツを

ジョン・クーパーの美しいエンジンルームと丸山さん。とびっきりの笑顔が人柄の良さを物語る

一つ選んで個性を出すのも面白い。部品がたくさんあるので、ワンオフ（オーダーメイドの部品）で世界に一つだけのミニを手に入れられるのも魅力の一つになっている。

「うちにある部品は、40年間ずっと置いてあるものばかりです。ワイパーブレードが1400円。ファンベルトは2000円、テールランプのタマなんかイギリスから輸入したものが200円。これは、1959〜67年、69〜70年とそれ以降、テールランプが全部同じだからできること。パッキンやゴム、ボルトなどの細かい部品もいまだに作られています。まさにミニの強みなんです」

　手入れをして大事に扱えば、ジョン・クーパーなら60年ぐらい軽く乗り続けられる。

「最低26万キロは走れると思いますよ」。下手すれば100年までいけるかもしれないと、自信をのぞかせる。

「例えば、最近持ち込まれた車で80年代のミニがあります。お父さんが亡くなって、18年間倉庫に置いてあったのを息子さんがまた乗りたいということでした。僕は『きれいに直して新車同様にしますよ』と彼に約束しました」

　ほかにも、丸山さんが30年前に売った62（同37）年製造のミニを持ってきた千葉の人がいた。しばらく乗らずに自宅にて置いておいたけれど、また乗りたくなったのでと言うので、全部やり直した。

「ミニは、30年前の車がまた新品（同様）に戻るんです。現代風にするために、ヘッドライトはLEDにして、発電量を増やし、ブレーキも利くようにして、新品の部品を積み直してね」

　ハンドルは、30年前の丸山式を取り付けた。

「長く乗るオーナーが多いのがミニの特徴でもあります」

　親子2代で大事に乗っている例も少なくない。

「僕はミニが大好きで車屋をやってるわけではありません。ミニがお金になると思ってやっているんです」

　それはつまり、メカニックとして自己満足に流されることなくプロの仕事をするということに他ならない。

60キロ走行の景色が一番楽しい

「なぜかミニを運転していると、周

（右）SMAPのセカンドアルバム「SMAP002」のジャケット。丸山さんのミニと共に仲むつまじそうなメンバー6人（当時）の姿が懐かしい　（左）「SMAP002」のジャケット撮影用に特注されたミニ。非売品で展示していたが、のちに売りに出し、瞬時に買い手がついた

マフラーを買いにきた若者と丸山さん。少し話をした後、「これにしなよ」と言われた男性は「はい、わかりました」と即答。商談は一瞬で成立した

りの景色がドンドン流れていく。ハンドルにしがみついてないと、どこかに行っちゃうような気にさせるんです。首都高を時速60キロぐらいでゆっくりと走っていると、なんていいんだろうって思います。感覚的には、オープンカーと同じ。潮風を感じながら湘南あたりをゆっくりと流して、帽子が飛んでいかないぐらいの感じが一番楽しいんです」

なんだかんだ言いながら、やっぱり丸山さんはミニが好きらしい。

「それと、車を降りて、ドアを閉めるときのボンっていう音が、昔の車らしくていいでしょう」

日本ではどちらかというとミニは、マニアのための車だった。

「僕が73年に店を始めた頃は、イギリスやミニのスタイルが好きで、しかもオリジナルじゃないとダメ、そういう人たちばかりだから、売れなかったんだと考えています。でも、『もっと気楽でいいじゃないって。国産のミラーつけたってオーケー、気楽に行こうよ』って僕が言い出して、イギリス車という固定概念が消えていったのです」

これによって多くの人が、「俺も、私も乗ってみようか」となったのも、ミニブームを生み出した丸山さんの存在があったからにほかならない。老若男女、ミニが好きじゃなくても、「乗ったら楽しい車です」と広めることで、オーナーを増やしていった。

「よく、どこがいいんですかって聞かれるけど、所有者が楽しんで乗っているところだと僕は答えます。ハンドルを握る全員が、ニヤニヤしながら運転してますよ」

いずれ遠くない将来、ガソリン車がなくなるだろうといううわさがちまたに流れている。そんな状況下で、「最後に乗りたいガソリン車はミニって答える人は想像以上に多い」丸山さんは不敵に笑った。

ガラス張りの店の中には、「オールドミニ」などが並んでいる。美しい！

DATA

東京都墨田区東墨田2-21-2　☎03-3613-6622
営業時間：午前9時～午後6時（月～土）、正午～午後6時（日）
午前9時～午後6時（第1日曜）　定休日：無休

ヴィンテージに昂る 02 Exciting Vintage

カブトムシ一筋45年 オーナーに安心届け続ける

FLAT4［横浜・本牧］

セマフォー（アポロ式方向指示器）が「ガチャコンッ」という音と共に飛び出す様は、車が「機械」であることを、改めて感じさせる。搭載していたのは、古いフォルクスワーゲン・タイプ１（以下ＶＷ）である。１９３８（昭和13）年にドイツで生産が開始された小型大衆車で、愛称はドイツ国内では「ケーファー」、英語圏では「ビートル」と呼ばれた。日本では「カブトムシ」だ。愛称にしても、あまりにもひねりのない直訳が、今となってはほほえましい。

横浜・本牧にある「ＦＬＡＴ４」は、１９７６（昭和51）年に創業した50〜70年代製ＶＷの専門店である。フードが幅広になり顔つきが変わった通称マルニ、ストラット（式サスペンション）モデル「１３０２Ｓ」に乗り始め、ＶＷの魔性に心酔していった小森隆氏（現相談役ファウンダー）が起こした。

空冷車を作り続けた信念

ＶＷの最大の特徴は、ＲＲ（リアエンジン、後輪駆動）で、空冷式であるフラットフォー（水平対向４気

車の後ろにあるエンジンルーム。完璧な整備がFLAT4の信条だ

貴重なオリジナルパーツを装備した1952年製。レストアはパーフェクト

筒）を積んでいるところだ。今の車は、ほとんどがＦＦ（フロントエンジン、前輪駆動）で水冷と真逆である。もちろんＦＦの優位性はたくさんあるが、ＲＲエンジンの利点は、大きく三つある。

まずは高い運動性能だ。後ろにエンジンを載せることでいわゆるリアヘビーになり、けり出しが良く、加速がいい。次に、同じ理由で少しのハンドル操作で大きく動けるので、コーナーリングもしやすい。加えて、ブレーキを踏んだ時に、後ろが浮き上がらずにピタッと地面に吸い付くように止まることができる。これらは、ＶＷがドラッグレースなどで活躍した理由の一つでもある。つい20年前まで、大きな変化をせずに作り続けていたフォルクスワーゲン社に対しては敬意しかない。

「ＶＷの空冷車は２００３年までメキシコで生産されていました」

ショップフロント担当の田村真至さんは言う。

パーツには絶対困らない

「元々、乗り物が好きでした。中でも旧車に乗りたいと思っていましたが、それが空冷のビートルでした」

ちょうど出物があって見に行くと、店主が、故障の際も、パーツには絶対に困らないと告げた。

「ここに勤めだして改めて感心したのですが、彼の言うことは本当でした。ＶＷなら、腕のいいメカニックはいるけど、パーツがないから直せないという心配は不要です。すごいことですよね」

これは（ミニなどを除けば）他の旧車と大きく違う点だと田村さんは言う。

ドイツで生まれた車がヨーロッパに伝わり、アメリカで大ヒットした。つまり、マーケットが世界中に広がっているのだ。実は、モデル別の販売台数は世界一である。当然パーツも世界中で作られ売られていることになる。

「パーツはアメリカを中心に、ヨーロッパやアジアなど、世界各地から輸入しています。逆に、我々が欲しいと思った当時のアイテムなどを復刻版としてリプロダクトし、世界中のＶＷファンに販売も行っています」

それは、日本国内にいる多くのオーナーに安心を届けるためのＦＬＡＴ４の企業努力でもある。とはいえ、エンジンが空冷なので、水の心配がいらず、大きな故障もしにくい。

「当時のディーラーでは、10万キロ走った時にもらえるメダル（オーナー表彰制度）がありました。『これからもっと乗ってくださいね』というフォルクスワーゲン社からの心意気です。10万キロ乗ったら買い替えましょうとなるのが普通ですから」

店内を見渡すと、きちんと整備されたＶＷが並び、その合間には、部品やアクセサリーなど、歩いているだけでも楽しいし、ファンなら何時

(上)46(昭和21)年製。英国軍管理下の時代に生産された貴重なモデル。世界に5台しか残ってないうちの1台だ　(下)黒が55(同30)年製、左は57(同32)年製。まるで仲のいい夫婦のように、または親友のように並んでいた

3

2

1

1フォルクスワーゲン・ビートル(タイプ1)の純正ホイール。ピカピカだ　2細いステアリングが旧車らしい　3古いオイル缶。爪状の缶切りで開けた三角の切れ目が入っている。店内装飾品　4天井からボンネットがぶら下がる、ダイナミックなディスプレー　555(同30)年製の車内。内装からは積み上げてきた歴史の一端が垣間見える

聞いても飽きない。

エンジン音も旧車の楽しみ

ヴィンテージVWの楽しさの一つに、「ブロロロロ〜」というエンジン音がある。全く嫌な音ではない。かつて聞いていたことのある機械仕掛けを想起させる音だ。今の車に比べて当然のように大きく、うるさいと言う人もいる。しかしそれは、車というものをどう見るかによるのだ。

「VWは、自分のライフスタイルに取り入れて楽しんでほしい車だと思います」

田村さんが目を細める。

「僕も、国産車や他の外車にも乗りました。VWに乗り換えた時に、車を運転している実感を味わった気がしました。マニュアル車だったこともあると思いますが、より車らしい感じがしたんです」

当時を思い浮かべるように、田村さんは視線を遠くに向けた。

「僕はバイクにも乗っていたことがあって、スピード感がなんとなくバイクに近い気もします。実際にスピードはそんなに出てないはずなんですが、フロントガラスが近めにデザインされているせいなのか、見える風景がどんどん流れていくんです。他では味わえない不思議な楽しさがあるんですよ」

形状からくるものと思われるが、居住性にも優れていると田村さんはうなずく。

「狭い感じや圧迫感はありません。頭の丸いフォルムのせいでしょう。そういう意味でも、よくできた車だと思います。あっという間に好きになって、ずっと乗り続けたいと思わせてくれる車ですね」

よくできた車というのを証明するのは、元々の作りがよかったことで、80年もの間、世代を超えて作られ続けてきたという事実だ。

最後にはVWに乗りたい

「誤解を恐れずに言わせていただけるなら、『車らしい車』に乗りたいなら、一度でいいから旧車に目を向けていただきたいのです。例えば、VWにも付いてる三角窓から入ってくる風の気持ちよさは、他では味わえませんよ」

田村さんが突然言った。

「VWは、格好いいと思います。一般的には丸っこくて、『可愛い』という表現をされますが、僕は、『格好いい』と言いたいですね。さっき言った三角窓も僕は格好いいと思ってます。だって、窓が回るんですよ」

一部の人たちには、VWは「車人生最後の一台」と言われているらしい。

「現役のものを使い続けて、そこにまつわる雰囲気まで味わってもらいたいというのが僕らの願いです」

今でも残る年代物をよみがえらせ、03（平成15）年に生産が終了した空冷VWをサポートし続けるFLAT4。その存在がある限りVWの命が尽きることはないだろう。

横浜・本牧の大通りに面した店舗は、よく目立つし美しくもある

DATA

横浜市中区本牧和田12-4
☎045-305-6900
営業時間：
午前10時〜午後6時（平日）
午前10時〜午後7時（土、日、祝）
定休日：無休
（GW、夏期、年末年始休業あり）

5

4

ヴィンテージに昂る

03

Exciting Vintage

珠玉のヴィンテージカーに出合える専門店

Vintage Car Yoshino［横浜・片倉町］

三度の飯より車が好きだし、それは今でも変わらないねえ」。悠々と椅子に腰掛けた「Vintage Car Yoshino」の代表取締役・芳野正明さんは、そう言った。

「排ガスすらもいい匂いだって思ってたほどですよ」

好きを仕事にするために、トヨタディーラーの営業マンになった。その後、独立して、ヴィンテージカーのショップをオープンした。活動の場に選んだのは横浜だった。

キャブ仕様の車が好き

「横浜で店を始めたいと思ったのは、ベースキャンプがあったからなんですよ。珍しい車、乗用車がどんどん入ってきていたからね。横浜に住まないとそういう車は見られないと思いました」

当時を懐かしむように芳野さんが少しだけ上を向いた。食べ物も芳野さんにとってショッキングだった。

「彼らが通っているレストランに入ったら、初めて見る料理ばかりで珍しく、食べれば、それまで口にしたことのない味がいっぱいあるんだから。これは横浜に住まなきゃって確信しましたよ」

芳野さんが20歳ぐらいの頃、50年ほど前の話である。

「本牧のジャズバーで、ショットでバーボンを飲んでる外国人の後ろ姿は、惚れ惚れするほど格好良かった。(老舗バー)スターダストも好きでよく通ったものです」

そんな横浜で会社を設立して店を出したのは、芳野さんが33歳の時だった。扱うのは主に、1960年代以前に生産された国内外のヴィンテージカーだ。「60年代以前」というのには、大きな意味がある。芳野さんがたばこを片手に説明を始めた。

「今のインジェクションとは違って、60年代以前はキャブ(キャブレター)仕様車なんですよ。キャブ仕様車が私は好きなんです」

愛してやまない2000GT

中でも芳野さんが愛してやまないのが、トヨタの名車「2000GT」である。

「私が最初に2000GTの新車を買ったのは、トヨタにいる時でした。給料が2万円ほどでしたが、230万円ぐらいした。これは絶対に手に

(右)当時のトヨタ車にしては、流線型がきれいだと芳野さんが評するセリカリフトバック。「ムスタングがはやったけど、これは和製ムスタングだね」
(左)ヴィンテージカーに乗るなら、細部にもこだわりたい。ステアリングホイールあたりに注目するのも通の証しだ

(上)1967(昭和42)年に登場したマツダの2シータースポーツカー「コスモスポーツ」は、日本初のロータリーエンジン搭載車だ
(下)ダイハツの三輪自動車ミゼットMP5型。一昔前の酒屋などの店先を写した写真には、必ずミゼットがあった

入れなきゃダメだって信じていたからです。親からなんとか借金してね」

まずは、その足回り系に惚（ほ）れたと芳野さんは言う。

「トヨタが当時の最新・最高の技術をこれでもかと用いて、手間ひまかけて完成した。ボディーもハンドメイドでしたから」

車全体から湧き上がる重厚感

当時の高級車の共通項として、材質の良さがあったが、２０００ＧＴのそれは、ズバ抜けていた。頑丈な鉄を使って作られていたのだ。その分、車体の重量もしっかりあったが、それによる比類なき重厚感が、車全体から湧き上がっているようだった。

さらに、２０００ＧＴは、マニアをうならせる魅力をふんだんに身にまとっていた。

「まずは排気音。キャブレターの腹に響く重低音がたまらないんだ」

当然のようにマニュアル車だが、個体によって癖が強く、トランスミッションのギアが入りやすいのとそうでないものがあった。そこが男心をくすぐった。

「自分の所有するこの車は、自分以外は操れないという優越感があったんだ。そこいらの、わからんちんには、乗りこなせないだろうと。コイツは、俺だけの車だっていう、所有欲を満たす車でもあったんですよ」

「でもね」と芳野さんは苦笑いを浮かべる。

「こういうヴィンテージものは、女性からは嫌われるんです。隣に乗れって言っても、『（排ガスが）臭い、（エンジン音が）うるさい』って、だいたい言われるよ」

しかも、暖房はあるが冷房はついていない。夏は厳しいと、芳野さんは口を曲げた。

厄介だが手放せない車

「暑い時には、気合を入れてドアを開けないと、車内に入れないよ。特にここ数年の夏の暑さはひどいからね。あとオーバーヒートも気をつけないとならないんだ」

厄介な車だが、離れられないと芳野さんは笑う。

「手放せない魅力が２０００ＧＴにあるのは紛れもない事実です。一種の中毒だね。自分の目線で言えば、宝石と一緒なのかな。なんでそんな石ころが何百万円もするんだってなるでしょう？ 全く同じで、そんな古い車がなんで、１０００万円以上するの？ってことですよ」

ショールームから少し離れたヤードには、２０００ＧＴをはじめ、セリカリフトバックやハコスカ（３代目スカイライン）など、車好きが身を震わせて喜ぶ往年の名車が眠っている。それらはまるで、現代の道路を疾走する時を、今か今かと待っている野獣のようにも見えた。

通称ハコスカ2000GTのインパネ（インストルメントパネル）。絶妙に配置され視認性も十分に確保された計器類

トヨタの2000GTの後ろ
姿には、得も言われぬ色
っぽさと、力強さがある

DATA

横浜市神奈川区片倉1-2-2
☎045-491-7911
営業時間：午前9時～午後7時
定休日：不定休
https://www.vintage-yoshino.com/

（右）スカイラインGT-R、通称「ハコスカ」は、当時の車フリークを狂乱させた　（左）店の外観の一番目立つ場所に、2000GTの姿が誇らしげに描かれている

ヴィンテージに昂る

04

Exciting Vintage

昭和の古家具が忠実に再生されて現代に降臨

古家具古道具 そうすけ ［神奈川・寒川］

昭和の暮らしぶりが垣間見える、庶民に密着した箪笥や食器棚などを、古家具と呼ぶ。作られた時代は戦前戦後（昭和20〜30年代）が中心だ。そんな懐かしいインテリアを直して売るのが、「古家具古道具そうすけ」（以下そうすけ）である。

例えば、昭和には、本革よりも安価で手に入れられる合皮を使ったソファが流行した。明治以来日本に入ってきた洋風の暮らしが庶民にも降りてきたのだ。購入した人たちは、欧米風のモダンなライフスタイルを手に入れた気分になった。また、無垢の木の表面に薄い木の皮を貼った合板や化粧板を使ったものも登場した。店主の米倉徹さんの表情は終始穏やかだった。

デコラが流行った時代

「50年ぐらい前だと思いますがハリボテが出てきました。無垢の木に突き板が貼られていたり、デコラといった化粧合板が使われた時代の家具です。デザイン的に使ったのか、材料がなかったのか分かりませんが、少なくとも、当時の家具の特徴になっています」

(右)昔どこかの家で見かけたことのあるような家具が再生され、店内に雑然と並ぶ　(左)夏は着なくなったコートなどのかさばる衣類もしまえそうな箪笥と品のいい飾りがついたチェア

他にも、跳ね上げ式の扉がついている下駄箱は、履き物を入れる間口が低く、ぞうり用だったことがうかがえる。少なくとも、スニーカーは入りそうにない。

「当時は街の家具屋さんがわりとあって、ほとんど聞いたことのない家具店のプレートが枠に貼ってあるものなんかもありますよ」

米倉さんが、鎌倉でそうすけを開店したのは、2002（平成14）年（20年3月閉店）。友人から売ってもらったインテリアにもなる家具や道具を販売することから始まった。当初はいわゆるセコハン（セカンドハ

平べったい靴やサンダル用の下駄箱。高さのあるブーツや、最近はやりの大きなスニーカーは入らない

ンド）全般を扱っていて、古着なども売っていた。しかし次第に商品の種類が、土地柄を反映したものへと変わっていったという。

「鎌倉に店があった頃には、古いものの買い取り依頼が多かった。それで縁が繋がり、古家具が増えていきました。買い取った家具を手入れしながら、独学で直して売るようになって、今は、古家具や古道具が得意な店になっています」

注目され始めた昭和の家具

現在、そうすけに並ぶのは、普段使いの家具、本棚、食器棚、ガラス戸棚など。それら古家具の面白さを米倉さんは「中途半端さ」と笑う。

「古い家具はもともとアンティークとかヴィンテージとか呼ばれていました。でも僕らが扱っているものは100年も経ってない。ヴィンテージなんて言葉は、ぜんぜんしっくりこないんですよね。つまり、昭和の初めとか中頃の家具に対して、いい言葉がなかったんです。同時にそれは、昭和の家具があまり注目されていなかったことも意味します。でも実際に扱ってみると、意外とファンがいてくれたので、これは面白いと思いました」

古家具の魅力は、直しているとよくわかると米倉さんはうなずく。

「きちんと木を組んで作ってあって、今の家具よりも確実に手間がかかっています。しかも、きちんと直せる。手間をかければ、部屋に置いてすぐに使える道具に戻っていきますよ」

買い取った家具の手の入れ方は入念だ。仕入れてきたものを一度水洗いして汚れを落とす。乾燥に丸一日をかけ、不具合をチェックし壊れているところは直していく。ガラスは外せれば外して洗い、割れていたら交換。仕上げに塗装をするが、そこも念が入っている。

「なるべく、元の色に近い色で塗装します。可能な限りオリジナルの状態に戻したい。古いものを残したいと思うからです。気を使うし、やりがいもあるところです」

家具は人の思いを繋ぐ

リメイクするのではなく、あえて元に戻すところがポイントだ。

そこには米倉さんの古いものに対する愛情がある。

「作った人がいて、それをいいと思って買った人がいます。私たちの手元に来るまでに、最低2人の人の思いがあります。家具ならば、それを使っていた人がプラスアルファでいる。彼らの思いを踏みにじらないためにも、元の形に限りなく近づけたいのです」

家具は、基本的には短期間で手放すものではない。少なくとも数年、長ければ10年単位で誰かが使っていたものだ。当然、愛着がなかろうはずはない。

「作る人も一生懸命ですし、私たちもそれに応える義務がある。店に並べているものは、自信を持ってお出ししているつもりですよ」

この仕事には楽しさもあると米倉さんはほほえむ。

「買い取った時には、だいたい汚れていますが、手を入れることで奇麗になっていく。その作業は、素直に楽しいところです」

買い取り時に見える人間性

商うのは、家具という名の道具だとしても、それを使っていた人たちの思いは必ずしみ込んでいる。

デスクサイドやキッチンでも使えるワゴン。左は、凝った作りの灰皿。脚部分には、真ちゅう製の装飾が施されている

1写真のフレーミングのせいか、昭和の暮らしを切り取ったような構図だ　**2**右はガラス付きの食器棚、その左隣は中が見えない食器棚。大きさにもよるが茶箪笥などは3万〜6万円台ぐらいがメイン　**3**模様入りのガラスが美しい食器棚。ワイングラスやタンブラーなどを入れればしっくりくる　**4**金具が時代を物語る背の低い箪笥。小物入れやちょっとした道具入れに使えそうだ

「買い取りを依頼するお客様も、いろんなパターンがあります。そんな値段じゃ売れないとか言われることもあります。そういう意味では人間のいいところも悪いところも見えますよね。使ってた人が亡くなって、それを処分する子供たちの表情はやはり寂しそうです。僕は、その人たちの思いも含めて買い取りたいと思っています。ただ、注意しなくちゃいけないのは、それらを気にしすぎると、値段の判断を間違うところです。仕事ってそういうものですよね」

古家具は、量的に年々減ってきていると米倉さんはうつむく。

「鎌倉でも古い家がどんどんなくなっていますから、開業時とは状況が違います。だけど、もしかしたら、僕らが直した家具を誰かが買って、また壊れたら直して使ってくれたらそれは楽しいことですよね」

使う人のライフスタイルを鮮明に映し出すのが家具だ。どんな暮らしをしたいのか、どう生きたいのかまでも見えてしまうことさえある。だからこそ家具選びは楽しいし、こだわる価値がある。選択肢の中に、古家具を取り入れるのもアリだと思う。

DATA

神奈川県高座郡寒川町岡田4-6-32
☎0467-95-9812
営業時間：午前10時〜午後4時　定休日：月
https://www.so-suke.com/

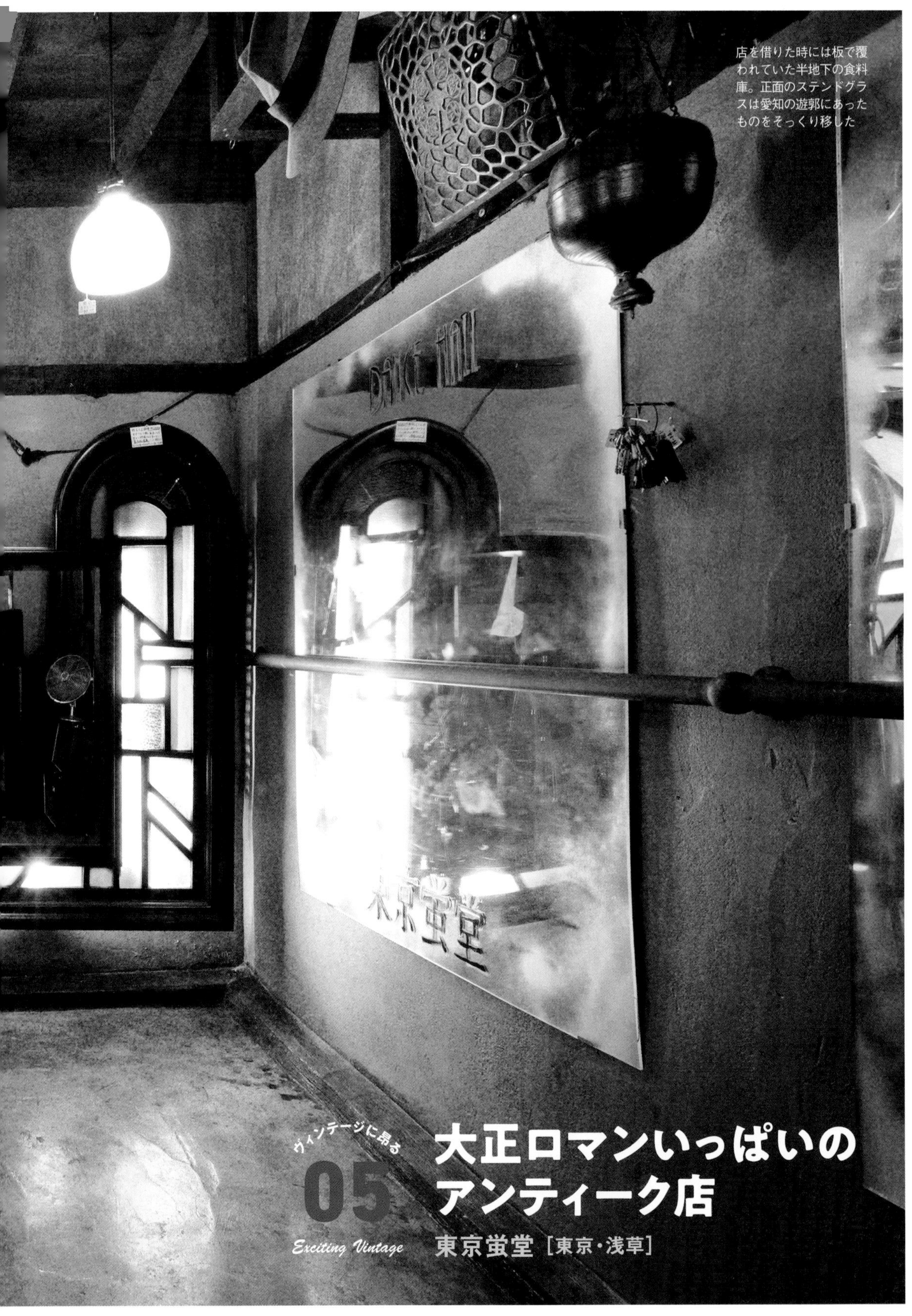

店を借りた時には板で覆われていた半地下の食料庫。正面のステンドグラスは愛知の遊郭にあったものをそっくり移した

ヴィンテージに昂る

05

Exciting Vintage

大正ロマンいっぱいのアンティーク店

東京蛍堂［東京・浅草］

浅草の、とある細い路地の先にその店はあった。店主の稲本淳一郎さんは心ある人物で、大正ロマンを思わせる古物もろもろを商う。

「ある時、店の中で涙を流しながらたたずんでいるおじいさんがいたんです。齢90とおっしゃっていました。泣いてる理由を尋ねると、『昔けんかばかりしていた親父と仲直りができたような気がする』とおっしゃったんです。こんなこともありました。小さな女の子が、商品を眺めながらぼーっとしている。そしてぽつりと言うんです。『懐かしい』って。なぜかは分かりませんでした。もしかしたら、誰かがどこからかよみがえって来て、彼らにあいさつしてくれたのかもしれません」

生まれ変わった「古い館」

大正時代からあった野口食堂の従業員宿舎兼食料貯蔵庫だった跡地が「東京蛍堂」として生まれ変わった。この場所を借りる時から、稲本さんは不思議な縁を感じていたと言う。

最初は庶民的な浅草という街で店を開きたいと考えていた。物件を探していると、ポルノ映画館の上が空いているというので、それはそれで面白いと借りることにした。ところが、先方の一方的な都合で、その約束は反故にされる。そのわずか1週間後に、まだ「表に出ていない古い物件」があると言われて紹介されたのがこの場所だった。クモの巣だらけの物件は、いわくありげな古い館といった感じだった。

「館の番人として雇われた感じがしました」。

そう言って稲本さんはほほえんだ。

「いいものは普遍的にどこかで繋がっている」

それが、稲本さんのポリシーだ。例えば、Aという古いモノがあったとする。親子三代がいると、おばあちゃんはAを使っていた。お母さんは当然のように家にあるモノとして受け入れる。でも、若い娘は何これ、となる。そうやって、親から子へと受け継がれていく。そんなモノを売りたいと稲本さんは言う。しかも、そのAという古くから存在するモノは、自分のルーツを教えてくれるというのだ。

昔の日本を知るのが目的

この店を開くまで、稲本さんはさまざまな仕事に就いた。今思えば、それはまさに自分探しの旅だった。

「自分のルーツを知りたくて、いろいろな世界に飛び込んで、ヘビーメタルのバンドを組んでみたりもしましたが、全然しっくりきませんでした。そんな時に、この場所に出合ったんです」

ここなら、昔から脈々と続く文化

を吸収できると稲本さんは考えた。なぜなら、建物自体に歴史的な事象がたっぷりと染み込んでいると感じたからだ。

「崩れる前に、この場所で仕事がしてみたいと心の底から思いました。ファッションを中心に、ありとあらゆるものを網羅しながら、古い日本を知ることが自分の目的でもあります」

古物を求めて全国を巡る

東京蛍堂は古物商だから、言うまでもなく古いモノを買って、それを売るのが商売だ。ただ、インターネットで買って横流しするようなことはしたくない。十数年前から断捨離という言葉が使われ、捨てられてしまう古いものは全国に転がっている。それらを求めて、全国を駆け巡る生活が続いている。

「1967年製のトヨタのパブリカを直しながら乗って、現地に行き、好きなものを食べて好きな人に出会う。そして好きなものを買い取る。車のガソリン代だけが僕の取り分だと思って、週の半分は旅に出ています」

店主の稲本さんは、さまざまな仕事を経験した後、この場所にたどり着いた。話していると彼の心の美しさがよくわかる

(右)パッと見、なんの店か分からない凝ったエントランス。ドアにさりげなく帽子をかけてあるあたり、稲本さんのセンスを感じる　(左)迷路のように入り組んだ店内は、宝探しに来たようだ。歩くだけでも興奮を抑えられない。メガネなどの小物から洋服、和服など商品はさまざま

ユニークな形のランプが天井からぶら下がる。壊れているものは極力直してから販売するという

美しい小皿の数々。全ての商品が美しく飾られ盛られた料理をおいしく見せるだろう

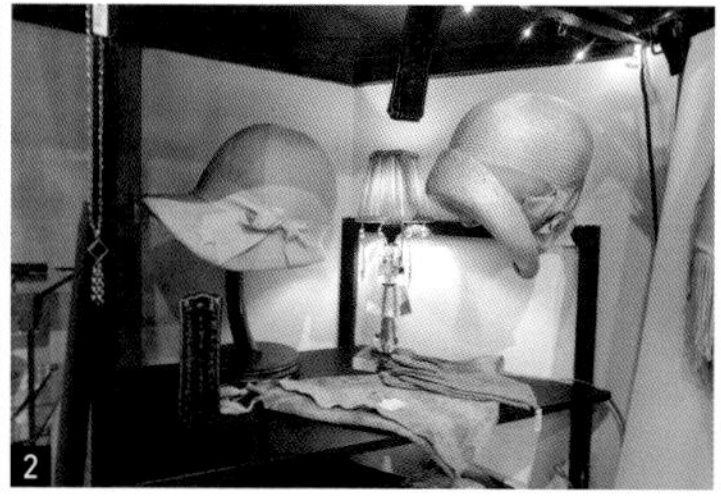

1 大正時代を思わせる着物や帯などを、多くそろえる　2 大正時代や昭和初期に婦人たちが被っていたらしい帽子　3 カラフルな小ぶりのバッグは和装にマッチするように見えるが、洋服にも合わせても面白い

持ち帰ってきて、磨いたり整備したりする時間の中で、古いものがどんどん好きになっていく。本当にいいものは嘘つきな大人より、よっぽど正直だと稲本さんは言う。

「ある時、買い取った時計の文字盤を開けたら、中に『時を待ちなさい』と書いてあったのも不思議な経験でした」

店に並ぶのは、ファッションを中心にした、あらゆる道具たち。自分の好きな世界、衣装、自分の好きな景色と、理想の女性像や男性像に近づけるための服や小物、道具などオールジャンルで売っている。

「服は着て、道具は使ってこそ価値がある。僕が皆さんに言いたいのは、自分の故郷に帰って、箪笥や蔵があれば中を改めて見てほしいということ。モノが捨てられる現場を見ていると、いつもいたたまれない気持ちになるもんですから」

稲本さんは経験してきた仕事から、深くて広い技術や知識を身に付けた。

「今度はそれを他の人たち、特に若い人たちに還元したいと思っています。2011年にこの店をオープンした時から、不思議な出来事がたくさんありました。考えたら、結局はその不思議な出来事も、多くは人との出会いでしかないんですよね」

すてきな出会いが待っている

そもそも、人との出会いが一番不思議だ。出会った理由は誰にも分からないし、偶然なのか必然なのか答えも出ない。でも、東京蛍堂には、ヒントがきっとあるはず。そんな気がしてならないのだ。その答えを探しに、店に足を運んでほしい。そこには必ずや、すてきな出会いが待っている。

DATA

東京都台東区浅草1-41-8
☎03-3845-7563
営業時間：午前11時〜午後8時
定休日：月、火（祝日の場合営業）
http://tokyohotarudo.com/

(右)モダンガールを思わせるハイヒール。色合いとユニークなデザインが秀逸だ
(左)古い櫛(くし)。櫛で梳(と)かすと髪に艶が出ると、サザエさんの母親フネも言っていた

アメリカンカルチャーのほぼ全てを網羅すると思われる店内。個性的な商品が所狭しと並ぶ

ヴィンテージに昂る

06

Exciting Vintage

古き良きアメリカの空気にテンションマックス

横濱コレクターズモール［横浜・山下町］

「横濱コレクターズモール」の店主・針生（はりう）龍一郎さんにとってアメリカは子供の頃から身近な存在だった。生まれた頃、横浜・本牧には、米軍のベースと日本人の住む街を区切る鉄のフェンスがあった。

子供の頃から米国文化に親しむ

当時の日本の若者の中には、アメリカに対する強烈な憧れをもつ者も多かった。1976（昭和51）年に創刊された「POPEYE」（平凡出版＝現マガジンハウス）によって紹介された米・西海岸カルチャーのインパクトは計り知れない。スケー

針生さん自身のブースの前で、このポーズ。取材者として、そのサービス精神に心から感謝を申し上げます

トボードやサーフィン、ジョギングシューズなどの特集は若者に多大なる影響を与えた。特にリーバイス、リーのジーンズ、ナイキ、アディダス、プーマのスニーカーなどファッションアイテムの紹介は当時の読者をとりこにした。

そんな時代、針生さんの父親・守俊さんは仕事でアメリカを頻繁に訪れていた。

「やがて、古いモノが好きだった父が、50～70年代のおもちゃを含めた雑貨を日本に輸入して商売を始めたんです」

その頃の針生さんは、海外やグッズには興味があったが、ヴィンテージへの思いはそれほど強いものではなかったという。

「子供の頃に、山手に住んでいて、外国人が今よりもたくさんいました。母に連れられて、ものすごく盛り上がっていてたシルクセンターのアーケードに出かけ、マッチボックス（イギリスの玩具ブランド）のミニカーをよく買ってもらいました」

心を動かされたテレビ番組も、ウルトラマンや仮面ライダーよりも、ハンナ＝バーベラのトムとジェリーだった。

「家のラジオからはFEN（米軍極東放送網）が流れていました。だから、アメリカ文化が自然に身に付いたのだと思います」

スワップミートが先生だった

中学生ぐらいになると父親である守俊さんの仕入れに連れられてアメリカに行くようになる。

「スワップミートなどに出店しているアンティークショップで商品を探しながら、ヴィンテージの知識を植え付けられ、だんだんと惹かれていきました」

もともと守俊さんが始めた横濱コレクターズモールは、50～70年代を中心にした雑貨やおもちゃ、衣類や雑誌など、当時のアメリカのムードがプンプンとする店だ。現在は針生さんが2代目として後を継ぎ、守俊さんもたまに顔を出す。

モノの裏にも小さなドラマ

「この仕事の面白さは、仕入れで好きなアメリカに行き、その土地を自分の足で踏めること。ごちゃごちゃと店が並ぶにぎやかなスワップミートなどを巡る醍醐味もほかではできない体験ですね」

針生さんは現地を思い出すように遠くを見つめた。

「あと、古いモノは状態が一つひとつ違っているので、いい状態のものをいかにリーズナブルに手に入れるかという商売的な面白さがあります。もう一つは、古い看板やディスプレーのケースなどにはどうしても傷がついてしまいます。それらの傷がどうやってできたのかを想像するのが楽しいんです」

どういう場所で使われていて、傷がついたのだろうというようなストーリーを勝手に妄想する。それだけで、使われていた時代の風景が広がっていく。

「ぬいぐるみや人形も、状態がいいと仕入れますが、状態がいいということは遊んだ形跡が希薄。なんで持ち主は遊ばなかったんだろうとか、触ることさえはばかられるほど大事に扱っていたのかなどと、勝手に想像を膨らませます」

逆に破けたぬいぐるみも、遊び倒した証拠だし、本当に好きだったのだろうと思ってしまう。モノの裏に

レジ横に置かれたビキニの美女にメロメロ。ぐるぐると回っているのも魅力的だ

店の入り口に立った瞬間からワクワク感を覚える。中に入ればテンションマックスに

みえる小さなドラマを通せば、人間の面白さが見えてくるのだ。

「古いモノのコレクターは、わりとジャンルに特化して集める人が多いのですが、僕はいいと思ったらなんでも買ってしまいます」

　だから、店に並ぶ商品のジャンルは、めまいがするほど多岐にわたる。商品を委託販売するための「スペース貸し」もしているので、さらにバラエティー豊かだ。

随所に車の雑誌やポスター

「ベースは1950～80年代のアメリカのモノが中心ですが、それ以降に作られた食器やちょっと変わったキャラクターモノなどもありますよ」

　面白いのは、「紙モノ」が随所に飾られているところだ。

「個人的に好きなんです。車関係の雑誌やマニアックなポスターなどですが、ほとんど売れません。極めて個人的な趣味です」

　さらに、シリアルの入っていた箱に視点を向けるのも、針生さんのユニークなところだろう。

「現地でケロッグなどのシリアルを買って食べて空き箱を潰して持ち帰ります。こちらは、最近ちょっと人気が出てきてますよ」と複雑な表情で針生さんは言った。

雑多な店内で宝探しを

　ヴィンテージの良さは、デザインや色合いが凝ってるところだ。

「例えば、無駄に大きい、家具調のブラウン管のテレビはいまだに惹かれます。上に何かを飾ったりできた。逆に最近のはデザインがオシャレですが、僕はあまり魅力を感じません。某量販店に行っても全部形が同じ。部屋はスッキリするんでしょうけど、面白みに欠けると感じてしまいます」

　針生さんは言葉をつないだ。

「この店に絡めて言うと、ごちゃごちゃしているのがポイントだと思うんです。その中から自分の琴線に触れる『何か』を探すのは、面倒な作業ではありますが、見つかった時の喜びは大きいんですよ」

インディアン・ジュエリーも

　そんな商品の目玉の一つとして、インディアン・ジュエリーがある。

「アメリカ先住民の作家が作っている本物です。アメリカでも人気があります」

　一般的には、ゴツいと思っている人も少なくないと思うが、現実には、繊細にデザインされたアクセサリーであることに驚く。たまたま店を訪れていた、委託販売スペースに商品を並べる「CzHsクレイジーホース」の五十嵐一馬さんが解説する。

「時代によってデザインに変遷があります。作られ始めた頃には、大きい石がゴロゴロ付いていたものが多かったのですが、50年代ぐらいになると洗練されてきます」

　現役のアーティストの作品で、オーダーメードのものもあるが、50年

DATA

横浜市中区山下町1
シルクセンターM1F
☎045-651-0951
営業時間：午前11時～午後6時（平日）
午前11時～午後5時半（土、日、祝）
定休日：水（祝日の場合は翌日、第2火曜）
http://www.usd.co.jp/collectorsmall.htm

1架空の海底都市「ビキニタウン」で繰り広げられる物語の主人公スポンジ・ボブ。いかにもアメリカンなキャラクターだ 2「空を見ろ！鳥だ！ 飛行機だ！いや、スーパーマンだ！」。言わずと知れたアメリカンコミックスの決定版の主人公スーパーマン（クラーク・ケント）の人形も 3裸でディスプレーされたレコードが何とも刺激的で、しばらく脳裏から離れなかった 4カジュアルなアメリカンファッションがそろうのも特徴。状態の良い古着も多く、中には掘り出し物も 5洗練さを感じさせるインディアン・ジュエリー。アメリカ大陸の原点を見る思いだ

5

代から80年代に作られたアクセサリー類も興味深い。

「ナバホ族や、オーバーレイと呼ばれる糸ノコギリで絵柄を切り取って作られたホピ族の年代ものもそろっています。すでに亡くなってるアリゾナ州の人間国宝級的な作家が制作した古いブレスレットなどは、好きな人が見たら発狂しますよ」

米国の匂いと横浜の香り

この店が横浜にあることの意味は大きい。

「インディアン・ジュエリーなど珍しいモノも含めて、あらゆるグッズが当店にはあふれています。ただ僕がお客様に伝えたいのは、アメリカの当時の匂いや空気感なんです。それを体感できる場所になりたいと考えています。一つのジャンルに執着するのも否定はしませんが、できれば全体的に好きになってもらって、リーバイスの古着などのファッションや、日本では見られないおもちゃやグッズ、音楽も含めたライフスタイルに興味を持っていただけたらすごくうれしいと思っています」

観光客の中には、横浜には「横浜っぽい雑貨屋」がたくさんあるだろうと思ってくる人も多いはずだが、実は見つけるのには骨が折れるのも事実だ。

そんな時には、横浜コレクターズモールに足を運ぶといい。アメリカと横浜の古き良き香りが、店内に色濃く漂っている数少ない店の一つだ。

ランプの下で本を読んでいるスヌーピー。可愛い

シーマは『相棒』乗れる限り一緒に

伊藤かずえ 女優

日産の高級セダン「セドリック」や「グロリア」の上級車種として1988（昭和63）年に発売された初代「シーマ」。爆発的にヒットし「シーマ現象」とも言われた。90（平成2）年から30年以上乗り続けている女優の伊藤かずえさんに、愛車へのこだわりや思いの丈を聞いた。

ただ大切に乗ってきただけ

シーマは、私が買った3台目の車です。3年乗った後に、買い換えようとは思ったんですが、当時、乗りたい車が他にありませんでした。

元々の造りや素材が良かったというのもあるとは思いますが、特にシートの座り心地が気に入っていたからです。もう少し乗ろうという気になり、車検はもちろん、ことあるごとに調整をしてもらっていました。自分の中では、「ただ大切に乗ってきた」結果として、30年たったっていう感覚です。

シーマは、24歳ぐらいの時に買いましたが、20代前半の女性がこのセダンに！って思ったこともありました。その前は、スポーツタイプの車に乗っていたんですけど、初めてのシーマに試乗した時に、いい感じって思って、今まで乗ってきた車より、体にフィットする感じがありました。

実際に乗ってみると、大きく見えても小回りも利くし、立体駐車場で「3ナンバーは、入れません」という場所でも、ギリギリ入れちゃうんです。幅はそんなに広くないんです。今のクラウンとかと比べて全体的にコンパクトに仕上げてあるのも気に

視界がいいので運転しやすいんです

伊藤かずえ
いとうかずえ

1966年神奈川県生まれ。小学生から東映児童研修所に入所し、1979年に映画「花街の母」でデビュー。18歳の時に出演したドラマ「スクール☆ウォーズ」の富田圭子役でブレイク。2020年に、愛車である日産「シーマ」の1年点検の様子をSNSへ投稿し話題となった。

1 旧車ならではと思わせてくれるスピードメーター。懐かしさが込み上げてくる 2 ナンバープレートの分類番号が2桁なのは長期所有の証し 3 手作りのキーホルダー

入っているところです。さらに、視界が広いので、運転しやすい。車高も低いですしね。慣れているってこともあると思いますけど。でも、どんなに大切に扱っても、いつかは傷がつくし壊れるものです。さすがに30年たつと「塗装がまだらになってきたなぁー」って感じ始めて、だんだん気になるようになっちゃって。

そこで、全塗装してもらおうと思ってディーラーの方に相談したら、100万円ほどかかることが判明して迷いました。日産さんにお願いすると、全部ドアを外して、見えない部分も、塗装がはがれているところはやり直してくれるそうです。塗装が古くなってるってことは、エンジンやその他のパーツもガタがきているだろうと考え、遅かれ早かれ修理しなくてはならない部分が出てくるのは目に見えていました。あと2年か3年乗ったら買い替えになるだろうと予想してましたが、もう少し乗ってみて、それから考えようと思いました。

30年目に贈られた花

新しく買う車を探し始めてみると、欲しい車がないんです。セダンが欲しかったんですが、最近の車は馬力も上がったし、環境にも優しくなっているんだろうけど、丸っこい車体が多く、私の好みではありませんでした。セダンはやっぱりある程度カクカクしてたほうがそれっぽいなって。

そんなこんなで結局気が付いてみれば、30年も乗り続けることになりました。もちろん、それはシーマが気に入っていたからというのが一番の理由でもあります。

ちょうど30年目の点検をお願いしている時に、神奈川日産 宮前店さんに、お花をいただいたんです。「長いこと大切に乗っていただいてありがとうございます」というメッセージが添えてありました。それをボンネットに載せて、「30年たちました」ってブログに載せたら、それが反響を呼んで、いきなりすごいことになっちゃって。日産さんにもあらゆるところから連絡が来たらしく、「こんなに大切に乗っているんだから、レストアしてあげたら」って。

ブログに載せて、半年もたたないうちに、日産さんから連絡が来ました。その前に、町工場みたいなところで、安い値段でやってくれるって話もあって、そちらにお願いしていたところに、日産さんからの驚きの連絡。フルレストアでやってくれるって言っていただいて、「じゃあお願いしよう」ということになったんです。

これって、SNS（ネット交流サービス）が一般的になった今ならではというか、シーマを買った当時だったら、考えられないようなことが実現できたなって。ソーシャルメディアがなかったら、実現してなかったことですよね。

私だけのために、こんなに大きな会社が動いてくれるわけないし。相当な数の意見（お願い）が日産さんに届いたらしいんです。

レストアなので、純正のホイール

など、あるものそのまま磨くなどの整備をしていただきました。タイヤそのものはさすがに変わりましたけど。部品もエンジンも含めて奇麗に磨いていただきました。

その様子は、YouTubeのディスカバリーチャンネルで紹介されています。エンジン下ろしから、何から何まで、かなり詳しく番組で扱ってくれました。時々、私ものぞかせていただいて、その様子も映っています。それを見ると、メカニックの方が、ほぼ一人でやってくださったようです。

乗り続けて改めて感じた愛着

乗り慣れた車だし、車両感覚も身についてます。車の個体によっても、クセや個性があり、一体感すら感じてました。調子が悪いと、アクセルを踏んだ時になんとなく感じが違ったりするんです。案の定、点検に持って行ったら、故障していたり。そういうのって、長年乗ってないとわからない部分ですよね。宮前店さんからいただいたお花も大きなきっかけになったとは思うのですが、改めてすごい愛着を感じてしまっていました。だから、レストアって話がなくても、もうダメだってところまでは、乗ろうと途中からは思うようになってました。

車内は、ほぼそれまでと変わっていません。シートも変わってない。「革シートにもできますよ」って言われたんですが、夏は熱くなりやすいし、革の匂いもあまり好きではないので、元の通りファブリックにしました。でも、全く同じ型番の布はもうなくて、新しく似たような生地を改めて作ってもらいました。

そのシートの張り替えに特殊な技術が必要で、一番大変だったと伺いました。オーディオは、何回か壊れてしまい、取り替えています。ナビも、ちょっと古いタイプでしたので、新しいのに取り替えてもらいました。

エンジンの出力も変えてません。10万キロの時に載せ替えたんですけど、そこからでも22年たっています。だから、今回のレストアは、言ってみれば「奇麗」にしていただいた、いわば「元の状態に戻す」というレストアの本道だと思います。

今、旧車の人気が高いみたいですね。YouTubeでもよく見かけるし、値段が上がっています。いろいろな車を楽しみたいオーナーもいて、欲しい人はすぐに買い替えちゃう。そういう時代ですよね。

車に魂が宿っちゃってるよう

シーマレストア完成お披露目会の日、かけられたシートが開いた時に思わず涙が出ました。あのままでも愛着はありましたが、元々乗ってた車が、思った以上に素敵な仕上がりで、納車したての新車の香りまで感じました。「よみがえってくれて、これからまだまだ乗れる」と思ったら感動しちゃって。細かいところまで、心を込めて作業をしていただいたからでしょう。

相棒っていう思いはあります。こんなに長く付き合っていると、魂が宿っちゃっているような感じで、私の意識とは別に、車が危ないよって、危険回避してくれる、車が勝手に危険を察知して避けてくれたんじゃないかと思う瞬間までもあります。

レストア後は、どこも擦ってないし。危ない目にも遭ってないので。

これまでのシーマとの付き合いを話す伊藤さんの目は、驚くほど輝いていた。愛情の伝わる表情が印象的だった。長く付き合って来たモノに対する思いが、聞く者の心にダイレクトに届く。

互いの心が通じ合う喜びを運転するたびに実感します

乗れる限り付き合っていきます

物を大事にするってそういうことなのかなって、改めて感じています。私にとって、旧車に乗り続ける「意味」って特にないのですが、好きだからずっと乗っているだけなんです。

「伊藤かずえ仕様」ミニカーも

今走っていると結構目立ちますね。信号待ちでトラックの運転手さんに手を振られたり、駐車場でガン見されたりしますね。

昭和ではありませんが、良き旧車です。平成2（90）年モデル（Y-31、TYPEⅡリミテッド）です。いまだに人気があって、トミカからミニカーも売られています。ミニカーには、レストアした私の車「伊藤かずえ仕様」もあります。

メカニックの方に感謝

レストアをしていただいたメカニックの方に対しては、「感謝、感謝」しかありません。ホイールも、同じものをわざわざ作ってくださったり、すごく輝いているなって感じています。時々見学に行くと、メカニックの方たちも楽しんでやってくれてる雰囲気が伝わってきました。

作業の一番最後にエンブレムをつけるんですが、「これでお別れって、なんだか寂しいですね」ってメカニックの方がポツンとつぶやいたのを今でも思い出します。ついていた古いエンブレムは、フォトブックの中に入れてくれました。かけがえのない宝物です。

乗り続けることが究極のエコ

車に限ったことではありませんが、一昔前ならちょっと故障するとすぐに手放してしまうという傾向はあったと思います。一つのものを大切に使うのって、特に今の時代、一つの認識だと思うんです。それと、ずっと乗り続けるのが、究極のエコだとも思います。解体するにも汚染されたりするわけだし、不必要なものは、捨てなきゃいけないわけで。何でもかんでも、捨てちゃうのではなくて、車に関しても、魂が宿っているのを感じるのは、長く乗ってないと、湧いてこない気持ちだと思います。

車庫に入れて、今日はもう運転しないけど、「今日も一日ありがとうね」って声をかけて、エンジンを切るんです。

Column

三角窓 重ステ 手動ウインドー…
FUN TO DRIVE

モータージャーナリストの故・三本和彦氏がテレビで言っていた言葉をよく覚えている。
「これね。いつもお願いしているんだけど、三角窓をつけてくれると、いいんですがねえ」
確かに、少し開けるだけで、冬は暑くなりすぎた車内に新鮮な空気が入ってきて気持ちがいい。夏は全開にすれば、外の新鮮な空気を車内に送り込み、暑さを和らげてくれる。また、降雨時には曇りが取れる効果もあった。

日本に車が普及するようになった1960年代半ば〜後半頃は、「電動」という装置はほぼなかった。窓もクルクルと手動レバーを回して開ける。ドアのキーはキーホールに差し込んで、運転席のみの解錠だった。冬はまだいいが、真夏にドライブに行った場合、駐車場に止めていた車内は、灼(しゃく)熱地獄と呼ぶにふさわしい状態だった。全ての鍵を開けるのは、運転手の役割で、ドアロックの黒い棒を一つずつ引っ張り上げなければならなかった。それだけで、汗が噴き出る。同乗者は、急いで窓を全開にするが、もちろん電動ではなく、レバーを大急ぎで回した後、たばこを吸いながら、発進するまでドアは開けっぱなしにされた。

初期のカーラジオにはプリセット機能はなく、チューニングボタンで選局していた。選局時に「ピュー、フニョ〜」という耳障りな音を我慢しながら、放送局を探した。カセットデッキ(4・8トラックではなく、通常のカセットテープが再生可能)が登場したのは1968(昭和43)年、クラリオン製だった。自分の好きな音楽が自由に聴ける「車のリスニングルーム化」のスタートである。

運転もどんどん楽になっていった。最初にパワーステアリング(パワステ)を回した時には、こんなに楽なものがあったのかと仰天したものだ。特に駐車場などで、切り返してスペースに停める時には、「フーフー」と汗をかいていたものだが、パワステはそんな時に威力を発揮した。トランスミッションもマニュアルしかなかったので、今から考えると、大忙しだった。マニュアル車は、時にエンスト(エンジンストール)を起こす。特に免許取り立ての頃は、発進する瞬間が一番緊張した。横に女の子を乗せていようものなら、格好悪いことこの上ないので、特に慎重になった。坂道発進時なども冷や汗ものだった。逆にトランスミッションを上手に繋ぎ、滑るように走り出した時には、誇らしい気持ちにもなった。

昔の車は、全てが「機械式」だった。だからこそ、その魅力にのめり込んでいった側面があるのだと思う。今の時代は、制御は全てコンピューター任せ。格段に運転が楽になったのも事実であるが、機械を操る楽しさは消えた。いつの頃からか三角窓、銀色のバンパーもなくなった。

もう一つ、旧車との違いは、車体のデザインに特徴がなくなってしまったことに尽きると思う。極端な話、街を走っている車はどれも同じに見えてしまうのだ。「昔の車は機械だから、技術さえあれば直せる」と、旧車を直してピカピカに磨き上げ、客に提供する車屋のおやじたちが口をそろえる。また、彼らは同じように、「旧車は個性派ぞろいだった」と少し寂しそうな顔をする。

現代の車は画一的だ。作るのが楽だからである。しかし、「面白み」という点では疑問符をつけざるを得ない。かつて車は、大人たちの「おもちゃ」だった。所有し運転し好きな場所へと移動する。

そんなうま味を車が失っていくのを見るのは寂しい。しかし、「それも時代なんだよ」とクールに構えるのが、「現代風」なのだろうか。

chapter 7

Retro Heritage

世界レトロ遺産

昭和の建築物、下町の駄菓子屋、チンドン屋……。
編集部が次世代に残したい貴重な物事を“世界レトロ遺産”として勝手に認定。
死ぬまでに行きたい選りすぐりの昭和のレトロ遺産を紹介する。

往年の名画の巨大看板は館の奥。泥絵の具が醸す独特の色調が、今となっては新しく感じる

世界レトロ遺産
01
Retro Heritage

令和の若人に昭和の元気と活気、情熱を届けたい

昭和レトロ商品博物館［東京・青梅］

館内に入った瞬間に伝わってくる不思議な「熱」は、まごうことなき昭和という時代が持っていたそれと同じだ。1800年代の終わりから、1945年（昭和20）年8月15日、第二次世界大戦に負けるまで、日本は戦争に明けくれた。勝っているうちはまだ良かったが、近現代の大きなうねりの中で初めて敗戦という苦汁を飲まされた。しかし、日本人のすごさはそこから発揮されることになる。

「暗い時代は確かにありました。でも戦後、なんとか元気をだして復興にまい進し、オリンピックを成功させ、新しい時代を作り上げていくんだという情熱が、私たちの親や祖父母たちにはあったのです」

「昭和レトロ商品博物館」の横川茂裕さんが、穏やかな表情で言う。50年代から70年代にかけて、日本は勢いに乗る。人々は、明るい将来を信じて突き進んだ。あらゆるものがキラキラと輝き始めていた。「BGMには、植木等さんの歌をよく流すんですよ。『スーダラ節』は当時の大ヒット曲ですが、今聞いても元気が出る曲ですよね。来館していただい

(上)各家庭に必ずあった大型のマッチ箱。お父さんにとってはたばこのお供、お母さんたちは、主に台所でガスコンロに火をつけるのに用いた　(下)日本専売公社のキャッチフレーズは秀逸だった。いわく「たばこは生活の句読点」。ゴールデンバットは、2019(令和元)年まで現役だったロングセラーだ

(右)館内にはレトロ看板、映画看板をはじめ、懐かしの昭和の日用雑貨も展示している　(左)子供たちが熱狂した駄菓子屋の店頭が再現されている

た方に、元気だった日本人を感じてほしいんです」

あふれるものづくりの情熱

インスタントラーメン、市販用レトルト食品、缶コーヒーなど誰も見たことのない、想像すらできなかった商品が次から次へと世に現れた。「高度経済成長期」と「生み出される商品」とが見事にシンクロし、生産されるモノは時代の象徴となった。

「そんな商品を包んでいたパッケージは文化そのもの。誰もが自由に好きなものを買えるようになって、需要も爆発的に増えました」

メーカーにも作り手としての情熱があふれていた。そんな昭和の特徴は、モノのないまっさらなところに、一から生み出された商品が登場したところだろう。インパクトは、現代の比ではなく、人々の心を確実に捉えていった。

消費者が情報を得るのは、ラジオかテレビ、新聞や雑誌だったが、特にテレビでは、初めて見る商品が連日のように、紹介されていた。

「プロダクト自体が優れていたからこそ、コマーシャルにもインパクトがあったと思うんです。それでないと、消費者には受け入れられなかったでしょう」

もう一つの特徴は、多くの商品が極めて革新的だったところだ。インスタントラーメンは最たるものの一つである。

「チキンラーメンはいい例です。お湯を入れるだけでラーメンが食べられるなんて驚きでしかありませんでしたよ」

一方、消費者にとってみれば、値の張るものでも、なんとか手に入れることができるようになった。高度経済成長のおかげである。物価は上がったが、並行して給料もグングン上がった時代である。

「テレビやカメラなどはサラリーマンにも手が届くようになりました。高価でしたから、みなさん大切に使います。結果、思い入れも愛着もわいてくるから簡単には捨てません。そんな状況の中で残ってきたものが、当館には展示されています」

商品と持ち主の関係が、親密であったことは想像に難くない。押し入れの奥にしまわれた、使わなくなったが捨てるには惜しいモノをどこか

で役に立ててほしいという持ち主の思いが、ここに飾られている商品には詰まっている。

商品パッケージを切り口に展示

同博物館の開館は99（平成11）年。「昭和」において我々が日常的に消費していた商品（菓子・飲料、雑貨、文具、薬など）の包装にスポットを当てて展示している。パッケージは、品物を思い描かせ購買意欲を想起する重要な「アイコン」である。

「この切り口は、日本では最初の試みだと自負しています。メーカーに保存されているものも少ない。それらを見られるのが、当館の存在意義だと考えてます」

青梅駅から徒歩5分のこのあたりには、元々商店が軒を連ねていた。店主たちが集まって作り上げたこの博物館も、かつて存在していた家具屋の建物をほぼそのまま使っている。

「展示物は、近所の家にあったモノを持ち寄ったり、昭和B級文化研究者の串間努氏のコレクションなどから拝借した約7000点を陳列しています。倉庫には、まだ並べきらない商品パッケージがたくさんありま

（右）瓶詰めで売られていた牛乳や乳酸飲料の紙のふた。よくぞ残してくださいました　（左）昭和の駄菓子屋を再現しているコーナー。サクマのいちごみるくやトライデントシュガーレスガムなど郷愁を誘う商品も

すよ」

横川さんは自信に満ちた口ぶりで言った。

レトロタウン青梅

青梅駅周辺は映画館が並ぶ街でもあった。その雰囲気を復活させようと、94（平成6）年に往年の名画の看板が街の至る所に飾られた。描いたのは、最後の看板絵師と言われた故久保板観（本名・昇）氏である。昔と同じく泥絵の具を使用。そのうちのいくつかが、館内に飾られている。

「映画の看板は、上映されている短い期間だけ掲げられるもので、長く置いておくものではありませんが、雨風にさらされてすぐにダメになります。だから、私どもは、本物の絵師が描いた貴重な資料として、当館に保存しているのです」

映画看板が並ぶ街として、横川さんの父親であり館長の秀利さんが中心になり、町を盛り上げようと企画した施設の一つが、この博物館だったというわけだ。

「『昭和レトロ』という言い回しは、父が元祖だと言われています。それから青梅は、レトロな街として皆さ

んに認知されるようになりました」

　以前は比較的、年配の客が懐かしさを求めて訪れることが多かったが、最近は若者の割合も増えていると、横川さんはうれしそうだ。

「年配の人はもちろんですが、若い人たちに、昭和の元気を届けるのが僕らの仕事だと思っています」

　彼らに何かを感じ取ってもらいたい。さらにそこから、新たな何かを生み出すきっかけになってほしいと切に願うのである。

映画の街・青梅

一昔前、「映画看板の街」として町おこしを始めた青梅。一時期は、旧青梅街道沿いに三つの映画館があり、駅構内や街中に古い映画看板が掲げられていた。しかし、看板師の久保板観さんが2018（平成30）年に亡くなり、老朽化した看板は新しく描き直されることなく撤去されていった。そして21（令和3）年、街の人たちの「また青梅で映画が観たい」という声に応えたのが、元俳優の菊池康弘さんだ。全国でも珍しい木造平屋建ての映画館「シネマネコ」を開館した。「街の看板」として、再起を期待したい。

（右）未来を描いた漫画「鉄人28号」に少年たちの心は躍った　（左）沢田研二と映画看板に描かれた「千両獅子」の市川右太衛門が並んで見えるのが面白い。もちろん両者とも昭和の大スターだ

歴史的建造物に指定されている元家具屋の建物をほぼそのままの状態で使用。館内へ足を踏み入れると、昭和の熱に襲われる

DATA

東京都青梅市住江町65
☎0428-20-0234
開館時間：午前10時～午後5時
開館日：金、土、日、祝
入館料：大人350円、小・中学生200円、団体料金あり
https://twitter.com/gentokan

駄菓子の種類の充実度はかなりのもの。昭和からあったモノもたくさん並ぶので、大人も十分楽しめる

世界レトロ遺産
02
Retro Heritage

心に染みる名フレーズ 駄菓子も扱う牛乳店!?

梅原牛乳店［東京・お花茶屋］

「牛乳だよおっ母さん」というユニークなフレーズに、ニヤリとさせられる。よどみなく話す店主の梅原ふみいさんが説明を始めた。

「綾小路きみまろのCD聴いていたら、『糖尿だよおっ母さん』ってのがあって、そこから思いついたのよ」

（「東京だヨおっ母さん」の）パクリのそのまたパクリだ。しかし、面白いから全く問題ナシ。店内外には、このような彼女の手書きでつづられた口上が至る所に貼ってある。「お菓子はね 心をいやす 必需品」「心に音楽 心に駄菓子 足りてますか」。秀逸なのは、「人が笑うのは 生きるため」。心に染み込んでいくフレーズだが、これは駄菓子屋「梅原牛乳店」の根本的なポリシーだ。

スタートは牛乳の販売店

元々は、学校給食の牛乳として知られた「コーシン牛乳」の販売店だった。創業は1974（昭和49）年である。

「牛乳屋は配達があって朝が早いけど、その後は暇なのよ。それで、なんとなく駄菓子を売り始めたの。そうしたら子供たちが来てくれるよう

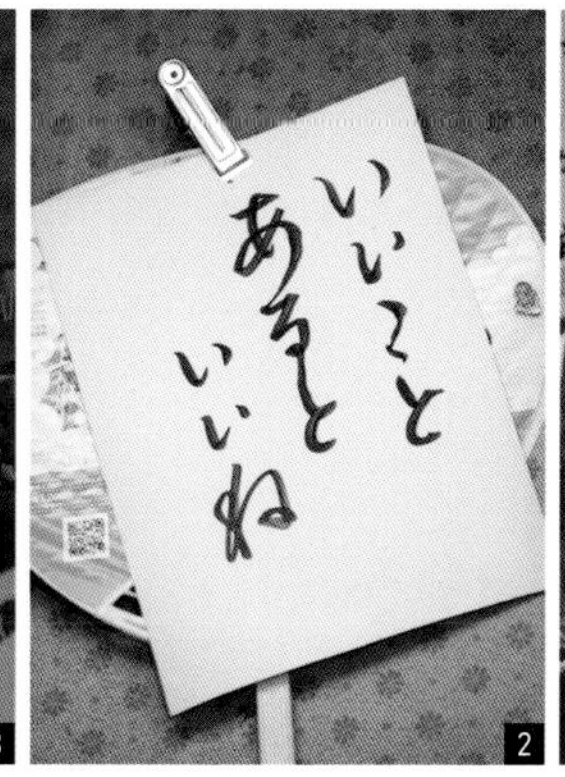
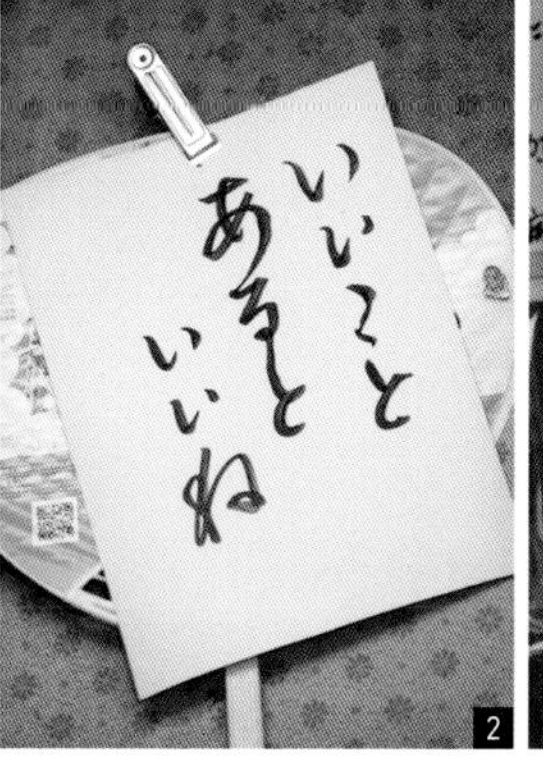

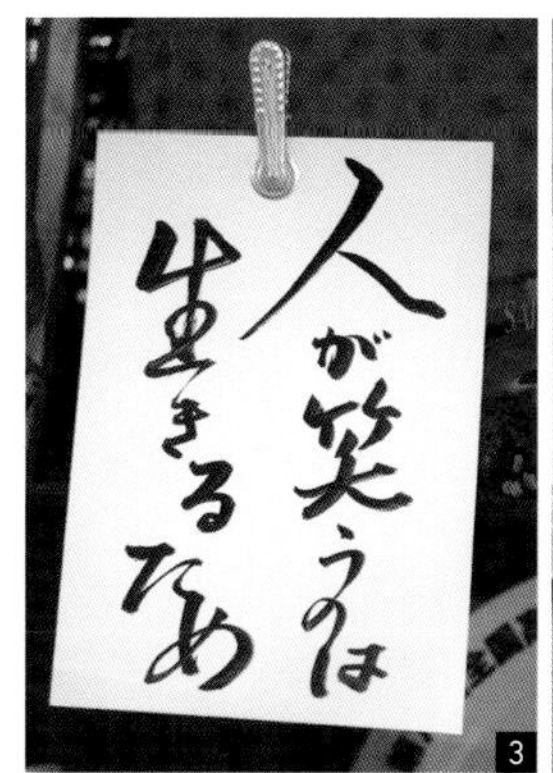

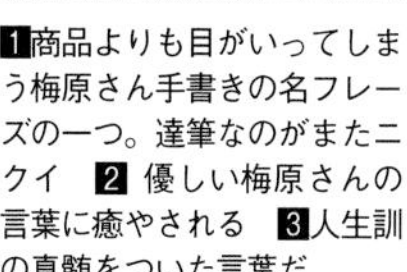
1商品よりも目がいってしまう梅原さん手書きの名フレーズの一つ。達筆なのがまたニクイ 2 優しい梅原さんの言葉に癒やされる 3人生訓の真髄をついた言葉だ

になって、話をしてると、けっこう退屈しのぎにもなったのよ」

最初は少しだったが、商品は次第に増えていった。だが、牛乳の宅配は年を追うごとに少なくなる。かつての家々の入り口には、黄色い斜めのふたの付いた牛乳受け箱が置いてあったが、それもほぼ姿を消した。

「あたしも子供2人いるけど、継がせようとも思わなかった。大変な仕事だから。時代の流れもあるし、しょうがないですね」

こうして牛乳の販売店は、立派な駄菓子屋と相なったのである。

50年前と比べて駄菓子屋の数はほぼ10分の1まで減ったが、探してみるとまだまだ頑張っている店も少なくない。しかしここはそんじょそこらの駄菓子屋と趣が違う。まず店名が駄菓子屋なのに「梅原牛乳店」。さらに店先に備えられたベンチ（一部は牛乳運搬用のコンテナを使用）には、近所の常連が取っ替え引っ替えやってきては話をしていく。午前中の年齢層はかなり高めだ。椅子に座って、長居する人も多い。

「世間話をして1日が始まるの。だいたい5、6人ぐらいが出たり入ったりするわね。大切だなって思うのは、人との触れ合いがあることかな」

内容は、たわいのない日常の出来事。難しい話はナシだ。

「この歳になると、足が痛いとか腰がつらいとか、病気の話も多いよ。しまいには墓の話まで始まっちゃう」

そう言って梅原さんと常連がゲラゲラと笑った。

「みんな子育ても終わってるから、のんびりしてもらって、笑って帰ってもらうのが私の特技。やっぱり笑わないとダメだよ。難しい話なんかしたって人生は面白くないのよ」

常連による冗談話に花が咲く

店の前にある大きなスーパーマーケットに買い物に行く前に、1人の常連が顔を出した。「これから買い物？」と梅原さんが話しかけると、

(上)駄菓子の王様と言っていい「よっちゃん」は今も健在(左)。隣には、ビールにも合いそうなせんべい　(下)時節柄マスクも売る。子供に似合う可愛い模様や大人も使えるシックな柄まで、各種そろっている

うなずいて「後で寄るからさ」と自転車を走らせた。これも当たり前の日常。しばらくすると、常連の一人である山田照子さんがやってきた。

「山田さんは大先輩。ほぼ毎日来て自動販売機でお汁粉を買って飲むことが多いよね」

1日に数回来ることも多い。

「昼来て、『もう半日過ぎちゃったね』と。また夕方顔出して、『もう1日過ぎちゃったね』って。そんな感じ。買い物のついでについつい寄っちゃう。『雨にも負けず 風にも負けず……』。宮沢賢治ですよ」

山田さんがそう言ってまた笑いが起こる。

「常連はほぼ毎日来てるから、3日も来ないと病気じゃないかって心配しちゃうのよ」

「若いですね」と筆者が振ると、山田さんは「何も考えてないから、若いのよ」と言った。みんながてんでにしゃべり始める。「私は、年金が出た月には子供たちにちょっとだけどお菓子を買ってプレゼントしてるの」「お金持ちだからね」「そう、家買うまではね。家買ったらお金がなくなっちゃうから、そしたら声かけないでって言ってるの」「コーシン牛乳おいしいんですよ。背が伸びないかなと思ってさ。よく飲んでますよ」「1週間来なかったら、死んだかなって、そのくらい通ってますよ」

常連たちの話は、果てしなく続く。

核家族化が進み、中高年の一人暮らしも増えた。13時間も誰ともしゃべってなかったと言う常連客もいる。その人にとって、ここは掛け替えのない救いの場所なのかもしれない。

午後になると、学校が終わった子

色とりどりのセロファンで巻かれた「ピースラムネ」。思わず買わずにはいられない一品だ

クジで手に入れるさまざなサイズのスーパーボール。当たれば最も大きいのがもらえる。子供たちの狙いは、当然、特大ボールだ

供たちが三々五々顔を出す。それも梅原さんにとっては生きがいだ。最初はよちよち歩きの赤ちゃんを連れて親が来る。その子たちが成長して学校に入ると、一人で来るようになる。子供たちの成長を見ているだけで楽しい気持ちになれる。

「この前まで小さかったのに、子供ってすぐに大きくなるのよ。だから、『あんた大きくなったねー』ってついつい言っちゃう。そうするとね。『おばさん、私が来るとあんた小さかったのに』って毎回同じこと言うねって。そんな子供たちが結婚してまた子供連れてきたりね」

笑顔の梅原さんは、そんな成長や喜ぶ顔を直に見られるのがなによりの幸せだと満足げだ。

やがて小学生の3人組みがやってきた。その中の1人に、梅原さんが声をかける。「あんた、『もっちゃんだんご』入ったよ」「ほんと！やったー」。早速二つ買った彼に、入荷を待っていたかどうかを尋ねると、「そう、なかなか入らなくて……大好きなんだよ」

来店の頻度を聞くと「俺は、週に2回か3回」「俺もそのくらいかな」「俺なんか、もう100回は来てる！」。他の子供が口を挟む。「こいつのいうこと信用しないほうがいいよ」。子供らしい会話だ。

騒ぐ子供に声荒らげることも

ワイワイと騒ぐ子供たちに梅原さんが声を荒らげる。「もうあんたたちうるさいから帰って」。彼らは素直に、「じゃーねー」と明るく自転車で去っていった。梅原さんは、少し真面目な顔で言う。

「ちょっとした悪さする子もいるんですよ。その時には、私かお客さんがきちんと叱る。彼らは素直に反省します。そんなことするなら『二度と来ちゃダメ』って言うと、しょんぼりして帰るけど、また何日かすると、ケロッとして寄ってくれる。うれしいよね」

こんな場所がまだ都内に残っていること自体、奇跡だ。街の人たちが、何の気兼ねもせずに集まり、たあいのない話をして大声で笑う。梅原さんは「まだまだ動けるうちには続けたい、生きがいだよね」と意気軒高だ。あと最低20年ぐらいは同じ笑顔を見せてほしいと願う。

消えゆく駄菓子屋

経済産業省のデータによれば、駄菓子屋の数は、年々減っている。1972（昭和47）年と比べて、2014（平成26）年の事業所は1万3975。20年間で7割以上減少した。原因の一つに、利益の少ない商品の生産中止が挙げられる。販売不振による生産者の撤退だ。駄菓子屋研究家である土橋真さんが、理由の一つに遊びの多様化を挙げているのは納得だ。かつて、遊び相手である友達と会える場所の一つが駄菓子屋だった。しかし現在、相手がスマートフォンなどのゲームに変わった。時代の流れとして仕方のない部分もある。しかし、最も大切な人とのコミュニケーションを養える場所であったはずの駄菓子屋がなくなるのは寂しい。その火を消さずに残すことはできないものか。

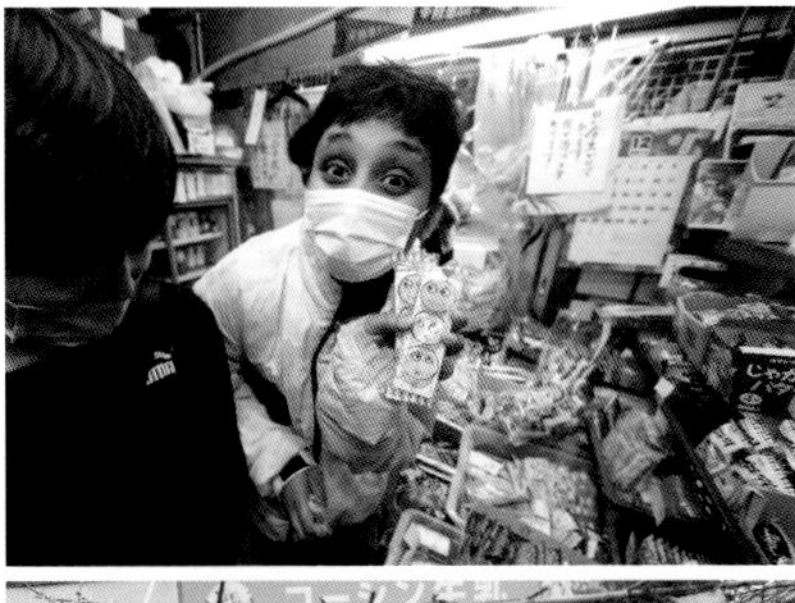

（上）自転車でやってきた常連の子供たち。白い上着の子は、入荷を待っていた「もっちゃんだんご」を手に大喜びしていた　（下）取材に入る時、梅原さん（左から2人目）は、「常連呼びましょうか？」と言ったが、その必要は全くなく、自然に集まってきた。ちなみに犬も常連だ

DATA

東京都葛飾区白鳥3-26-13　☎03-3601-2129
営業時間：午前10時～午後6時
定休日：無休（年末年始除く）

初めて乗る人にとって、天空からの前橋の街は、新鮮に見えるに違いない

世界レトロ遺産

03

Retro Heritage

日本一懐かしい遊園地でのんびりリフレッシュ

るなぱあく［群馬・前橋］

おんまはみんなパッパカはしる　パッパカはしる　パッパカはしる♪〜

メリーゴーランドといえば、一般的にはワルツやフランス風のBGMを思い浮かべるが、前橋にある老舗遊園地「るなぱあく」では「おんまはみんな」が流れている。おなじみのメロディーが遊んでいる子供たちとシンクロしている。とても上手な演出である。

開園は1954（昭和29）年。前橋市中央児童遊園としてスタートした。「にっぽんいちなつかしいゆうえんち」というコンセプトに心底納得する。巨大で豪華な施設にはない、かつて遊んだおもちゃ箱の中に入り込んでしまったような素朴で、遊園地の原点を思い起こさせるのだ。弾けるような子供たちの笑顔、はしゃぐ声、その場にいるだけで大人も幸せになれる。「るなぱあく」は、そんな場所である。

何歳になっても遊べる施設に

園内に入ると、すぐに「ひこうとう（飛行塔）」が約9メートルの高さまで上がってグルグルと回っている。その横にある「もくば館」も郷愁を感じずにはいられない。10円を入れると、馬がゆっくりと上下する。優しい目をした馬たちがどこか楽しい場所へと子供たちを連れて行ってくれるようだ。さらに、ヘアピンカーブが体感できる「くるくるサーキット」。「ミニヘリコプター」のプロペラ音がいやがうえにも気分を高揚させる。旅情を誘う「まめきしゃ（豆汽車）」「くじらのなみのり」では波の間をフワフワと進むような浮遊感が子供たちに人気だ。ジェットコースター「ウェーブスターライド」はのんびりしているが、「キャー！」のシーンが1回だけある、スリリングなジェットコースターだ。

「ゆっくり大人になる子供たちのために」が理念である。園長の原澤宏治さんが説明する。

「来園してくださる年齢層を広げていきたいというのが、基本にあります。園児から高校生、大学生、大人も遊べるようにしたい。それだけの年月をかけて、たくさん遊んでほしいというのが私どもの願いです」

実際に中学生や高校生も訪れる。近くにある専門学校生も来る。やっと歩けるようになった幼児が初めて訪れてから、何歳になっても遊べる施設にしたいと言う。そのために、LINEやSNS（ネット交流サービス）などをフルに活用している。さらに、趣向を凝らしたイベントも開催してきた。

大学生以上の大人に向けて「るな

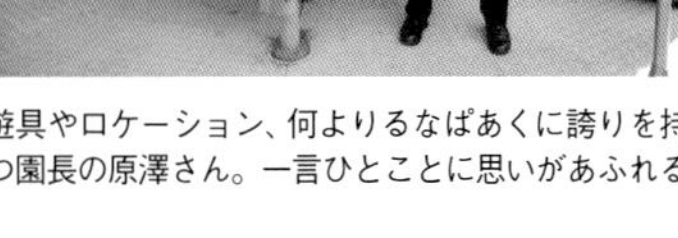

遊具やロケーション、何よりるなぱあくに誇りを持つ園長の原澤さん。一言ひとことに思いがあふれる

ぱＤＥないと」を開催したこともある。幼稚園や小学校に通っていた頃にるなぱあくで遊んでいた世代に、もう一度足を運んでもらうことを目的としたイベントだ。時間をかけて成長し、大人になっていく。その過程に、るなぱあくという時間と空間が存在し、小さいけれど生きてきた証しが残ることを再確認できるのだ。

「（園内は）懐かしい感じに映ると思いますし、そういう景観にしているのは事実です。しかし、少子化が進んでいく中で、時代にあったものをやっていかないと受け入れてもらえません。だから私どももいろいろ知恵を絞っているというのが実情です」。原澤さんは、優しい目で園内を見渡した。

スタッフ一人ひとりにファン

イベントの告知などは、ホームページでも行うが、前述の通り、SNSも盛んに活用する。最先端のツールを使っても、冷たさを感じさせないのには理由がある。

「私が常に意識しているのは、お客様との会話なんです。彼らが望んでいるものをいかに施設として取り入れていけるかということを考え、皆様が要望されているものを見極めて提供しています」

だから失敗も極めて少ないと原澤さんは胸を張る。さらに、重要なのは、進化し続ける中で「懐かしさ」を1ミリたりとも失ってないことだ。

「そのための私のポリシーは、スタッフを大切にすることです。スタッフは昭和世代のおじさんおばさんも多い。例えば、怒り慣れてない親御さん、怒られ慣れてない子供さんがたくさんいらっしゃいます。クレームがくることもありますが、ダメなことはちゃんと叱れって言っています。それと、マニュアルは作っていません。それぞれの個性で、スタッフ一人ひとりにファンがついています。こんな心強いことはないんです。施設の懐かしさを支えているのはそのあたりだと私は確信しています」

「誰々さん今日は、いますか?」って聞いて来園する客もいる。遊具に乗るのが目的だが、スタッフに会いにくるのも、もう一つの目的になっているのだ。「のりもの」の乗り方にもルールがあるし、それをスタッフが教える。そんな会話から、コミ

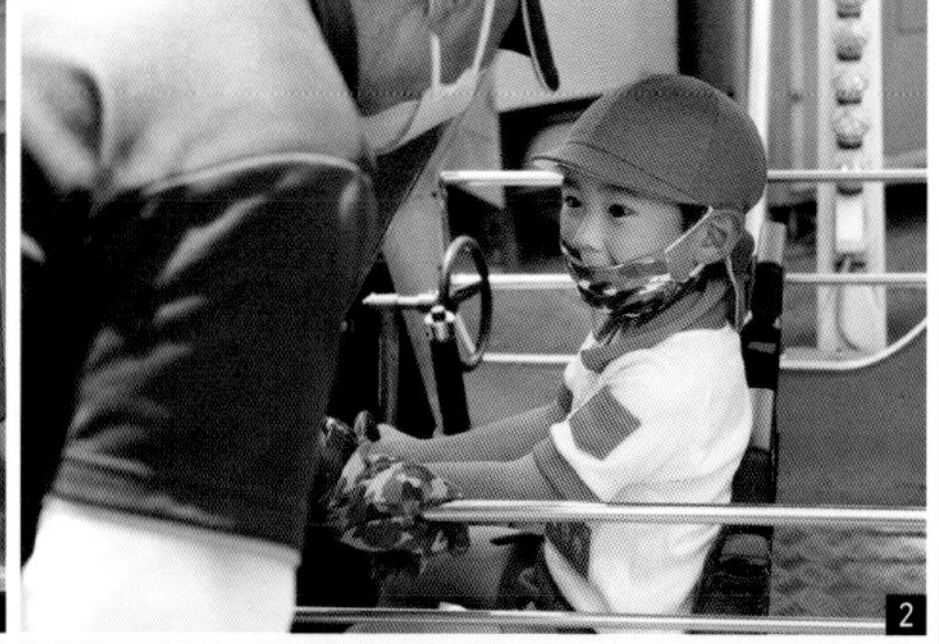

1 メリーゴーランドの木馬は少し高い位置に設定してあるので、怖がる子供もいる。勇気を持ってまたがれば、たちまち笑顔に早変わり。もちろん最初からワクワクしながら乗る子たちも多い　2 スタッフが子供に話しかける。常に大人の目があることで、安心感が生まれる　3 幼稚園児にとっては、かなりのスリルが体験できるはずのジェットコースター「ウェーブスターライド」。取材時も実際に叫ぶ声が聞かれた　4 園のオープン当時からある「もくば館」。1954（昭和29年）製のこの施設と木馬自体、国の登録有形文化財に指定されている　5 ハンドルを握る女の子たちの表情は真剣そのもの。遊びの中から必要な知識を得ているようだ

ユニケーションが生まれる。

大人たちの夢もぎっしり

子供たちを育てる「のりもの」があって遊びにも決まり事があることを教えるスタッフがいるのが、るなぱあくの魅力でもあるのだ。のんびりした遊園地の存在意義を確かにここでは感じる。

「最近は、隣近所の付き合いが希薄です。るなぱあくに来ていただければ、遊びにもルールがあることが分かる。大人の方も、日々いろいろなものや事柄と戦っています。そんな中で、癒やしを求めて来ていただければと思います」

緑が多いるなぱあくが提供するのは、癒やしとリフレッシュだ。原澤さんは言う。

「都会の中の遊園地にするつもりは全くありません。関東地方北部の市にある、のんびりリフレッシュできる遊園地であることを自慢にしたいと思っています」

その裏には、園長を中心にスタッフ全員が協力して作ってきたという自負がある。

「みんなで作りあげてきた一体感が楽しさの裏側にしっかりとあります。その作業は簡単ではなく、むしろ面倒です。そこに極力手を抜かずに実行していること自体が昭和だし、お客さんに伝わっているんだと思いたいですね。それを維持する覚悟は、私自身もっているつもりです」

近年は、るなぱあくでの「遊園地デビュー」がキーワードになっている。ここでデビューして、10代には友達や恋人と遊びに行く。やがて大人になり結婚後に、子供を連れて久しぶりに訪れる。

「彼らに『懐かしい』と思ってもらえることが昭和であり、これからもこの方針を変えようとは思ってはいません」

前橋城の空堀だった小ぢんまりとした空間には、子供たちのみならず、大人たちの夢もぎっしりと詰まっているようだ。

DATA

前橋市大手町3-16-3
☎027-231-6774
開園時間：午前9時半～
午後5時（3月～10月）
午後4時（11月～2月）
休園日：火
入園料：無料　大型遊具50円
ちいさなのりもの10円
とことこ迷城200円

世界レトロ遺産 04 Retro Heritage

10円ゲームが紡ぐ縁や運命、ドラマに一喜一憂

駄菓子屋ゲーム博物館［東京・板橋本町］

10円ゲーム。かつての懐かしい記憶を呼び起こさせてくれる一方で、今も激しく心躍らせる存在だ。そもそも、「10円で何かできる（買える）」ものなど、この世にほとんど存在していないのだから。

そんな10円ゲームを集めて、実際に遊ぶことができる東京・板橋本町の「駄菓子屋ゲーム博物館」の館長・岸昭仁さんは、穏やかな口調で話し始めた。

「物心ついた時には、駄菓子屋に通っていました」

昭和の子供としては珍しいことではない。駄菓子屋は、もらった小遣いを使って遊べる数少ない子供たちの社交場だった。しかし、岸さんの場合は、微妙に違っていた。

「一般的には、ショッピングを楽しむのがメインでしたが、私は、それよりも10円ゲームが目的でした。例えば、100円あったら、他の子たちは、半分お菓子で残りはゲーム。私はゲームに70円で、駄菓子に使うのは30円ぐらいの割合でした。菓子は、ゲームに勝ちさえすれば、もらえますからね」

年齢が上がるごとに、岸さんの意識は、ゲームへと傾いていった。高学年になると、ゲーム機を所有したい気持ちが頭をもたげる。夏休みの宿題で、自分で板にくぎを打ちつけパチンコのようなものを作ったこともある。もともとモノ作りが好きだったし、手先も器用だった。

「手元にあれば、いつでも遊べますからね」

最初の一台はもらったもの

その日は、ついにやってくる。近くの米屋の軒先に、「FOOTBALL」というゲームが置いてあったのを見つけたのだ。

「もう使ってなさそうだし、もらえそうな気がしたんです。倒して置かれていたので、捨てられてしまう寸前だと感じました」

どちらかというと自分を人見知りと評する岸さんは、「譲ってもらえませんか？」の一言が発せずに、店の前を何度も行ったり来たりした後、意を決して店に入って行った。結果的には、すんなりといい返事が返ってくる。「持っていけるならいいよ」と主人は言ったのである。自転車の後ろに積んで、家に持ち帰る時のワクワク感を岸さんは今でもはっきりと覚えている。

それぞれに思い出やドラマ

多くの機種が博物館に並ぶが、入手した経緯はそれぞれに思い出やドラマが付随しているのも素敵だ。入手に時間がかかったものもある。「グランプリ」と「世界一周」だ。

「時々顔を出さないと忘れられてしまうので、年に1、2回駄菓子屋の店主に会いに行くんですよ。4年半ぐらい通って、やっと手に入れました。『今は使っているので、店を閉

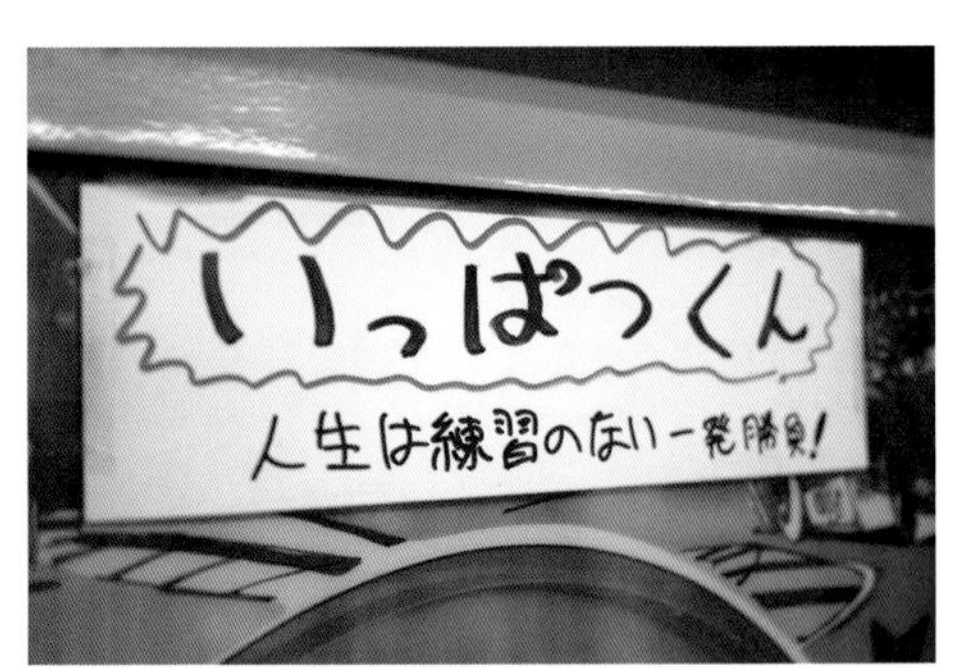

10円を入れると銀の玉が一つだけ出てくる。岸さんがTime80を改造して作った一発台。子供はいつの時代も遊びから人生を学ぶ

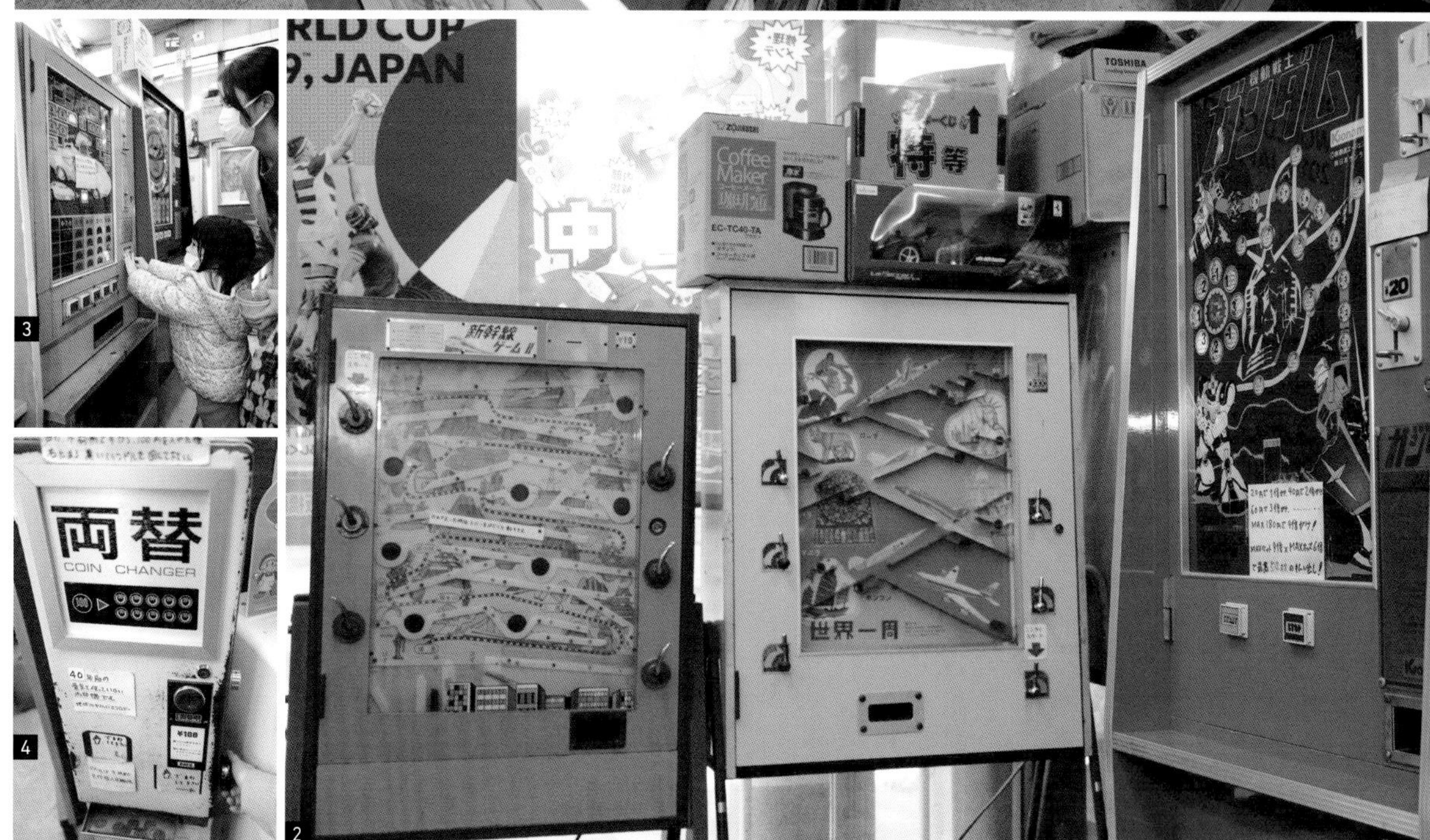

1若いカップル、小さな子供を連れたお母さん、家族連れ、実にさまざまな組み合わせで来店するのが面白い　**2**知ってる人は店に入るなり「あっ！ 新幹線ゲームだ！ ガンダムだ！」と喜んで叫ぶらしい。右端がガンダム、左端が新幹線ゲーム　**3**子供は夢中、お母さんは真剣なまなざし。ゲーム機の前で親子の絆が生まれそうだ　**4**この博物館の特徴の一つは、見て楽しく、さらに遊べること。両替機は必須のマシン。最近見かけなくなったとしみじみと思う

めたらあげるよ』って」

10円ゲームの王道と岸さんが言ってはばからないのが、「新幹線ゲーム」である。初代とⅡとⅤがあるが、岸さんはⅡとⅤを所有している。Ⅱは近所の仕立て屋の軒先に置かれていたものを譲り受けた。岸さんにとっても思い出の機種で、貴重な一台でもある。魅力は、なんと言ってもゲーム自体の面白さだと岸さんはうなずく。そして、盤面に描かれた、新幹線と各地の風景は、当時の子供や大人にとっての憧れであり、まさに「夢の超特急」だったのである。

「今は子供から大人まで普通に新幹線に乗る時代です。でも、その頃って、特別な体験だったと思うんですよ。実際に私が初めて乗ったのは、中学校の修学旅行でした」

盤面に描かれた図柄も大きな魅力の一つだ。昭和の頃に憧れた乗り物や漫画のキャラクター、宇宙やカーレースなどがモチーフになっていて、どれも子供たちの心を激しく揺さぶった。4台あったうちの3台は廃棄され、1台だけ残っていた。理由は聞かなかったが、「やっぱり人気機種だったので捨てられなかったんだと思います」と岸さんは想像する。手放す人の心にも、何かしらの思い入れがあるのだ。

「FOOTBALL」は、岸さんが最初に手に入れた一台。米屋の店先にあったものを譲り受けた

「10円ゲームを集めるのは、それにまつわる思い出を集めることでもある」と自著『日本懐かし10円ゲーム大全』（辰巳出版）にも書いている。

「コレクションしていると同じ種類のモノがダブっていくんですよ。倉庫の中にもそんな筐体と人の想いがいっぱいです」

アナログにしかない楽しさ

「小学生の頃から好きでしたが、10円ゲームに対する思いは今の方が強いかもしれません」

それは、機械式の遊具がとことんアナログであり、練習すればするほど上手になっていく面白さがあるからだ。

「テレビゲームなどのいわゆる電気仕掛けで動くゲームは、同じ力で押せば、同じ現象が起こります。でも、アナログゲームは違います。季節や温度でコインの動きやスピードが微妙に変わるんです」

（右）博物館オリジナルステッカー。来館記念にぜひ一枚　（左）店先のガチャガチャには、なぜか西日がよく似合う。駄菓子屋では外せないアイテムだ

同じ力で弾いても結果が同じにならない。コインのさび具合や汚れ方でも違ってくるという。

「遊び道具として、幅というか深みが感じられるんです」

遊び始めて回数を重ねると上達するから、さらに練習を繰り返すことになる。

「練習をすれば、テレビゲームでも上達はしますが、季節や温度、機械のコンディションなどで結果に関わってくるなどということはありませんからね」

まるで、生き物のように、プレーヤーに立ち向かってくるのが10円ゲームなのである。

「機械仕掛け」でしか味わうことのできない魔法のような面白さに加えて、成功すれば、金では買えない賞品がもらえる。そんな機械を保存し、残していくのが、自分の仕事だと岸さんは言った。

修理する人にも思いを巡らせ

「いまだに、コツコツと修理している職人さんが全国にいます。残っている10円ゲームの裏に彼らのような人たちの存在があることも思い出してほしいと心の底から願います」

一息入れた岸さんがしみじみと言った。

「私も自分で修理するし、大切にしていると思っていたけれど、彼らに会うとそれ以上だということがよく分かるんですよ」

職人たち一人ひとりの顔や仕事ぶりに思いを巡らせるように顔をこちらに向けた。

「行き場のなくなった10円ゲームを一台でも多く残さなくてはという使命感もありますね」

真っ直ぐな視線で岸さんは言い放った。

縁や運命を紡ぐ役割も

博物館ができたのは、2009（平成21）年のことだった。

「私と同世代の人たちは来館すると思っていましたが、若い世代は、遊んだ思い出はないし、彼ら彼女らにとってゲームとして魅力があるのか、面白がってくれるかと不安もありました」

しかし、それは杞憂に終わる。

「40、50代や20代の2人組、デートらしき若いカップルの姿もあります。親子で遊びに来てくれて、お父さんが懐かしがりながら、『子供の頃に遊んでいたんだよ』というコミュニケーションも生まれています。世代を超えて夢中になるのを見ていると、私としても、頑張って集めたかいがあるしうれしくなりますよ」

取材中に10円玉を弾くパコーンという音や、ガチャガチャとパチンコの球が機械の中を動く音が聞こえる。ハズレに落ちてしまうと「あー、ハズレたー」と本当に残念そうな声が聞こえ、成功した家族は、皆で喜ぶ。「当たったー！」と一番大きな声で叫んでいたのは、父親だった。

姿を消していく10円ゲームの収集の意味を、岸さんは、「一期一会」という言葉で表した。

「閉めた駄菓子屋さんから、ゲームを引き取らせてもらって、翌年行ったら、建物ごとなくなっていたなんてこともあります。私が訪ねていくのが、少し遅かったら、そのゲームはこの世に存在しないんです」

シンプルかつ素朴なゲームが、人の縁とか運命とかを紡いでいく。今の時代に困難と思われる尊い役割が潜んでいたのだ。

DATA

東京都板橋区宮本町17-8
営業時間：午後2〜7時（平日）、
午前10〜午後7時（土、日、祝）
定休日：火、水、木（祝日の場合は営業）
入場料：300円
（2歳以上、メダル10枚付き、
当日に限り再入場可能）
https://dgm.hmc6.net/

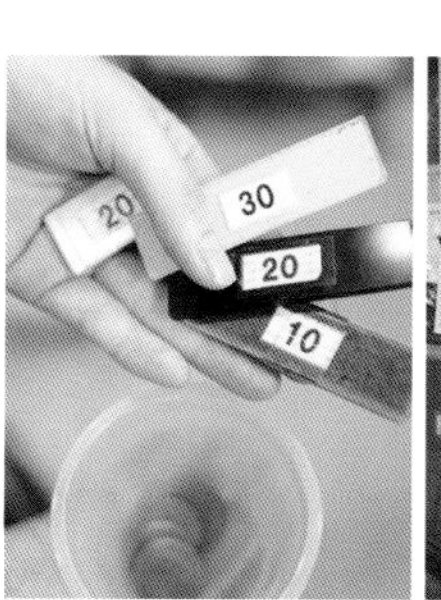

（右）機械の種類や数など豊富な知識や持ってる岸さんは、10円ゲームに関する第一人者と言える　（左）新幹線ゲームの景品は、プラスチック製の切符だったが、今は、それらもこの世から消え、岸さんのところでは、手作りの札が景品。これを駄菓子と交換できるようになっている

向きが逆だがザ・ビートルズの「アビイ・ロード」のジャケットをほうふつとさせる一枚

世界レトロ遺産 05 Retro Heritage

鉦と太鼓、クラリネットによる昭和歌謡で街中笑顔

チンドン芸能社［東京・根岸］

実家の前は坂になっていた。ある時間になると、鉦（かね）の音と太鼓に合わせて、サックスの演奏が静かな住宅街に響く。「チンドン芸能社」の親方・永田久さんは、初めて聞いたその音を今でも忘れたことはないという。

兄と2人で右手の方から上がってくるチンドン屋の姿を待った。しばらくすると、体を揺らしながらチンドン太鼓を気持ちよさそうに鳴らす親方の姿が現れ、続いて大太鼓そして三味線と背の低いサックス奏者の姿が見えた。親方は「ムシリ」と呼ばれる町人とは違う丁髷（ちょんまげ）で、着流し風の浪人姿だった。永田少年は、彼らが通り過ぎるのを、心を躍らせながら眺めた。

「小学校低学年でしたかね。もしかすると幼稚園の頃かもしれません。近所にあるスーパーマーケットの特売日の宣伝のために、商店街や住宅街を回って来ていたんです」。張りのある声で永田さんが話し始める。

「彼らがどんな人たちなのか、最初は分かりませんでした。母親に尋ねると、『あれはスーパーの宣伝だよ』と教えられました。月に1回か2回だったと思いますが、坂の下の方から音がすると兄と2人で『通り過ぎるまでは見ていよう』なんて言いながら、窓に額をつけてましたね」

太鼓を鳴らし、ラッパを吹きながら道を練り歩く彼らの存在は、日常の中に溶け込む非日常の風景だった。

「見ざるを得ない何かを感じていましたね」

授業で描いたチンドン屋の絵

チンドン屋に対して、永田さんが特別な感情を持っていたエピソードがある。

「小学生の3年か4年ぐらいの時に、図画の時間に野外で絵を描く課題が出ました。その時にたまたま久しぶりにチンドン屋さんに遭遇したんです。これを描きたいという思いが自然に湧き上がってきたんです」

実際に絵を描くためには、彼らをよく観察しなければいけない。

「なんとか記憶しなくてはと思い、夢中で観察していました。同時に子供の頃に見ていたチンドン屋さんの姿が脳裏に浮かび上がってきた気がしたのを覚えています。でも、なかなか正確に記憶するのは大変でした」

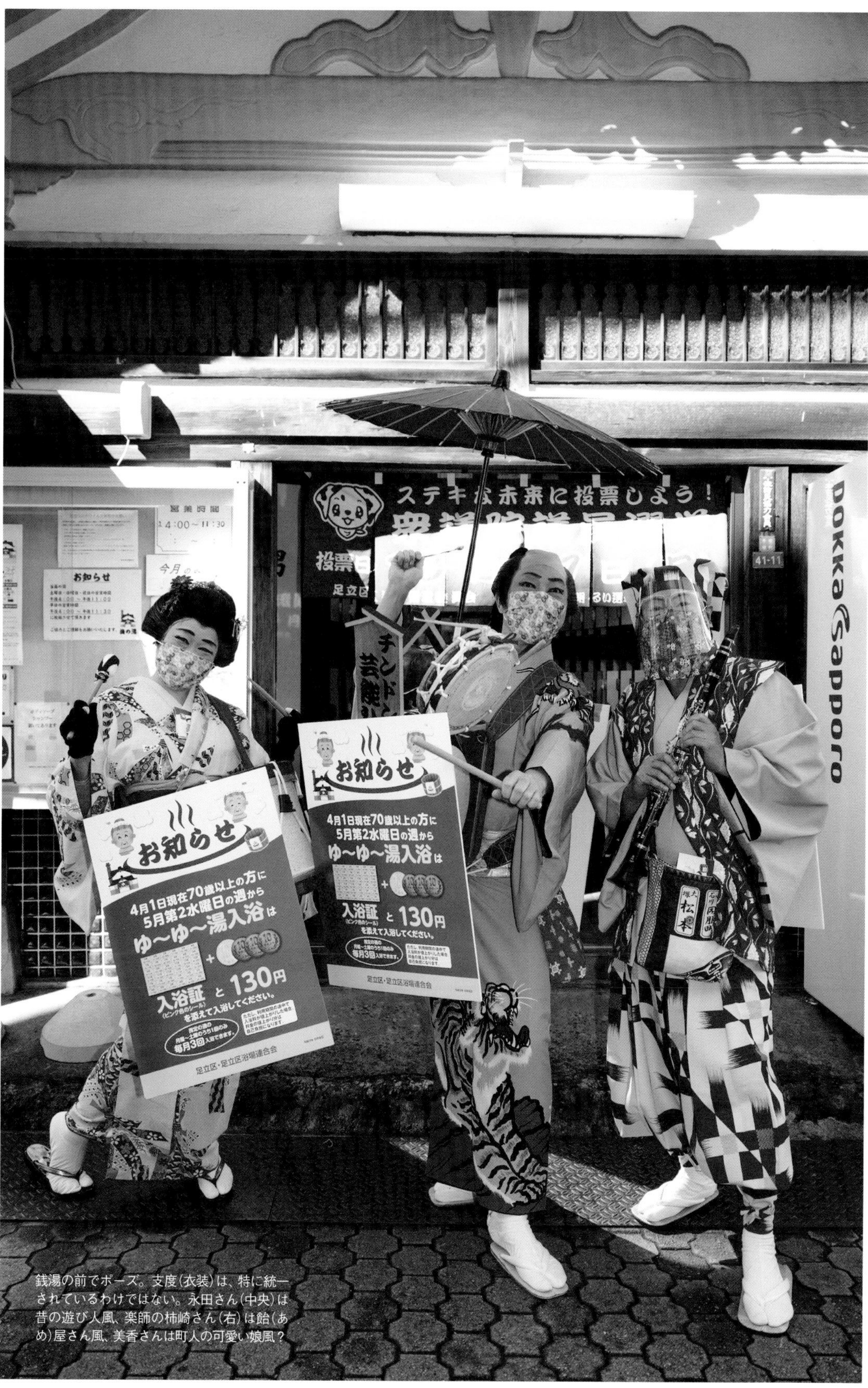

銭湯の前でポーズ。支度(衣装)は、特に統一されているわけではない。永田さん(中央)は昔の遊び人風、楽師の柿崎さん(右)は飴(あめ)屋さん風、美香さんは町人の可愛い娘風？

永田さんはほぼ笑んで、「その時の感情は、今でもはっきり覚えていて、ちょうど子供がおもちゃに夢中になった気持ちに似ていたと思います」と続けた。

会社員からの転身

大人になり、会社員として仕事に就いた。この頃には、チンドン屋を見た幼い頃の記憶はほぼ消えていたと永田さんは言う。

「あくまで、子供だったからこそその、見たことのない情景への興味だったのかもしれません」

しかし、永田さんに、またしてもチンドン屋への想いが湧き上がる出来事が起こる。その時期を1994(平成6)年の冬と断言した。昼食のために職場を出た永田さんの耳に、鉦の「チン」という音と「ドンドン」という太鼓の響きが聞こえてきた。かつての思い出と相まって華やかに感じた。永田さんは思わず立ち止まったと当時を振り返る。

「心の底から楽しそうなサックスの吹きっぷりが特に心にグサリと刺さりました」

さらに、太鼓に関しては、ボディーブローを打ち込まれたようなグルーヴ感を感じたと目を輝かせた。

クラリネットを吹く柿崎さん。「これほど楽しい仕事はないと思います」。その言葉が音色にも表れていた

その時に思い切って声をかけたことが、永田さんの人生を大きく変えることになる。親方と会いトントン拍子に話が進み、週末と有給休暇を使ってチンドン屋の手伝いをしながらの修業が始まった。一時はサラリーマンとの二足のわらじだったが、2001(平成13)年、永田さんはプロに転向した。

「自分の性分として、毎日同じ職場に通うのはあまり好きではないようです。もう一つは、チンドン太鼓を鳴らし、店の宣伝をするこの仕事が楽しいし、好きなんです。それによって、クライアントや街の人が喜んでくれるのもありがたい。一番うれしいのは、同じお客様がリピートしてくれること。私たちのしていることに払う金額に見合う価値があると認めてくださるからですよね。その繰り返しです」

「三味線ブギウギ」が街に響く

取材の当日、空は青く晴れ渡り、チンドン屋日和だった。まずクライアントである銭湯の前からスタートする。

「町内の皆様、お騒がせしております。銭湯のお知らせでございまーす」

そう声を張り上げると演奏が始まった。軽やかな鉦と小気味良い太鼓のリズムに合わせて、最後尾で柿崎勝行さんが担当するクラリネットが定番の「三味線ブギウギ」をはじめ次々と昭和歌謡を中心とした曲を高らかに吹きはじめた。

銭湯は北千住駅から歩いて5分ほど。商店街の中である。大太鼓担当の永田さんの妻・美香さん(チンドン芸能社の共同代表)が、銭湯のチラシを通りがかりの人に手渡していく。わずか3人の編成だが、彼らの生み出す世界観に誰もが見ほれ、生音が聴く人の心に染み込んでいるのがよくわかる。街の人たちは、彼らのパフォーマンスに引き込まれていた。演奏にも魅了されるが、驚かされるのは、ほとんどの人がパンフレットを受け取ることだ。駅の周りでティッシュを配るのはよく見かけるが、受け取らない人も多い。しばらく見ていると、「銭湯にお得に入れまーす」などと声を張り上げて、美香さんの手から繰り出されるパンフレ

「はい！はい！はい！」と美香さんの合いの手が途中に入る。太鼓をたたき、パンフレットを配る。大忙しだ

ットは、老若男女、受け取らない人はほとんどいない。女子高生の多くも手に取る。さらに印象深かったのは、パンフレットを手にした人たちが、必ず中身を開いて見ることだ。

「チンドン屋の渡すパンフレットは、なぜか捨てられないらしいんです。みなさんわりと、持ち帰ってくださっているようです。家庭で『今日チンドン屋さんを見かけてもらったんだよ』なんて話で盛り上がってくれたらうれしいんですけどね」と額に汗を光らせて美香さんがほほ笑んだ。

街に溶け込んでいる存在

商店街では、通行人や商店の人との立ち話が頻繁に行われる。

「北千住という土地柄もあります。チンドン屋というのは、50代以上の人たちにとってはなじみがあると思うんです。全国的に見ればそんな人たちも減ってきてはいますが、この辺りは何代も同じ場所に住んでいらっしゃって、飲食店や町工場を営んでいたり、この街で育ってきた人が多いんです。彼らは、チンドン屋を、『街に溶け込んでいる存在』として見てくれていると私は感じています。北千住での仕事はとてもやりやすいのですが、理由は、チンドン屋の思い出を彼らが心の奥に持ち続けてくれているからです」

だから自分たちの技術を磨くのを

チンドン太鼓を胸の前に抱えて、背筋を伸ばし礼をする永田さんの所作には、気品と誇りがある

おろそかにできないし、プロの仕事をしなくてはならないと、永田さんは考えているのだ。

鉦の音色の力は大きい

一行は、商店街を抜けて住宅街へと入っていった。通りすがりの人たちは、スマートフォンや携帯電話で写真を撮ったり、立ち止まったりして演奏を楽しんでいた。全ての人が笑顔だった。曲は、「銀座カンカン娘」から「東京音頭」「トップ・オブ・ザ・ワールド」「カントリーロード」などの洋楽にまで及んだ。北千住の駅前で子供が増えたと見るや、柿崎さんは「アンパンマンのマーチ」を吹き出した。多くの人が行き交っていたが、ここでもチンドン屋は注目の的である。道ゆく年配者たちは昭和の面影を肌で感じているようだった。音楽に合わせて小さな女の子が踊り出したり、怖がって後ずさりしたりする子供もいたが、その後は真剣な目で、彼らの演奏を最後まで聴きほれていた。

「鉦の音色の力は大きいと思います。祭りでは、鉦と太鼓が主役です。日本人の体の中に、それらの音色が染み込んでいて、自分のアイデンティティーを呼び起こさせるのではないでしょうか。昭和28年（NHKの本放送開始）以前は、テレビはありませんでした。特に70歳以上の人たちにとっては、若かりし頃、そこらじゅうにチンドン屋さんがいました。『街の音』として自然にあった。それを思い出すんじゃないですかね。この辺りは祭りも多いですしね」

なくしてはいけないものがこの世にあるとすれば、その一つがチンドン屋である。広告の原点であると考えれば、「基本を忘れないため」、文化として捉えれば、エンターテインメントの原型としてなくせない職業なのである。「見ている人がみなさん楽しそうですね」と尋ねた時、美香さんは、ふと思い出したように言った。「泣く人もいらっしゃるんですよ。『岸壁の母』を聴いて涙を流す年配者もいらっしゃいますし、子供が怖くて泣きじゃくる場合もありますけどね」。そうは言ってもチンドン屋さんに最も似合うのは、「街の人たちの笑顔」だ。

「私たち自身、演じていて楽しいんです。この仕事、やっぱりいいなって思います」。満面の笑顔で永田さんはそう言った。

チンドン屋の歴史

商店の開業時やイベントの宣伝などで、街を練り歩き、鳴り物の鉦と太鼓が主になって、チンドンという音に聞こえ、その名がついた。広告宣伝業の原点ともいえるチンドン屋の歴史は江戸末期とも明治とも言われている。道端で止まって口上を始める合図として、「トザイ、トーザイ」と叫んだ。「皆さん静粛に」という意味があるらしい。そこから「東西屋」と呼ばれた。店の開業披露をするので「広目（ひろめ）屋」という呼称もある。昭和初期までは一人が一般的だったが、次第に他の楽器を加えて今の形になる。1965（昭和40）年ごろに数は減少したが、最近は増える傾向だという。情感とにぎやかさが混在した魅力は、独自の輝きをいまだに放ち続けている。

DATA

東京都台東区根岸3-1-18-603
☎03-3873-0337
https://www.chindon-geinou.com

1メロディーはクラリネットが担当 2腹に響く大太鼓によって演奏の厚みが増していた 3鉦は下の部分が削られている。自分好みの音色を得るためだという

かつて若者を夢中にさせたピンボール。コンピュータ ーゲームでは絶対に味わえない生々しい興奮がよみがえる

世界レトロ遺産

06

Retro Heritage

ピンボールや射的も楽しめる昭和なテーマパーク

柴又ハイカラ横丁［東京・柴又］

店内に並ぶグッズや駄菓子は、数え切れないほどの種類と数。訪れる時には、この横丁で半日潰すぐらいの覚悟が必要だ

石川ひとみの「まちぶせ」が店内に流れ、ヨーグルやよっちゃん（イカ）、ミルメークなどが店頭に並ぶ。

「元々、テーマパークとか、古い建物が好きでした。心の中で、いつかは自分でもそんな空間を作りたいという夢を温めていたんです」

　柴又ハイカラ横丁の店主・韓永作さんが、店を開いた理由を語った。

　最近は、昭和のグッズや駄菓子などを売る店も少しではあるが増えてきた。しかし、柴又ハイカラ横丁と他との違いは、ピンボールと射的コーナーがあるところだろう。ピンボールは、ひと頃、若者たちを確実に興奮させたゲームだ。銀のボールをプランジャー（ボールをプレイフィールドに打ち出すための先端にゴムのついた金属の棒）で弾く。スタンダップ（ボールを当てると反応する的）とドロップ（ボールを当てると下に落ちる的）両ターゲットにボールが当たるたびに、ティルト（台を揺らし過ぎて起こるゲームオーバー）にならない程度に台を揺すりながら、得点を稼いでいく。最後の砦がフリッパー（銀のボールを弾く左右に付いたバー）だ。目の前に落ちてきたボールを操り、さらなる得点を獲得していく。単純だが、他では得難いスリルを味わえるゲームだった。そして、バックグラス（台の正面後ろに設置されたボード）に描かれた派手な色彩の古いアメリカの風俗や、SF的、または宇宙的な絵などは、まだ見ぬものへの憧れを形にしてくれた気がした。

　一方、神社の縁日に欠かせないアトラクションだったのが射的ゲーム。こちらはさらに単純。おもちゃのライフルの銃口にコルクの弾を詰めて的を狙う。的は、箱入りの菓子やぬいぐるみだ。景品を受け取った時の達成感は、ちょっと他では味わえない魔力に満ちていた。

「当然、市販品としては売ってませんからね。最近こういうたぐいのものを作る時には、新しい材料で作って汚し加工をし、それっぽく見せるのが普通だと思うのですが、私が頼んだ人は、古い材料を探してきて作ってくれた。だから見た目がリアルでしょ？」

　韓さんが不敵に笑う。もう一つ面白いのが、「射的コーナー」という看

沖縄限定の元祖ボンカレー。「沖縄の人たちはこの味じゃないと満足しないらしいんですよ」と韓さん

板のサブタイトル。横に小さく、「当てでトクする」と書かれている。

「おもちゃ博物館」も併設

さらに、2階に併設されている「柴又のおもちゃ博物館」も、しっかりと作り込まれている。

「オープンしたのは、1階の店を開いた2004年の翌年でした。こんなものを置いてみたらって声をかけてくれた人がいたんです」

中央には、スロットカーのコースが設置され、奥へと進むと再現された茶の間がある。ところどころがすりガラスになった窓から見えるのは、無造作に並べられた白黒テレビや茶箪笥（だんす）、ちゃぶ台などだ。隣には、宇宙人やロボット、ウルトラマンなどが姿を現す。

「業者の人に、ジオラマが欲しいって言ったらこうなりました。凝り性な人だったみたいです。ロボットや宇宙人も自分で作ってくれました」

文房具や昭和50年代に発行されたであろう少年マガジンなどの雑誌も並ぶ。博物館に飾られているものは、店を開く時に知り合った人や、近所の人たちから借りているものが多い。どうやら、人との繋がりが重要なポイントになっているらしい。

「店を作っている時から、近所の人が声をかけて寄ってきてくれたり、古い看板を貸してくれたりしました。鉄腕アトムも、近所の方からお借りしています。子供の頃から持っていて押入れの奥にしまわれているものって、大抵は、何かの機会に親に捨てられちゃうパターンが多いですよね。それが捨てられずに残ったモノが結構たくさんありました。それらをお借りして陳列しています」

古いものを集めているうちに、新しい人との繋がりが生まれた。もちろん、人と出会い続ける以上、楽しい出会いもあるが、せつない出来事だってある。

「あるご婦人が店に来て、紅梅キャラメルを探しているとおっしゃいました。病気で入院しているご主人が食べたがってると。でも、残念ながら、今は作られてませんし、私の店にもありませんでした。ちょっと寂しかったし悔しい気持ちでしたね」

店をオープンして19年。今後はどうなっていくのかを聞いてみた。

「例えば、射的のライフルを扱っている業者さんも非常に少ないし、いたとしても高齢の方が多い。今あるものが維持できればいいのですが、壊れてしまうと直す人がいなくなってしまう不安はあります。何しろ古いものですから。僕の気持ちは、なるたけ長続きさせたいということです。今のところ、何か新しいことをするつもりはあまりありませんね」

韓さんのような人たちがいる限り、日本の古き良きモノたちは、必ずや生き続け語り継がれていく、という希望を捨てずにすむ。

取材の帰り際、BGMがジュリーの曲になった。「カサブランカ・ダンディ」だ。

（右）京成・柴又駅から帝釈天へ続く道の途中に、やたらにぎやかな店が突如、現れる。それがハイカラ横丁だ　（左）作り込まれた2階にある、おもちゃ屋さんを再現した「博物館」。ファンが泣いて喜ぶおもちゃでいっぱいだ

DATA

東京都葛飾区柴又7-3-12
☎03-3673-9627
営業時間：午前10時～午後6時
定休日：不定休　（博物館は土・日・祝のみ開館）
http://www2.odn.ne.jp/shibamata/index.html

（右）東京ショールームに入った瞬間に目に飛び込んでくるアデリアレトロの並ぶ棚　（左）アデリアの定番グラスの復刻版。色遣いが巧みでつい手に取ってしまう。商品名も素朴で艶やかだ。左から「花まわし」「野ばな」「アリス」

DATA

愛知県岩倉市
市川井町1880
☎0587-37-2024
https://aderia.jp

世界レトロ遺産
07
Retro Heritage

昔懐かしい花柄コップ 老若男女のハートにグサリ

石塚硝子ハウスウェアカンパニー［愛知・岩倉］

いつの時代も、花は愛され続ける。時に心を和ませ、躍らせてくれるのだ。この世からなくなることなど想像できない。

戦後、暮らしが豊かになりはじめた１９５０年代後半、各家庭の中に花柄があふれた時代がある。特にキッチン周辺には、ポットや炊飯器、鍋に至るまで、カラフルな花柄がプリントされた道具がテーブルを飾るようになる。洋食器もごく当たり前に使われ、ガラス製のコップが世に出回った。そんな時、石塚硝子によって世に送り出されたブランドが「アデリア」だった。

この花柄コップは親戚や友人の家でも、必ずと言っていいほど置いてあった。理由の一つが、その大量生産大量消費という時代背景にある。石塚硝子ハウスウェアカンパニー市販部販促マーケティンググループの川島健太郎さんが解説する。

「当社は、マシンメード、大量生産の会社です。大量に作ってたくさん売るという大前提があります」

昭和30年代中盤は、単一商品がたくさん売れるという時代でもあった。実際に、同50年代の初頭まで、かなりの数の花柄コップが売れた。

「昭和30年代から使われていたアデリアが、アンティークショップなどに並んでいるのは、多く世に出回った証拠でもあります。今とは桁違いに売れていたと考えられます」

川島さんが笑顔を見せた。

そんな昭和のアデリアを復刻させるプロジェクトが始まった。マシンメードの会社であるはずの石塚硝子が、手作業で昔の花柄プリントを作ることになったのである。

もう一つこだわったのは、稚拙だった当時のプリント技術を再現するために、あえて版をズラして表現した。結果、２０１８（平成30）年11月の発売から23（令和５）年までに計１４３万個を売り上げた。

「ガラス食器としては７００円から１５００円ぐらいと少し高めの商品にもかかわらず、この数は珍しいと自負しています」

石塚硝子が作ったアデリアレトロが意味するものは大きい。古いからいいのではない。時代背景を含めた心弾ませる花柄は古くても必ず残るということを、鮮明に証明しているからである。

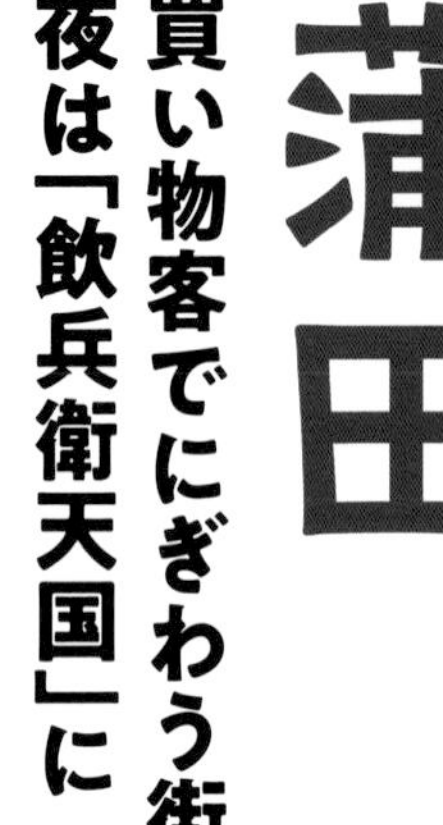

蒲田

喧騒あふれる郷愁タウン［東京都大田区］

買い物客でにぎわう街 夜は「飲兵衛天国」に

巨大なピンが目印
蒲田イモンボール

一頃大ブームを起こしたボウリング。ビルの上にそびえる大きなピンがどこの街でも見られた。現在はかなり少なくなったが、蒲田では健在だ。
大田区西蒲田8丁目24-12

都内唯一の屋上遊園地
かまたえん

1968（昭和43）年の開業以来（当時はプラザランド）、観覧車は街の変遷を見てきた。3回リニューアルされているが面影は昔のままだ。
大田区西蒲田7丁目69-1

名物はプリンアラモード
喫茶チェリー

1960（昭和35）年にオープン、蒲田を代表する純喫茶。ナポリタンなどのランチも充実。フルーツたっぷりのプリンアラモードも名物だ。
大田区蒲田5丁目19-8

飲み屋が点在
サンロード蒲田

サンライズに並行して走る。こちらの屋根がついたのは、65（同40）年。道幅はサンライズより狭いが食事処や物販店がひしめく。奥にも飲み屋が点在する。買い物客もひっきりなしだ。

西口最大の商店街
サンライズ蒲田

蒲田駅西口では一番大きな商店街だ。入り口にあるアーチに飾られた太陽のようなオブジェが目印。戦後に形成された闇市が前身だ。アーケードは1977（昭和52）年に取り付けられた。

心地よい喧騒（けんそう）が、蒲田にあふれている。かつて蒲田は労働者の街でもあった。その頃から行われてきたさまざまな営みの息遣いが実感できる街なのだ。

昼は家族連れが目立ち、子供たちのはしゃぐ声が聞こえる。象徴は、「東急プラザ蒲田」の屋上にある「かまたえん」だ。観覧車がのんびりと回る。現在の「幸せの観覧車」は3代目。東京の屋上遊園地の観覧車はここだけになった。

夜は、飲み食いの街へと変ぼうする。昭和から残っている古いタイプの居酒屋も健在だ。

西口のバーボンロードは新旧の飲み屋が連なる飲兵衛のパラダイスだ。立ち飲み屋が多いのも特徴だろう。しかも安価である。気軽に寄って数杯飲んで、串を数本。そしてさっと帰るのが粋な飲み方だ。

歴史ある昔のままのクリームソーダが郷愁を誘う喫茶店「チェリー」、懐かしい味の洋食屋「ぐりる スズコウ」もうまい。

蒲田の街に昭和を感じるのは、街の端々に、年月を積み重ねた風景が残っているからである。

イラスト:コジマユイ

のんびり回る「幸せの観覧車」で童心に帰る

鉄道好きも興奮!

東急池上線と多摩川線

蒲田駅は、JR、東急池上線、多摩川線が使える東京都の一番南に位置するターミナルであり、駅周辺には繁華街が広がる。東急2線が同時に入線する風景が見られ、鉄道好きも満足させる。

混雑時は外で1杯

なかね屋

駅からバーボンロードまでは、食い倒れ横丁と呼ばれる。こちらはソース2度づけ禁止の本格派の串揚げ屋で、居酒屋風つまみも充実。

大田区西蒲田7丁目69-1

立ち飲み屋が鈴なりに

バーボンロード

飲み屋が鈴なりに並ぶ通り。気楽に飲みたい派なら立ち飲み屋、腰を据えてじっくり派には、大箱酒場、和食、天ぷら店などもある。道の愛称の由来は店主たちが適当に決めた説が有力。

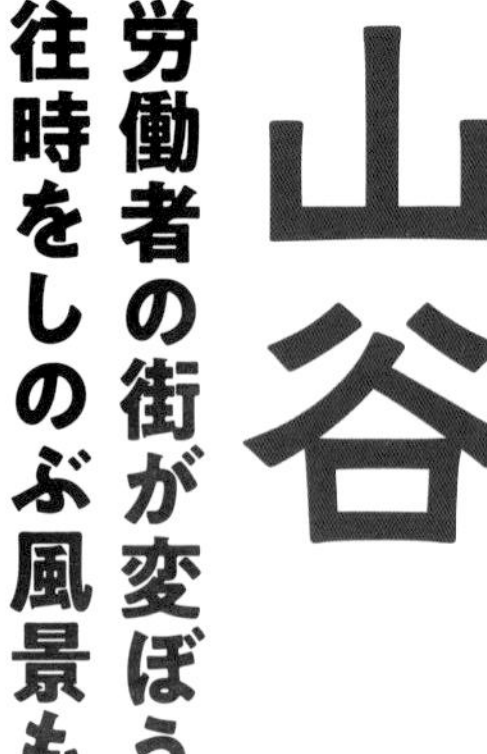

あしたのジョーの舞台
山谷
労働者の街が変ぼう
往時をしのぶ風景も
［東京都台東区］

橋を「逆に渡る」と誓う

泪橋交差点

今は暗きょとなり、思川にかかっていた橋のあった場所。この地で、ジョーと段平は夢破れここに流れ着くのではなく、「逆に渡る」（ボクシングで成功する）と誓う。今は普通の交差点。

「再会」に思わず涙

あしたのジョー「立つんだ像」

よくできたジョーのフィギュア。立体的な本人に出会えることは、真のファンにとっては、涙もののうれしさ。予想より少し大きい。

台東区日本堤1丁目32-3

懐かしい対面式たばこ屋

平乃屋

シャッター商店街になりつつある、いろは会商店街の中程にあるたばこ屋は、昔からある対面式。「創業大正七年」と書いてある。

台東区日本堤1丁目-31-2

天丼発祥の老舗

土手の伊勢屋

江戸から続く天ぷらの名店。街歩きの途中で、おなかがすいたら、ぜひ寄ってほしい。天丼の発祥地と言われている。営業は昼のみ。

台東区日本堤1丁目9-2

物語の軸となる場所

簡易宿泊所街

ジョーが近所の子供たちを引き連れて、悪さばかりをしていた舞台だ。今はすっかり小奇麗な場所になっている。しかし安宿は残っていて、当時の面影がうっすらと残る。

かつてあった「スポ根」作品の中でも、「あしたのジョー」は金字塔という言葉がぴったりくる。

物語には、印象深い言葉が多く出てくる。矢吹丈が師匠となる丹下段平と出会うのは玉姫公園だ。

悪行を繰り返し少年院に送られたジョーが退院、ドヤ街の全員が橋の下にあるオンボロのジムで開かれた宴会で、「ジョーが人間の愛になみだを流したのは今夜が初めてのこと」だった。

ライバル・力石徹との対戦で敗れるが、その試合が原因で力石は死ぬ。悔恨の情にさいなまれるジョーが、公園のベンチに座りながら、「殺しちまったよ」とつぶやいてブランコの下に突っ伏す。それを白木ジム会長・白木葉子に見られ、後日「まだ突っ伏したままなのね」と詰め寄られるシーンも印象的だった。

乾物屋の紀ちゃんと、最初で最後のデートをしたのが、隅田川の脇の遊歩道だ。ここで、「まっ白な灰」という言葉が初めて登場する。

舞台になった山谷周辺は、様変わりしたが、まだ面影をしのぶことができる場所が残っていた。

南千住駅
泪橋
Namidabashi
簡易宿泊所街
泪橋交差点
吉野通り
三ノ輪駅
湯どんぶり栄湯
明治通り
平乃屋
至隅田川の遊歩道
玉姫公園
玉姫稲荷神社
平乃屋
あしたのジョー「立つんだ像」
土手通り
土手の伊勢屋

イラスト:コジマユイ

ジョーと段平の息遣いが聞こえるよう

ライトアップが美しい
隅田川の遊歩道

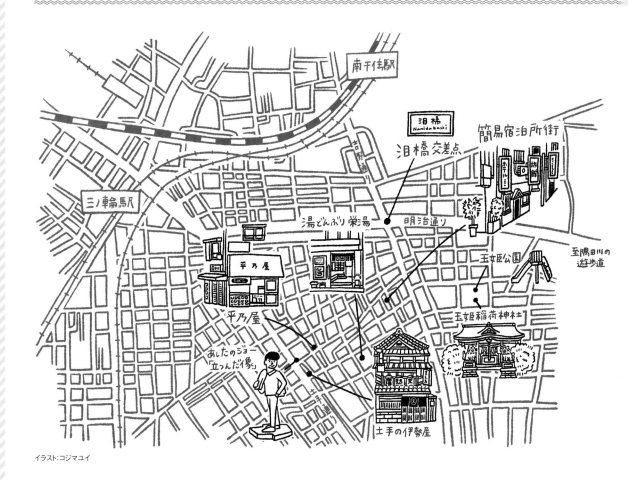

物語において、最も核になる、紀ちゃんと歩いたと思われる場所。「真っ白な灰」という言葉も、ここでの2人の会話の中で初めて出てくる。夜にはライトアップも。

ジョーと段平 出会いの地
玉姫公園

ジョーと段平が初めて出会った場所。乾物屋の紀ちゃんと最初で最後のデートの途中で、ここでサンドイッチを食べる。

台東区清川2丁目13−18

新田義貞も戦勝を祈願
玉姫稲荷神社

鎌倉追討の際、新田義貞が戦勝祈願を行った神社。ジョーのランニングコース。以前は、ジョーと白木葉子のパネルがあった。

台東区清川2丁目13-20

チンチン電車の終着駅

三ノ輪橋

［東京都荒川区］

昭和に続く入り口は下町情緒と人情味あふれ

味のあるボロボロ案内板

停留所付近の看板

周りがさびている鉄製の看板は、地下鉄への案内板。ボロボロでも直すことなく、当たり前のように立てられている。古い街の特徴でもある。
荒川区南千住1丁目-12

ホーロー看板に注目

停留所付近の看板

路面電車荒川線の停留所には、大村崑さんが掲げるオロナミンCドリンクや松山容子さんがボンカレーを手にしたホーロー看板が飾られている。両商品ともに人気は健在だ。

年代物のショーケースも

パンのオオムラ

今どき、ガラス張りのショーケースを使っているパン屋は珍しい。パンは中に挟むコロッケや焼きそばなども自家製で、客を喜ばせている。
荒川区南千住1-29-6

昔ながらの商店街

ジョイフル三の輪の入り口

最近、この付近は新しいマンションや改築された家も増えているが、壁がモルタルだったり、トタン屋根の家が所々にたたずんでいる。昔ながらの街が変わるのは、ちょっと寂しい。

散歩中のおばあちゃんも

停留所付近

都電荒川線が走る三ノ輪橋かいわいは下町情緒たっぷりの街。踏切を渡るおばあちゃんは話し好きな下町っ子。散歩ついでの買い物中だった。写真奥には、次に発車する車両が待機していた。

都電荒川線（通称東京さくらトラム）はのんびり走る。全然急がない。まるで、スピードを競う今の時代にあらがうかのようだ。終点の三ノ輪橋停留場に入る直前には、さらにゆっくりになる。線路のつなぎ目を車両が通過する音は、電車とは思えないほど。一つ前の「ガタン」から次の「ゴトン」までがとても長いのだ。

三ノ輪橋停留場を出ると、見えてくるのが「ジョイフル三の輪」という名前のアーケード商店街である。さまざまな店が並ぶ商店街には、一通りの店が並ぶ。つい目がいってしまう総菜屋には、うまそうな揚げ物や煮物、おにぎりなど視覚だけで食欲をそそる。

多種多様な店が仲よさそうに隣り合ってるのを見ながら思うのは、昭和の商店街って、こんな感じだったということ。大半の店は、メンテナンスはしてるはずだが、懐かしい匂いをガッツリ残している。

かいわいを歩いていると、時々聞こえてくるのは、のんびりとチンチン電車が走る音である。懐かしくて心地よい響きだ。

❸ AREA - MINOWABASHI

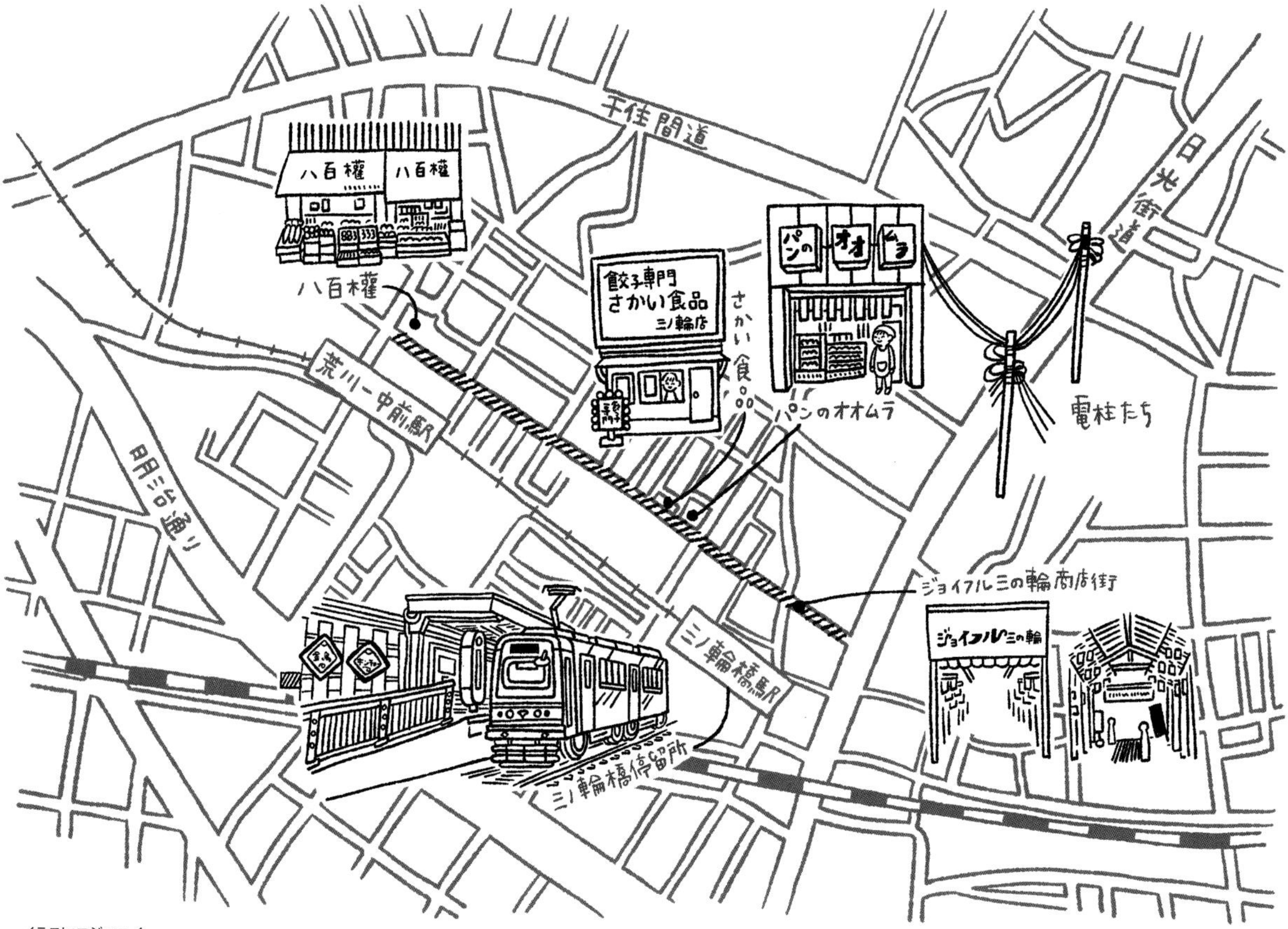

千住間道
日光街道
八百權
八百權
八百權
餃子専門
さかい食品
三ノ輪店
さかい食品
パンのオオムラ
パンのオオムラ
電柱たち
荒川一中前駅
明治通り
ジョイフル三の輪商店街
ジョイフル三の輪
三ノ輪橋駅
三ノ輪橋停留所

イラスト:コジマユイ

懐かしく心地よい「ガタン」「ゴトン」の響き

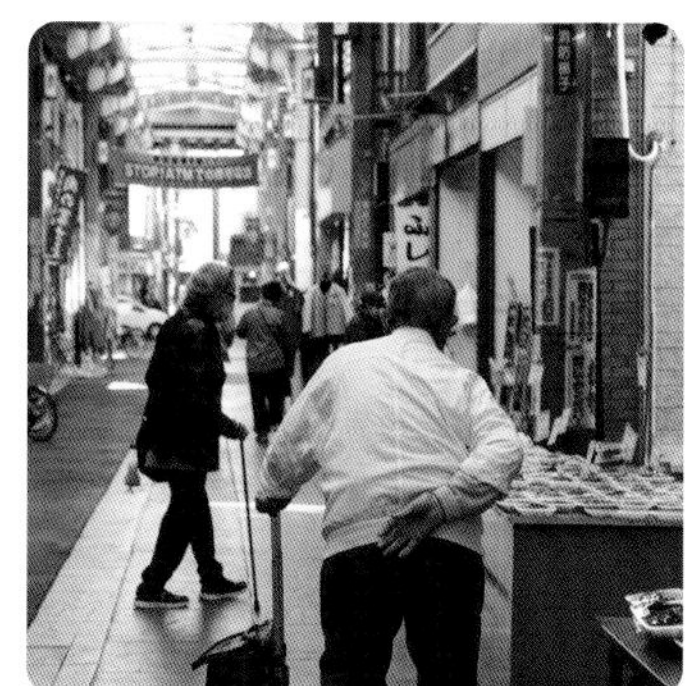

昭和情緒と人情にあふれ
ジョイフル三の輪

正式名称は三の輪銀座商店街。ジョイフル三の輪は通称だという。都電荒川線と並行に走っているので、所々の路地からチラチラと見えるのは行き来する都電。感じるのは住人の息遣いだ。

信州
えのき
千葉産
小松菜
100円
千葉産
ほうれん草
100円
千葉
ナス
150円

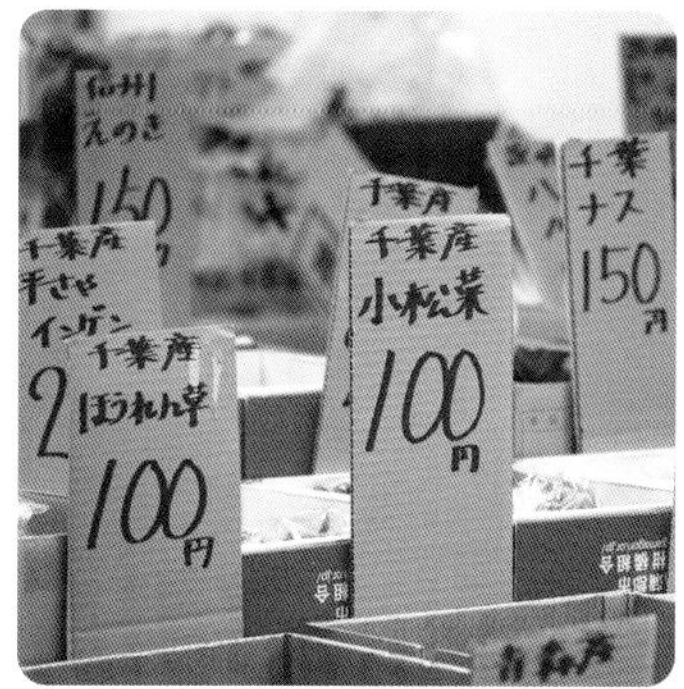

新鮮野菜が驚きの安さ
八百權

ダンボールを利用したポップが、ニョキニョキと伸びている店頭は景色として面白い。しかも、野菜の安さに、声が出るほど驚く。

荒川区南千住1-22-10

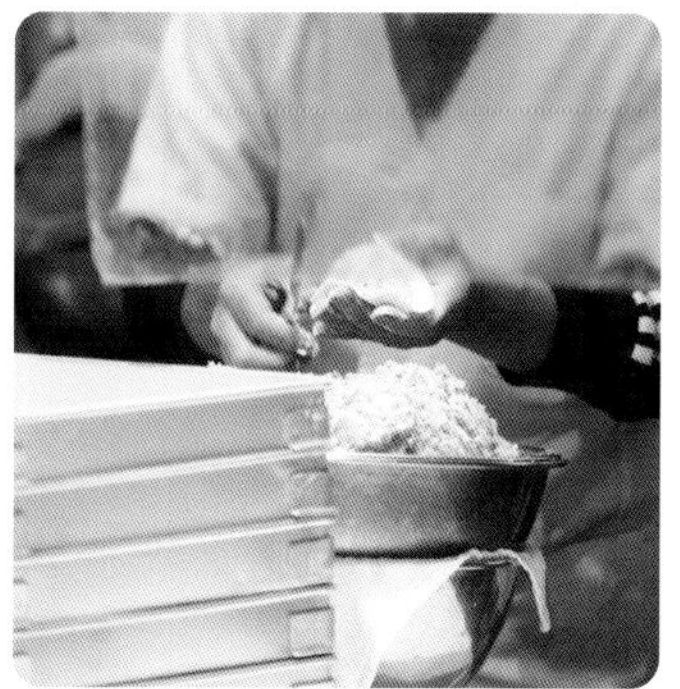

職人気質の絶品餃子
さかい食品

いつ通っても主人がうつむいて、うまい餃子を包んでいる。その姿は下町の工場で黙々と精巧な部品を作る職人の姿と重なる。

荒川区南千住1-28-7

人気のレトロタウン［東京都台東区・文京区］

谷中

魅力的な風景続くラビリンスで迷う

疲れたら長椅子で休憩

谷中ぎんざ

全長170㍍程の短い通りに個人商店を中心に約60店舗が街を盛り上げる。戦後すぐ自然発生的に生まれたという。各所に長椅子があり、老夫婦が仲睦まじく休憩している姿はほほえましい。

はしご酒も楽ちん

初音小路

戦後から続くこぢんまりした横丁には、アーケードがついているので、雨の日でも安心。うまいつまみのある個性豊かな飲み屋が並ぶ。
台東区谷中7丁目18-13

個性的な登録有形文化財

橋本家住宅主屋

外壁の仕上げは下部をモルタル、上部はドイツ壁で個性的。一般的には、仕上げ材が切り替わる部分に化粧材を使うが、それがないのが特徴。
文京区西片2丁目-8-11

和洋折衷の大型住宅

平野家住宅主屋

日本おける「住宅作家」の草分けである保岡勝也設計の和洋折衷住宅。門の右手に洋館(写真右端)、左手に客間棟を配してある。
文京区西片2丁目-9-12

陸屋根住宅のはしり

新町館（三宅家住宅）

当時新建材だったコンクリートを使用。住宅兼法律事務所として建造された。日本における陸屋根住宅のはしりであり、資料的価値も高い。
文京区白山1丁目-29-5

ラビリンス（迷宮）である。歩いて迷えば、断続的に魅力的な風景が現れては消えていく。

最寄りの日暮里駅から夕やけだんだんへ向かう途中で横道に入ると、左側に小さな飲み屋街「初音小路」が見えてくる。谷中商店街の、創業100年を超える酒店の前では、外国人が日本酒をうまそうに笑いながら飲んでいた。

履物屋では下駄がまだ現役だし、暖かそうな綿入れ半纏が、店頭で売られていた。およそ現代的な商店街では見られない店も健在なのだ。むろん魚屋や総菜の店も活況を呈している。

少し足を延ばすと、教会や洋館も見られる。日本で造られた洋館は、独特の趣があり、見ていて飽きさせない。日本基督教団根津教会はプロテスタントの教会らしく質素だ。

近くには、中央公論社創設者である麻田駒之助氏の自邸だった「平野家住宅」も建築史的に見応え十分である。外国の文化を取り入れながら発展してきた、日本の縮図を見るようだ。細い道も多くまさに迷宮を思わせる。

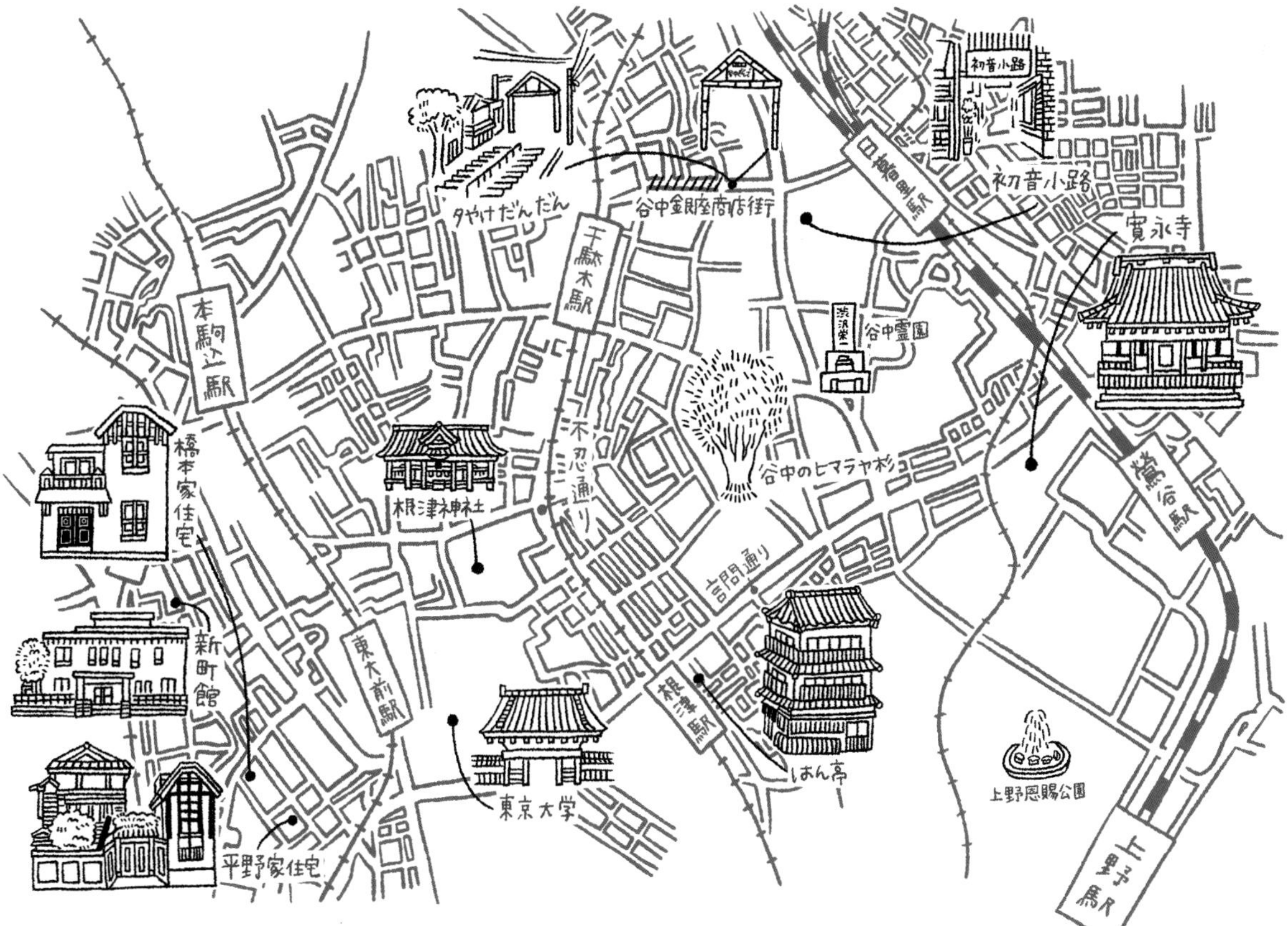

イラスト:コジマユイ

赤く染まる西の空　幼き日の記憶がよみがえる

夕焼けの写真スポット

夕やけだんだん

谷中銀座商店街の入り口はここ。階段下に見える商店街を俯瞰できる場所だ。観光客の写真スポットで、昔はここから富士山も見えたという。

西日暮里3-13付近

樹齢100年の大木

谷中のヒマラヤ杉

谷中商店街から坂を上がり、墓地の横を抜けると見えてくる。周辺には、工房やアトリエなども並ぶ。作家の川端康成も近所に住んでいた。

台東区谷中1丁目6-15

根津のランドマーク

はん亭

上野の串一が根津に移転。屋号は、移転で半歩前進するという思いと、不忍池湖畔の「はん」をかけた。3階建ての建物は根津のランドマーク。

文京区根津2丁目-12-15

レトロイズム

人の温もりを感じさせる古き良き昭和の文化、生活、モノ、風景など次世代に残したいレトロな情報を発信している無料WEBマガジン「レトロ イズム～visiting old, learn new～」(https://retroism.jp)を運営している。

レトロイズム編集部

関 伸一［編集長］
関口 純［撮影］
岡本央［撮影］
柳田隆司［撮影］
今村博幸［文］

校　閲　関根志野
デザイン　髙原真人(髙原宏デザイン事務所)
企画・編集　塩澤巧(朝日新聞出版)
写真提供　朝日新聞社

TOKYOレトロ探訪
～後世に残したい昭和の情景～
2024年3月30日　第1刷発行

編著　レトロイズム
発行者 片桐圭子
発行所 朝日新聞出版
〒104-8011 東京都中央区築地5-3-2
(お問い合わせ) infojitsuyo@asahi.com
印刷所 大日本印刷株式会社

ISBN 978-4-02-334157-9

本書は2024年2月末時点での情報を掲載しております。